석굴암,
법정에
서다

석굴암,
법정에
서다

성낙주 지음

불광출판사

두 손 모음한 학자가 있었습니다. 누구보다 석굴암을 사랑했으되
세상은 그의 정심淨心을 알아주지 않았습니다. 그는 동해의
소금안개와 토함산의 눈비, 흙먼지로부터 석굴암을 구해냈지만,
세상은 그를 석굴암을 망친 사람이라고 손가락질했습니다.
2011년 2월 1일, 그가 눈을 감았습니다. 그의 이름은 황수영입니다.
이 책을 그의 영전에 바칩니다.

석굴암과
식민사관,
그리고 진실

지난 20세기에 우리는 석굴암을 읽어내고자 많은 노력을 기울여왔습니다. 하지만 오늘의 시점에서 과연 우리가 석굴암의 진경에 얼마나 가깝게 다가섰는지에 대해서는 자신하지 못합니다. 1960년대 문화재관리국의 복원공사 이후 지금까지 이어지고 있는 이른바 '석굴암 원형논쟁' 과정에서 토함산의 현실을 무시하고 건축 원리에 어긋나는 견해들이 석굴암의 진면목을 가려왔기 때문입니다.

그동안 필자는 여러 자리에서 원형논쟁의 모순점을 지적해왔습니다. 목조전실(전각)이 없었다거나 광창이 있었다거나 혹은 법당이 샘물 위에 지어졌다는 등의 쟁점이 산중사찰인 석굴암의 불리한 입지 조건을 놓친 공리공론임을 밝히면서 실사구시의 눈으로 석굴암을 바라보자고 제안해온 것입니다.

그러나 이후 더 많은 자료를 접하면서 원형논쟁의 논리적 출발점이 일제의 식민 이데올로기에 맞닿아 있다는 심증을 갖기에 이르렀습니다. 경술국치 이래 토함산에 오른 일본인들은 우리의 '동해東海'가 아닌 자신들의 '일본해日本海'에서 떠오르는 '야마토의 태양'에 환호하며 아침 햇살이 본존불의 백호白毫를 비춘다는 환상적인 이야기를 만들어냈습니다. 따라서 동해의 아침 햇살을 받아들이기 위해 전실전각을 들어내고 돔 지붕에 광창을 뚫어야 한다는 우리 학계의 주장은 진의가 어디에 있든 저들의 식민 이데올로기에 봉사하는 결과가 되는 것입니다.

이 책에서는 햇살 이야기를 포함해 그동안 석굴암의 원형에 대해 제기된 여러 쟁점을 가상의 법정에 세우는 형식으로 그 타당성을 가리고자 합니다. 일제의 덧칠을 지워내지 않는 한, 토함산의 현실을 인정하지 않는 한 석굴암을 바르게 읽어낸다는 것은 나무 위에서 고기를 구하는 일처럼 요원해 보인 까닭입니다.

그런 점에서 이 책은 지난 1998년의 「석굴암을 위한 변명」과 2004년의 「석굴암 바로보기」, 2009년의 사진전 〈석굴암 백년의 빛〉, 2010년 포항 MBC에서 제작한 다큐멘터리 〈경술국치 백년, 석굴암 백년의 진실〉 등의 마무리 편이라고도 할 수 있을 것입니다.

남루한 책 한 권이 태어나는 데도 연기緣起가 무르익어야 함을 다시금 느낍니다. 많은 가르침과 보살핌, 오랜 기다림이 있었기에 필자의 거친 생각들이 세상 밖으로 나올 수 있었습니다.

귀한 자료를 제공해주신 김한용 선생님, 김대벽 선생님, 안장헌 선생님, 안상용 선생님, 박정훈 선생님께 감사드리며, 아울러 서울대학교 규장각 한국학연구원, 서울대학교 박물관, 성균관대학교 박물관, 동국대학교 도서관, 짚풀생활사박물관, 불교중앙박물관에도 심심한 사의를 표하면서 도면을 그리느라 고생한 아들 친구 순걸에게도 고마움을 전합니다.

마지막으로 까다롭기 짝이 없는 원고를 흔쾌히 받아준 불광출판사에도 감사의 마음을 전합니다. 촉박한 일정에 전투를 치르다시피 이 책에 생명

을 불어넣어준 이길호 편집자와 김효정 디자이너의 노고에는 어떤 말로 고
마움을 표현해야 할지 모르겠습니다.

제현의 질책과 고언을 피하지 않을 것임을 약속드리면서 석굴암 부처
님의 가피가 함께하기를 기원합니다.

2014년 6월
성낙주

차
례

제1부 ‖‖ 햇살 신화

제2부 ||| 석굴암의 20세기

제3부 ||| 석굴암, 역사의 법정에 서다

일러두기

1 필자의 이전 글들과 중복되는 경우에는 출처를 일일이 밝히지 않았습니다. 다른 연구자들의 글 및 자료를 인용하는 경우에는 주를 붙이는 것을 원칙으로 했습니다.

2 석굴암의 창건 당시 이름은 석불사石佛寺입니다. 석굴암으로 불리게 된 건 조선 후기로, 불국사의 말사로 그 격이 떨어졌습니다. 따라서 석불사라는 원래의 이름을 되돌려주는 것이 온당한 일이지만, 우리 정부의 공식기록이나 유네스코 문화유산 등재 당시 석굴암으로 되어 있는 등 바꾸는 일이 쉽지만은 않습니다. 하여 이 책에는 석굴암이라는 용어를 그대로 사용합니다.

3 '석굴암'은 사전적 의미에서 석굴(석실법당) 자체와 요사채 등을 포괄하는 작은 사찰을 뜻합니다. 하지만 일반적으로 요사채 등을 제외한 석실법당만을 가리키는 경우가 많습니다. 이 책에는 문맥에 따라 사찰 혹은 석실법당으로 그 뜻을 달리 사용합니다.

4 일제강점기 이후의 도판 자료는 원 저작자의 허락을 구하는 것이 원칙입니다만, 책의 내용을 살리기 위해 부득이 사용하였습니다. 추후 정보가 확인되는 대로 적법한 절차를 밟겠습니다.

석굴암의 공간 및 부재 명칭 문제

현재 우리는 본존불이 봉안된 뒷방을 '주실主室' 또는 '원실圓室'로, 사천왕이 수호하는 중간 길목은 비도扉道 또는 연도衍道로, 팔부신중이 열립한 네모난 앞방은 '전실前室' 등으로 부르고 있다.

그러나 이러한 명칭은 기본적으로 고고학에서 사용하는 옛날 고분古墳의 학술 용어이다. 초기 일본학자들에 의해 붙여진 것으로, 우리의 무관심 속에 죽은 자의 공간인 무덤의 공간 명칭을 '살아 있는' 종교성전에 대입하는 부자연스러운 일이 1세기 동안 계속되고 있는 셈이다. 시급히 청산해야 할 식민잔재의 하나임을 지적하면서, 다른 한편으로는 전실전각을 '목조전실' 등 물리적인 토목 용어로 칭하고 있는 것 역시 재고해야 할 부분임을 밝힌다.

가장 바람직한 것은 창건 당시의 명칭을 복원하는 것이지만 『사적기寺蹟記』 등 관련 문헌의 인멸로 그것이 불가능하다. 이러한 점에서 비록 연대는 늦지만 손영기의 『토함산석굴중수상동문吐含山石窟重修上棟文』(1891)을 다시 살펴볼 필요가 있다. 왜냐하면 미타굴彌陀窟, 금강대金剛臺, 정토淨土, 도솔궁兜率宮, 은색계銀色界, 수정지역水晶之域, 범궁梵宮, 전殿, 용궁龍宮, 주루옥전珠樓玉殿, 학가鶴架, 홍강虹杠 등 단서가 될 만한 용어들이 등장하기 때문이다. 따라서 그 용어들의 정확한 의미를 추적하고, 그것을 바탕으로 적절한 명칭들을 부여할 수 있을지 모른다. 그러나 이는 사계의 논의가 필수적이라는 점에서 신중한 접근이 필요하다.

필자는 이전 글에서 주실은 붓다가 계신 성소이자 진리의 궁전이라는 뜻에서 '법궁法宮', 혹은 적멸보궁의 '보궁寶宮'으로 불러왔고, 예불공간으로서의 전실은 배실拜室, 그곳의 전각은 배전拜殿, 중간의 비도는 부처님의 궁전으로 통하는 길이라는 뜻의 궁도宮道, 혹은 보도寶道 등으로 표현했는데, 이 책에서는 널리 알려진 기존의 용어를 그대로 쓰기로 한다.

1

햇살
신화

일제가 우리 역사를 일러 타율과 정체의 역사로 낮추어
묘사한 것은 잘 알려진 사실이다. 그런데 그런 부정적
인 논리는 금방 반발을 불러오게 마련이고, 청산 작업
도 한결 수월하게 이루어진다. 그러나 반대로 높이 치
켜세운 경우에는 우리 스스로 그것에 집착하는 기현상
마저 일어난다.

석굴암과 관련된 동해의 찬란한 아침 햇살 이야기도 그
중 하나이다. 우리는 그 이야기를 통해 석굴암을 바라
보았고, 민족적인 자부심의 상징으로 삼아왔다. 그러나
그 이야기는 일제에 의해 만들어지고 유포된 일종의 문
화식민사관이다. 일제의 태양신앙이 변형된 형태로 우
리의 의식을 사로잡은 것이다.

앞) 석굴암 본존불 상호 ⓒ안장헌

1

동해의
아침 햇살

지난날 수학여행 하면 경주였고, 그 일정은 꼭 토함산의 새벽 등정으로 이어졌다. 그때는 석굴암 부처님보다 더 간절한 것이 동해 일출의 장관이었다. 우리는 검붉은 태양이 바다안개를 뚫고 돋아나기를 고대하며 법당 앞마당을 서성거렸고, 날카로운 빛줄기가 구름의 장막 저편에서 날아오면 환희의 탄성을 터뜨렸다. 구름에 가려 해를 못 보는 경우가 대부분이었지만 그런 날에도 우리는 낙담 대신 찬란한 햇살 한 덩이를 가슴에 품어 안고 산자락을 내려오곤 했다.

우리 겨레의 판타지

우리에게는 신화보다 더 신화 같고, 그림보다 더 그림 같은 장면이 하나 있다.

칠흑 같던 동해의 수평선이 벌겋게 달아오르면서 아침 태양의 첫 햇살이 토함산으로 치달리는, 그리하여 석굴암 부처님의 이마 한가운데 박힌

보석(백호)을 비추고, 그 보석에서 반사된 빛을 받아 어둠 속에 잠들어 있던 다른 조각상들의 윤곽이 은연히 돋아나는 장면이다.

수십 년 동안 중등과정『국어』교과서에 실리는 것은 물론, TV 다큐멘터리로 방영되거나 노래로 불리는 등 20세기의 한국인치고 이 낭만적인 이야기의 세례를 입지 않는 이는 없다고 해도 과언이 아니다.

우리 모두 그 이야기를 빌려 신라인의 예지를 칭송했고, 민족적 자긍심의 원천으로 삼아왔다. 대관절 법당을 지으면서 여명의 첫 햇살이, 그것도 출렁이는 바다를 뚫고 솟아올라 어두운 법당 속 부처님 이마에 꽂히도록 설계한 이들이 어디에 또 있겠는가.

비단 우리나라 안에서만 그런 것이 아니다. 나라 밖에서도 이 이야기는 무척이나 신기하게 받아들여지고 있다. 2009년 5월 학술대회 참가 차 방한한 LA카운티미술관LACMA의 관장 마이클 고반Michael Govan은 석굴암을 둘러본 후 감탄을 금치 못한다.

> 믿을 수 없을 만큼 환상적이었어요. 제가 이때까지 본 것 중 가장 아름다웠어요. 동짓날 태양이 비치면 그 빛이 부처의 이마 한가운데를 비추도록 설계됐다는 글을 읽은 적이 있는데, 우주의 신비라고나 할까. 차마 말로는 다 표현할 수 없더군요.[1]

대자연의 태양빛이 인간의 태양이라 할 수 있는 붓다의 진리의 빛으로 치환된다는 이야기는 이국인까지 매혹시킨 것이다.

이처럼 석굴암과 동해의 아침 햇살 이야기가 확산된 데에는 누구보다 우리 연구자들의 기여가 컸다. 많은 이들이 석굴암의 전실은 원래 지붕과 출입문이 없는 노천 구조이며, 또한 주실 돔 지붕 전면에는 광창이 뚫려 있었다고 말하며, 이 모두가 동해의 아침 햇살을 석굴 안으로 받아들이려는

석굴암 입장권
이 입장권에는 동해의 아침 햇살이 본존불 이마의 백호에 반사되어 온 누리에 반사된다는 신화가 담겨 있다.

신라인의 의도된 설계였음을 강조해온 것이다.

그들이 이러한 주장을 펴는 데에는 나름의 근거가 있다.

하나는 석굴암이 동짓날의 일출 지점을 향해 앉아 있다는 점이다. 예전에는 동짓날이 설날이었으므로, 새해가 시작되는 설날의 일출 방향에 맞춰 석실법당을 앉힌 것은 그 햇빛을 받아들이려는 의도가 분명하다는 것이다.

다른 하나는 그 옛날 실존 붓다가 인도 부다가야의 보리수 아래서 새벽녘에 동쪽으로 앉아 진리를 깨우친 일이다. 신라인은 붓다가 정각精覺을 이룬 그 순간의 영광을 재현하기 위해 본존불이 아침 태양을 맞이하게끔 동쪽을 바라보게 했다는 것이다.

이 두 가지 사실이 상승효과를 일으키면서 신라인이 석굴암을 개방구조로 지었다는 주장이 더욱 탄력을 받게 된다.

석불사石佛寺 중심축이 향하는 방위는 정동으로부터 남쪽으로 약 30도를 돌아서 동남쪽을 향하여 동지의 일출 방향과 일치하고 있다. 이러한 방위의 선정은 본존불 석굴 공간 안으로 동지 일출 때 찬란한 태양 빛이 본존불에 조사照射되어 석가여래가 대각大覺 성도成道한 영광된 모습을 적극적으로 재현하려는 의도에서 계획되었다고 생각되며…[2]

더욱 신기한 일은 개방구조를 취한 덕분에 실내에 결로가 방지된다는 점이다. 전각이 없기 때문에 통풍이 잘 되고 대류작용이 활발해져서 조각상에 이슬이 맺히지 않는다는 것이다. 듣기만 해도 신기한데, 문자 그대로 신라인의 예지를 온 천하에 과시한 민족과학의 승리라고 이를 만한 일이었다.

이렇듯 석굴암 본존불과 동해의 아침 햇살 이야기는 그 누구도 저항하기 어려운 절대담론으로 자리를 잡고 있다. 우리는 다른 어느 민족도 갖고 있지 않은 판타지 같은 신화 하나를 가슴에 품고 살아가는 셈이다.

하지만 애석하게도 오늘날의 석굴암은 그 장엄무비莊嚴無比의 신비경을 보여주지 못한다. 지난 1964년 7월 1일에 준공된 문화재관리국의 복원공사 때 전실에 목조전각을 덮어씌운 바람에 아침 햇살이 법당으로 틈입하는 일이 불가능해진 것이다. 말하자면 그 멋진 광경을 감상하지 못하는 '비정상적인' 상황이 반세기 동안이나 이어져온 셈이다.

햇살 신화의 딜레마

방금 지적한 대로 찬란한 동해의 아침 햇살이 석굴암 본존불을 감싸 안는 황홀한 장면은 우리의 상상 속에서만 존재한다. 그렇다면 본존불이 예전처럼(!) 동해의 아침 햇살을 거리낌 없이 맞이하도록 할 수는 없을까.

방법이 없는 것도 아니다. 많은 연구자들의 주장처럼 지금의 전실전각을 철거하는 것이다. 전각을 뜯어내 석실법당을 개방시키면 우리는 아무런 걸림 없이 그 축복된 광경을 온전히 누릴 수 있다. 실제로 지난 1999년 한 일간지에는, 새로운 밀레니엄이 시작되는 2000년 1월 1일의 첫 햇살을 석굴암에서 맞이하기 위해 전실전각을 뜯어내자는, 「석굴암 일출제」라는 칼럼이 실린 적도 있었다.[5]

생각해보면 그리 어려운 일도 아니다. 기왓장을 걷어내고, 들보와 서까래와 기둥, 그리고 문짝을 뜯어내는 것은 넉넉잡아 한 달이면 끝날 것이다. 그런 연후에는 한바탕 축제를 벌여도 나무랄 사람은 없을 것이다.

그런데 한 가지 맘에 걸리는 일이 있다. 전각을 들어냈을 때, 과연 석굴암에 아무런 이상이 없을까, 하는 점이다.

알다시피 석굴암의 입지 환경은 결코 좋은 편이 못 된다. 석굴암은 평지사찰이 아닌 해발 575미터의 심산유곡에 있는 산악사찰이다. 그곳에는 철따라 눈비가 퍼붓고, 산짐승과 날짐승에다 파충류와 양서류, 갑충류 등이 우글거린다. 이뿐 아니라 바다가 지척에 있어 일 년 열두 달 염도 높은 바다 안개가 산허리를 휘감는다.

이는 고매한 명분이나 이론의 문제가 아니다. 한 치의 환상이나 낭만도 허용되지 않는, 석굴암의 존망이 걸린 엄혹한 현실의 문제이다.

바로 여기에 딜레마가 있다. 전각을 그대로 둔 현재의 상태에서는 아침 햇살이 부처님의 이마를 비추는 장면은 불가능하다. 그렇다고 전각을 들어내면 석실법당이 더 안전해진다는 연구자들의 말을 곧이곧대로 믿기도 어렵다. 한마디로 전각을 존치하자면 햇살 신화를 포기해야 하고, 햇살 신화를 되살리자면 전각을 철거해야 한다. 햇살 신화와 목조전각은 양립할 수 없는 모순관계에 있는 것이다.

여기서 우리는 스스로에게 겸허한 질문을 던져야 한다. 햇살 신화라는 것이 과도한 상상력의 산물은 아닌지, 토함산의 현실에 눈 감은 신비주의적 사고의 분비물은 아닌지 묻고 또 물어야 한다. 세상의 이목을 끄는 신기한 이야기일수록 일순간에 비현실적인 허구로 드러나는 경우를 종종 보아오지 않았던가.

실체 없는 신기루, 마야

신화와 현실이 충돌할 때에는 어떻게 해야 할까. 그때는 신화를 접어야 한다. 신화가 아무리 신비해도 현실에 우선할 수는 없기 때문이다.

고대 인도의 산스크리트어 중에 '마야Maya'라는 말이 있다. 실체가 없는 신기루란 뜻으로, 흔히 '미망迷妄'으로 번역되기도 한다. 그것에는 육유六喩라고 하여 여섯 가지를 치는데, 『반야경』에서는 꿈夢, 허깨비幻, 물거품泡, 그림자影, 이슬露, 번개電 등을 꼽는다.

그러고 보면 지금껏 우리가 진실이라 굳게 믿어온 석굴암과 동해의 아침 햇살 이야기야말로 실체 없는 허상, 곧 마야일 가능성이 높다. 지나치게 환상적인 그 점에서부터 현실감이 떨어지는데, 햇빛을 향한 신라인의 열망이 얼마나 강렬했는지는 모를 일이지만, 부처님을 모신 성전에 지붕을 씌우지 않을 만큼 그들의 소견이 짧았다고는 생각되지 않기 때문이다.

맹목의 믿음과 찬사만으로는 결코 진실을 담보할 수 없다. 햇살 신화 역시 마찬가지이다. 무조건적인 예찬이 그 이야기를 진실로 만드는 것은 아니기 때문이다. 따라서 매우 불편한 일일지언정, 이제는 햇살 신화의 실체를 드러내는 일에 머뭇거릴 이유가 없다. 환상과 낭만과 미사여구를 걷어낸 뒷자리에 설령 '불편한 진실'만 남는다고 해도, 언제까지나 실체 없는 신기루를 정수리에 이고 살아갈 수는 없지 않은가.

2

달을 품어
안은 산

과연 신라인은 동해의 일출과 석굴암 본존불과의 일체를 꿈꾸었을까. 또 동해 일출의 장엄한 정경과, 햇살이 본존불 이마의 백호에 투사되는 장면을 보기 위해 새벽같이 토함산을 올랐을까.

이 같은 의문을 풀기 위해 첫 번째로 해야 할 작업이 있다. 신라인에게 동해의 아침 햇빛을 석굴암 본존불에 비추려는 생각이 있었는지를 확인하는 일이다.

그 점에서 신라인이 남긴 향가鄕歌를 비롯해 유적지명, 지명, 산명, 세시풍속 등에 주목할 필요가 있다. 신라 당대인의 사상과 정서가 그것들보다 더 명증하게 깃들어 있는 텍스트도 드물 터이기 때문이다.

달의 도시, 서라벌

『삼국유사』(1281)에는 총 14수의 향가가 실려 있다. 먼저 그 14수에 나타난 달과 해의 빈도수를 확인해서 신라인의 의식세계를 엿보기로 하자.[1]

먼저 달을 기준으로 할 때, 달을 핵심 모티브로 취하거나 등장시킨 작품은 우리가 생각하는 것보다 훨씬 많다. 우선 첫 행行이나 첫 연聯을 달로 장식한 작품이 세 편에 이른다.

구체적으로 「처용가處容歌」는 그 유명한 "서라벌 밝은 달 아래 밤 드리 노니다가"라는 문장이 첫 행이고, 광덕의 「원왕생가願往生歌」도 "달아, 이제 서방까지 가시리잇고"로 시작한다. 또한 충담사의 「찬기파랑가讚耆婆郞歌」는 "구름을 열치매 나타난 달이"가 첫 구절이다.

그런가 하면 중간에 달이 나오는 작품도 두 편에 이른다. 융천사의 「혜성가彗星歌」에서는 "세 화랑의 산 구경 오심을 듣고 달도 부지런히 등불을 켜는데"라는 구절을, 신충의 「원가怨歌」에서는 "달그림자가 예 못淵의 가는 물결 원망하듯"이라는 대목을 각각 볼 수 있다.

정리하면 14수 가운데 달이 직접 출연하거나 비유로 동원된 작품은 다섯 편으로, 『삼국유사』 전체를 두고 보면 3분의 1이 넘는 상당한 수치이다.

이뿐만이 아니다. 향가에 얽힌 시화詩話에도 창연한 달빛이 퍼붓는다.

첫 번째는 「처용가」의 작자인 처용과 관련된 것이다. 그는 지금의 울산에서 헌강왕을 만나 서라벌로 따라온 이후 밤마다 노래 부르기를 즐겼는데, 그가 춤을 추면서 다닌 거리를 월명항月明巷으로 칭했다는 기록이 조선 후기의 『동경잡기東京雜記』(초판 1669, 증판 1845.)에 보인다.

또 「제망매가祭亡妹歌」와 「도솔가兜率歌」 등의 향가 두 편을 남긴 월명사月明師는 사천왕사의 승려로 피리를 잘 불었다. 그의 피리 선율에 취해 밤하늘의 달도 가던 길을 멈출 정도였다고 한다. 사천왕사 앞마을이 월명리月明里라는 이름을 얻게 된 배경인데, 그의 진짜 이름은 잃어버리고, 후세에는 아예 '월명사'로 기록이 된다.

이렇듯 옛 서라벌 사람들의 정서와 사유 속에는 항상 달이 떠 있었고, 시인들 역시 달을 기꺼이 시심詩心의 원천으로 삼았음을 알 수 있다.

반면 해의 경우는 어떨까. 14수를 다 뒤져도 '해日'나 '태양太陽'이라는 단어는 한 차례도 등장하지 않는다. 아무리 문학이 합리와 이성의 세계가 아닌 낭만과 감성의 세계라곤 하지만, 적어도 향가에 국한시켜 본다면 서라벌 사람들이 해를 노래하는 일은 없었던 것이다.

다음으로 살펴볼 것은 그들의 일상과 역사가 펼쳐진 공간 또는 장소의 이름이다.

가장 먼저 오늘날 반월성半月城으로 부르는 초기 왕성 자리의 원래 이름은 월성月城이다. 두말할 나위 없이 '달빛 쏟아지는 성'이라는 뜻이다. 또 안압지雁鴨池의 처음 이름도 되새길 만하다. 지금의 이름은 기러기 등이 날아드는 모습을 보고 조선시대 시인묵객詩人墨客이 붙인 것이고, 신라 때는 월지月池라고 불렀다. 674년에 문무왕이 후계자를 위한 동궁東宮으로 조영하면서 '달빛 가득한 연못'이라는 뜻을 붙였다. 신라의 중추 세력은 자신들의 왕성과 궁지宮池 등의 이름에 달의 이미지를 부여한 것이다.

이 모두는 달이 신라인의 삶에 얼마나 깊숙이 들어와 있었는지를 말해주는 생생한 증거이다. 옛 서라벌 사람들은 해보다는 달을 더 친근하게 여겼던 것이다.

그런데 향가나 궁성보다 더 극적인 예들이 있다. 바로 서라벌의 동쪽 지구나 동해변을 따라 들어선 산들의 이름이다.

달빛이 퍼붓는 산들

서라벌은 사방이 산으로 에워싸인 분지 형태인데, 그중에서도 동쪽의 울타리 역할을 하고 있는 산이 여럿이다. 해가 뜨는 동녘의 산이므로 그 이름자에 응당 '해日'가 침투해 있을 법도 한데, 상황은 반대이다. 해는 보이지 않고 온통 '달月'이 차지하고 있기 때문이다.

첫 번째가 국보 81호 석조미륵보살상으로 유명한 감산사甘山寺의 '감산甘山'이다. 한자만 보면 '달콤한 산'이라는 애매한 뜻을 나타내지만, 그 한자 '감산'을 고유어로 풀면 영락없이 '달뫼'가 된다. 감산의 원래 이름이 '달뫼'였던 것이다. 바로 이 '달뫼'에서의 '달'은 당연히 밤하늘의 달을 가리킨다. 이것을 앞의 월성처럼 뜻을 풀면 결국 '달빛 쏟아지는 산'이 된다. 그렇게 보면 '월산月山'으로 해야 원의가 살아나는데, 한역 과정에서 '달'을 '달 감甘' 자로 잘못 새겨 오늘의 감산으로 굳어진 것이다.

두 번째로, 신라 38대 원성왕元聖王, ?~798의 원찰인 숭복사지崇福寺址가 자리한 산의 이름도 심상치 않다. 고운孤雲 최치원崔致遠, 857~?의 사산비명四山碑銘 중의 하나인 숭복사비문을 보면 '초월산初月山 숭복사'로 밝히고 있는데, 초월산이라면 문자 그대로 '초승달이 비치는 산'이라는 뜻이 아닌가?

세 번째로, 동해구東海口와 맞닿아 있다시피 한 함월산含月山의 경우는 더 말할 나위가 없다. '달을 품어 안은 산'이라는 의미가 워낙 명료한 탓이다.

이렇듯 신라인은 해가 떠오르는 방향, 곧 서라벌의 동쪽 지역이나 동해 변의 산 이름에까지 '달'을 즐겨 점지했다. 그들이 해보다는 달을 더 친숙하게 여겼음이 거듭 분명해지는 것이다.

마지막으로 살펴볼 대상은 항시 동해 창파를 굽어보고 있는 다름 아닌 토함산吐含山이다. 만약 불국사와 석굴암을 보듬어 안고 있는 토함산이 혹여 달과 어떤 식으로든 연관을 맺고 있다면 그보다 유의미한 자료는 없을 것이다.

'토함산'–달을 품어 안은 산

토함산은 신라오악新羅五岳 중의 하나로, 그 이름의 기원은 아주 오래 전으로 거슬러 올라간다.

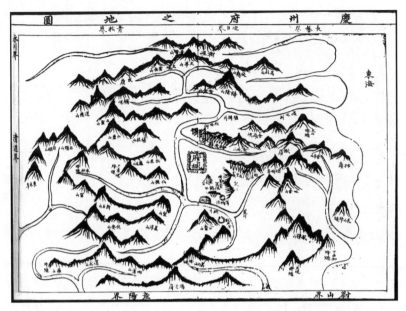

『여지도서』

경주부의 '부성(府城)'에서 동해 쪽으로 함월산과 토함산이 보인다. 서울대학교 규장각 한국학연구원 소장.

『삼국유사』를 보면 석탈해昔脫解가 처음 신라 땅에 들어와 머문 곳도 토함산이고, 석굴암과 불국사를 짓기 이전에 청년 김대성이 곰을 사냥한 곳도 토함산이다. 이뿐 아니라 조선 전기의 『신증동국여지승람新增東國輿地勝覽』(1530)이나 조선 후기의 『동경잡기』에서도 일관되게 토함산으로 칭하고 있다. 더욱이 구한말인 1891년에 허물어진 전실전각을 중창한 내력을 담고 있는 『토함산석굴중수상동문』은 그 제목부터가 '토함산' 석굴이다. 이것을 보면 구한말까지도 분명 토함산이라는 이름으로 불렸던 것을 알 수 있다.

한편, 각종 지도에도 토함산이라는 이름이 반복 사용된다. 예를 들어 『여지도서輿地圖書』(1757~1765)에 삽입된 경주부 목판지도에도 토함산으로 표기되어 있으며, 여타 많은 지도에도 토함산으로 나타난다.

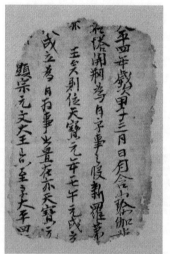

이로써 '토함산'은 천 년 가까이, 혹은 그 이상 두루 쓰인 유서 깊은 이름임을 알 수 있다. 한편 토함산에는 동악東岳, 동산東山, 동령東嶺 등의 속명들도 따라다녔다.[3] 숭례문과 흥인지문을 남대문과 동대문으로 편하게 부르듯이 동쪽에 있는 산이므로 그리들 부른 것이다.

중요한 것은 바로 이 토함산이 뜻밖에도 '월함산月含山', 혹은 '함월산'으로도 불렸다는 사실이다. '달'이 이름 속으로 직접 들어온 것이다. 지난 1966년에 발생한 도굴 사건 때 석가탑의 사리함에서 『무구정광대다라니경無垢淨光大陀羅尼經』과 함께 한 덩어리의 종이뭉치가 수습된다.

「묵서지편墨書紙片」으로 불리는 것으로, 최근에야 해독이 이루어져 고려 초 1036년과 1037년의 잇단 지진으로 붕괴 위험에 처한 석가탑을 정종靖宗 4년(1038)에 중수하면서 넣은 사실이 밝혀졌다.

바로 이 「묵서지편」에 토함산이 '월함산'으로 나타나 있다. 『삼국유사』보다 243년이나 앞서는 고려 초의 사료에서 토함산을 '월함산'으로 칭한 것이다. 다만 월함산 하나만을 사용했는지, 토함산도 병용했는지의 여부는 불투명하나, 어느 쪽이든 예전 사람들이 토함산을 태양이 아니라 달과 연관 지어 생각했다는 자료로서는 손색이 없다.

이뿐만 아니라, 근대기에 발행된 『관광 집인첩』 역시 주목할 만하다.

일제강점기에는 관광지나 유적지를 다니면서 도장을 받아 책자처럼 묶는 집인첩이 유행했는데, 대정大正, 1911~1925 연간의 것으로 추정되는 스탬프 첩에 "함월산 석굴암含月山 石窟庵"이라는 인흔이 남은 것이다. 20세기 전반기에, 그것도 석굴암 당국에서 관광객에게 찍어주는 도장에 '토함산 석굴암'이 아닌 '함월산 석굴암'으로 새긴 것이다.

오늘날에는 기림사와 골굴암을 거느린 산을 함월산, 불국사와 석굴암이 있는 산을 토함산으로 구분하고 있으나, 그 무렵만 해도 석굴암 측에서는 토함산을 함월산의 한 줄기로 인식하고 있었음을 알 수 있다.

여기에서 왜 '월함'이 '함월'로 글자 순서가 뒤바뀌었는지는 변수가 못된다. '달 월月' 자가 들어간 사실이 중요하고, 이런 이름들이 천 년의 세월을 뛰어넘어 지켜져왔다는 사실이 중요하다.

'달을 품어 안은 산.' 옛 분들의 뇌리에는 토함산이 달과 불가분의 관계에 있는 것으로 각인되어 있었던 것이다.

마지막으로 꼭 돌아봐야 할 것들이 있다. 김대성이 불국사와 석굴암을 창건한 연기설화를 담고 있는 『삼국유사』와 『불국사고금창기』(1740), 『불국사·화엄사사적』(1708) 등이다. 그의 의식세계를 엿볼 수 있는 자료들이지만, 이 역시 아침 햇살과 관련된 내용은 일절 등장하지 않는다. 창건주에게조차 그런 생각은 터럭만큼도 없었던 것이다.

앞서 살펴본 대로 신라인이 동해의 아침 햇살을 특별히 숭앙했다는 증거는 어디에도 없다.

그렇다면 혹 고려나 조선시대에는 상황이 다르지 않았을까. 신라시대의 1차 사료는 사라졌다고 해도 그 흔적이 고려나 조선시대의 자료에는 남아 있을지도 모를 일 아닌가.

옛 분들은 꿈에라도 그런 생각을 한 적이 없다

석굴암은 조선조 선비들의 탐승 코스 중 하나였다. 몇몇 문사文士들의 기행문이 전해지곤 하는데, 불국사나 기림사, 골굴암 등과 함께 석굴암을 둘러보고 시를 짓거나 기행문을 남긴 것이다.

하지만 그들의 글 어디에도 햇살 신화를 떠올릴 만한 대목은 발견되지 않는다. 오히려 그들에게는 그런 인식이 일절 없었다는 추론에 도달할 뿐이다.

일차로 우담愚潭 정시한丁時翰, 1625~1707의 『산중일기山中日記』(1688)와 임필대任必大, 1709~1773의 『강와집剛窩集』을 통해 확인하기로 한다.

17세기의 은둔처사인 정시한이 전국을 유람하던 길에 석굴암에 도착한 것은 1688년 5월 15일 오후. 그는 석실법당을 관람한 다음 하룻밤을 묵는데, 만약 햇살 이야기가 옳다면 이튿날인 5월 16일 기사에는 일출을 구경하기 위해 새벽 일찍 일어났다든가 하는 내용이 나와야 한다. 하지만 그는 그날 아침에 천천히 출발하려고 했으나 일기가 불순해 움직이지 못하다가 석굴 법당을 한 번 더 구경하고 그곳을 떠난다.

(5월 15일)…한동안 구경하다가 내려와 암자에서 잤다. (5월 16일) 아

침 식사 뒤에 순선順善 및 불국사에 있는 승려가 말과 나귀를 몰고 와서 출발하려 하였으나 바람과 안개가 모질고 심하여 해명海明과 채안彩眼 노스님이 머물러서 날씨를 보고 출발하기를 청하였다. 그의 말에 따라 출발을 멈추었다. 또 석굴에 올라가 보니 더욱 기이하였다.[4]

물론 이 대목 뒤에도 일출을 못 봐서 서운하다든가 하는 구절은 나오지 않는다.

그로부터 약 90년 후인 1767년에 석굴암을 방문한 임필대의 『강와집』도 같은 양상이다. "고개를 넘고 넘어 소암(석굴암-필자 주)에 들었다. 오시(정오)부터 석굴을 구경하기 시작했다."면서 석실 내관에 대한 감상만 이어질 뿐이다.[5] 결국 대낮에 한 차례 둘러보는 것으로 관람을 끝낸 것을 보면 임필대 역시 소문으로라도 햇살 신화를 접하지 못한 것이다.

다음으로 필히 살펴보아야 할 것이 앞서 언급했던 『토함산석굴중수상동문』이다. 1891년 울산병사 조순상이 전실전각을 세울 때 상량식에서 고한 것으로, 석굴암에 관한 정보가 가장 풍부하게 담겨 있다. 무엇보다 석굴암 자료로는 유일하게 '해日'라는 글자와 '햇빛日光'이라는 단어가 등장해 눈길을 끈다.

『토함산석굴중수상동문』은 「서문」과 본문 격인 「육위가六偉歌」라는 찬시, 그리고 「추기追記」 등 크게 세 부분으로 구성되어 있는데, 이중 「서문」의 일부를 옮긴다.

대천세계는 산호 봉우리로 표치標幟를 세우고, 제일산천은 극락 연대蓮坮로 안案을 삼았으니, 칠보향화는 탈해신전脫解神殿을 비치고, 팔법공수八法功水는 문무왕릉에 파도치며, 옥녀玉女(선녀-필자 주)는 구천九天에서 공양 올리고, 금선金僊(신선-필자 주)은 삼계에 성스러움 보이도

다. 누樓와 대臺를 장식하니 차거硨磲, 유리琉璃처럼 찬란하고, 섬돌과 기와에 꽃피니 파려玻瓈 마노瑪瑙 같이 빛난다.

수천 년을 예불인연禮佛因緣으로 이어왔고, 오백 년 동안 버티었으니, 그 운명 또한 국운國運의 시종始終과 함께하였다. ①'법의 구름法雲'이 포근히 드리우니 불붙는 집은 아침처럼 서늘해졌고, ②'슬기의 해慧日'가 밝게 비추니 칠흑의 어둠은 야광주 같이 환하도다.[6]

자연과 역사에서 전거典據를 찾고 도교道敎와도 연결 지어 석굴암을 찬미하면서도 정작 아침 햇살 이야기는 보이지 않는다. 이는 우리의 기대와는 동떨어진 양상이다. 중창불사를 일으킬 정도의 이들인데 그토록 중요한 이야기를 누락시킬 이유가 없기 때문이다.

노파심으로 덧붙이자면 ②번 문장의 '슬기의 해慧日'는 동해의 아침 태양을 칭하는 게 아니다. 그것은 ①번 문장의 '법의 구름法雲'에 대응하는 동시에 '붓다의 진리', 곧 '불일佛日'을 나타내는 불교의 관용어이다.

「서문」에 이어 여섯 수로 된 「육위가」라는 찬시를 살펴보자. 첫 수 마지막 4행에 바로 '햇빛日光'이라는 단어가 등장한다.

> 아랑위 들보를 동쪽에 걸어라兒郎偉抛樑東
> 우뚝하게 높이 솟아 하늘가에 반쯤 서니嵯峨高出半天中
> 산빛 풀빛 아스라이 외탑 밖에 아롱지고山色微分孤塔外
> '햇빛'은 제일 먼저 소암小庵 동쪽 비춰댄다日光先射小庵東

이 '햇빛'의 주체는 다름 아닌 동해의 아침 태양이다.

그러나 정작 '햇빛'이 비치는 대상은 법당도 아니고, 법당 안의 본존불은 더더욱 아니다. 햇빛은 단지 현재 삼층석탑이 서 있는 동쪽 언덕 또는 그쪽 산기슭을 비출 뿐이다. 구한말 석굴암을 중창한 이들조차 아침 햇살이 본존불을 겨냥한다는 생각은 없었던 것이다.

앞서 살펴본 자료들뿐 아니라 경주 지역의 고사와 고적, 세시풍속 등을 담고 있는『동경통지』,『경주읍지』,『동경잡기』,『동국여지승람』,『세종실록 지리지』등의 지리지에도 햇살 이야기는 일언의 언급도 없다. 각종 세시기 나 선비들의 허다한 문집들도 마찬가지이다.

'만들어진' 신화

재일 사학자 이성시는『만들어진 고대』(2001)에서, '역사'라는 것이 연 구자들의 임의로 해석된, 실재한 적이 없는 허상일 가능성을 지적한 바 있 다. 우리가 진실이라고 믿어 의심치 않는 특정한 역사적 사건 내지 사실은 동굴 입구의 나뭇가지가 아니라, 그 동굴 깊숙한 벽면에 새겨진 그 나뭇가 지의 그림자일 수도 있다는 것이다.

석굴암과 결부된 동해의 아침 햇살 이야기가 이에 정확하게 들어맞는 다. 본존불의 동향을 두고 동해의 아침 태양을 상대하기 위한 것이라는 견 해야말로 동굴 내벽에 어른대는 나뭇가지 그림자를 진짜 나뭇가지로 오인 하는 것과 크게 다르지 않다.

결론을 짓자면, 신라 때부터 구한말까지 이 땅의 옛 분들이 석굴암과 동 해의 아침 태양을 묶어 생각했다는 단서는 전무하다. 어느 시대, 어느 누구 도 석굴암 본존불과 동해의 아침 햇살이 하나라는 인식은 갖고 있지 않았 다. 햇살 신화라는 것은 처음부터 실체 없는 마야, 혹은 나뭇가지의 그림자 였던 것이다.

이 땅의 지난 역사에서 만들어진 것이 아니라면, 대관절 이 이야기는 언 제 어떻게 태어난 것일까. 결국 근대에 '만들어진' 것으로 볼 수밖에 없는

데, 미리 말하자면 그것은 일제강점기에 일본 지식인들에 의해 싹트고, 총독부에 의해 유포되었으며, 해방 후에는 바로 우리들 자신에 의해 확산된 것이다.

3

햇살 신화의
탄생

조선총독부는 1913년부터 붕괴 위기에 있던 석굴암을 개축하는 대규모 공사를 일으키는데, 1915년 준공된 이후 토함산에는 일본인들의 발길이 급격히 잦아진다. 이뿐 아니라 일본 열도에서 수행여행을 온 학생들이 불국사 앞 숙박단지를 출발해 박명薄明의 어둠을 뚫고 무리를 지어 토함산 등정에 나서는 광경도 익숙해진다.

과연 저들이 꼭두새벽부터 낯설기 짝이 없는 험준한 산길을 오른 이유는 무엇일까. 아무리 걸작이라는 평판이 났기로 '남의 나라(!)'의 작은 법당 하나를 보자고 위험과 불편을 감수했을까. 날이 밝은 후 조반을 먹고 여유 있게 올라가면 더 안전할 터인데, 구태여 미명 속의 산행을 택한 데에는 그만한 곡절이 있을 것이다.

아마테라스 오미가미의 나라
지구상에서 일본만큼 태양과 밀접한 나라가 또 있을까. '일본'이라는 국

아마테라스 오미가미의 동굴출현도
아마테라스 오미가미는 일본 고대 창세신화에 나오는 태양의 여신으로, 지금도 일본 황실의 조신(租神)으로 받들어지고 있다. 그림은 동생 '스사노오노미코토'의 난폭한 행동에 실망한 그녀가 동굴 속으로 숨어버려 태양이 사라지고 천지가 어둠에 잠겼을 때, 다른 신들의 지혜로 밖으로 나오는 장면이다.

호부터가 태양의 나라라는 뜻이며, 일장기日章旗 역시 태양을 붉게 칠한 것이다.

그런데 저들의 유별난 태양 숭배는 근대의 부산물이 아니다. 『고사기古事記』 등을 보면, 최고신인 아마테라스 오미가미, 곧 천조대신天照大神이 바로 태양신이다. '왜倭'에서 '일본'으로 국호를 바꾸는 등 국가체제를 정비하고 민족의 정체성을 구축하는 과정에서 태양신을 끌어들인 것이다.

한 편의 좋은 예화가 있다. 신격화되어 모셔지고 있는 일본의 쇼토쿠 태자聖德太子에 관한 이야기이다. 『수서隋書』에는 그가 607년 수양제隋煬帝에게 편지(국서)를 보내는데, 거기서 그는 자신을 '해 돋는 나라'의 통치자로 칭한다. 바로 편지의 서두를 "해 돋는 나라의 천자가 해지는 나라의 천자한테 보내노라."라고 시작한 것이다.[1]

뿐만 아니라, 같은 불교문화권 안에서도 지역이나 나라마다 성행하는 불상이 조금씩 다르다. 우리나라의 경우 주로 석가여래나 아미타여래를 숭앙하는 반면 일본에서는 대일여래大日如來에 대한 신앙이 남달랐다. 대일여래는 태양신의 불교적 변용變容인데, 그들이 대일여래를 열렬히 숭배한 데

일본 원성사의 대일여래좌상
불타(여래)상은 보통 보관(寶冠)을 쓰지 않고 나발(螺髮)
을 드러내지만 대일여래는 보살의 보관을 착용한다. 가
끔 보살상으로 오해를 받는 이유이다.

에는 자기네를 태양과 동일시해온 세계관의 영향이 컸을 것이다.

저들의 태양 숭배는 메이지유신明治維新(1868) 이후 극에 달한다. 메이지 정부는 바로 그 태양으로 자신들의 국민을 꽁꽁 묶는데, 조선 병탄과 만주 침략을 위시해 이른바 대동아전쟁 역시 태양의 품 안에서 수행된다. 일장 기에서 파생된 욱일승천기旭日昇天旗가 저들의 팽창 야욕을 상징한다는 것은 누구나 아는 사실 아닌가.

문제는 저들의 태양 신앙이 우리의 머릿속까지 휘저어놓았다는 사실이 다. 식민정책에서 태양이 중요한 심벌로 활용된 것이다.

야마토의 태양, 조선을 뒤덮다

서구열강이 식민지 침탈에 나설 때에는 십자가와 성경을 앞세웠다. 교 회를 세우는 등 식민지인을 개종시키고자 수단과 방법을 가리지 않았다. 마야나 잉카제국의 비극이 말해주듯 고유 신앙을 버리지 않으면 집단 화형 의 대상이 되기도 했다.

일제는 선배 격인 서구열강의 방식을 답습했지만, 십자가와 성경이 아닌 다른 것을 선택했다. 교회 대신 신사를, 여호와 대신 아마테라스 오미가미를 식민지인들에게 강요한 것이다.

조선에서부터 괌, 대만, 필리핀, 만주 등을 병탄할 때마다, 이른바 신도神道의 요람인 신궁神宮과 신사神社를 중요 도시에 건립했는데, 1929년 기준으로 조선에 세운 정식 '신사'는 49개소, 규모가 다소 작은 '신사神祠'는 146개소로 총 195개소를 헤아렸다. 물론 대부분의 신사의 주신主神은 아마테라스 오미가미였다.[2]

이 중 대표적인 것이 경성京城 남산의 조선신궁朝鮮神宮이었다.

조선의 심장부였던 경성의 남산은 경술국치 이전부터 일제에 할양된 상태에 있었다. 조선통감부 청사가 자리한 곳이 바로 남산이었는데, 경술국치로 총독부 체제로 바뀐 후 경복궁에 지은 신청사로 이전하기 전까지 남산에 눌러앉아 있었다. 또, 교토京都의 명찰로 제국주의의 첨병 노릇을 한 히가시혼간지東本願寺의 경성별원京城別院과, 이토 히로부미伊藤博文를 기리는 박문사博文寺가 들어선 곳 역시 남산 자락이었다. 일제는 조선의 도성인 한양의 진산鎭山인 목멱산木覓山에서 경복궁이며 덕수궁, 창경궁, 종묘, 사직단 등을 굽어보면서 식민 지배의 달콤한 꿈에 취했던 것이다.

그렇게 일제의 성역으로 변질된 남산에서 조선신궁은 가장 신성한 공간에 해당했다. 숭례문에서부터 옛 식물원이 있던 곳까지 일직선으로 곧게 뻗어 올라간 긴 참배도로는 남산 전체를 남북으로 두 토막 냈는데, 역시 메이지천황과 더불어 아마테라스 오미가미가 주신이었다.

조선인은 1945년 광복이 올 때까지 단체로 조선신궁을 찾아 황국신민皇國臣民의 서사誓詞를 읊어야 했다. 뿐인가. 창씨개명을 한 후 그 사실을 '영광스럽게' 보고한 곳도, 전장에 끌려가는 소위 지원병들이 출정을 신고한 곳도 조선신궁이었다.

남산의 조선신궁
입구의 도리이부터 배전(拜殿)까지 일직선으로 뻗어
있는 조선신궁의 참배도로. 남산을 남북으로 갈라놓
고 있다.

　이렇듯 일제는 총칼로만 우리를 지배한 게 아니었다. 태양 숭배 신앙을
식민통치에 활용하고자 한 저들의 의도를 생생하게 보여주는 일화가 있다.

　1919년 기미독립운동 직후 일제는 무단통치에서 문화통치로 명목상
으로나마 정책 기조를 전환한다. 신임 조선총독에는 사이토 마코토齊藤實,
정무총감에는 미즈노 랜타로水野鍊太郞가　임명되는데, 그들이 조선으로 부
임하기 전의 일이다. 그들은 아카이케 아츠시赤池濃 등의 수하를 거느리고
아마테라스 오미가미의 이세신궁 및 메이지천황의 도산릉桃山陵 등으로 참
배를 떠난다. 일종의 신고식인데, 바로 그 여행길에서 새로운 소임에 대한
포부를 담아 자기네끼리 주고받은 시가 있다.[3]

　　모든 일을 정성을 다해

　　신심마저 감동할 수 있도록 이루어 나간다면

어찌 백성들이 복종하여 따라오지 않겠는가?

― 미즈노 랜타로

오랜 역사 속에서 거칠 대로 거칠어진 고려의 황야를
아침 햇살 눈부시는 빛나는 국가로 성장시키리 (하략)

― 아카이케 아츠시

미개하고 야만적인 조선을 "아침 햇살 눈부시는 빛나는 국가"로 개조
하겠다는 다짐이다. 그러한 다짐 속에 아마테라스 오미가미가 현현하고 있
는 것이다.

물론 이러한 태도는 일제만의 특징은 아니다. 제국주의가 식민지를 개
척할 때 일관되게 나타나는 공통된 양상이 '문명화의 사명'이다. 자신들의
폭압적인 침탈정책을 미개한 '것들'을 개명시키기 위한 것이라고 합리화
시키는 기제로 문명화를 들고 나온 것이다.

제국주의는 단지 부를 생산하고 증가시키는 것보다 더 고상한 목
표, 즉 가난하고 무식하고, 뒤져 있는 주변부의 전통적 가치들―예
를 들어 인도의 미망인 화장습관―을 교화시키고 있다는 확신이었
던 것이다.[4]

일제는 자신들의 야마토의 태양으로 조선을 '문명화의 길(!)'로 이끌겠
다는 목표가 확고했던 것이다.

저들의 태양신앙은 급기야 천황 숭배를 강요하는 방향으로 나아간다.
궁성요배라 하여 아침마다 '천황이 계시는 궁성'을 향해 절을 올리자는 캠
페인이 벌어진 것이다. 더 나아가 야마토의 태양은 우리 겨레의 목숨을 앗

궁성요배 포스터
천황의 황궁이 있는 일본 본토를 향해 아침마다 절을 강요하
는 내용이다.

아가기에 이른다. 조선의 젊은이들이 일장기 아래 대동아 전선으로 내몰려
저들이 벌인 제국주의 전쟁에 속절없이 희생된 것이다.

이상에서 본 그대로 저들의 태양신앙은 조선 통치를 뒷받침하는 일종
의 문화식민사관이었다. 저들은 다양한 방법과 경로로, 자신들의 아마테라
스 오미가미를 '조선의 신神'으로 만들어간 것이다.

햇살 신화의 탄생

앞에서 일제가 태양신앙을 식민통치의 수단으로 삼았으며, 그것이 우
리 겨레의 영혼과 생명까지도 앗아간 사실을 훑어보았다. 바로 이러한 분
위기 속에서 석굴암 본존불과 동해의 아침 햇살을 연결 짓는 이야기가 탄
생한다.

조선의 역사와 예술에 남다른 애정과 관심을 보인 야나기 무네요시柳宗

悅, 1889~1961. 우리에게는 유종열柳宗悅이라는 이름으로 더 잘 알려진 그가 석굴암을 처음 방문한 것은 1916년 초가을이었다. 그때 그는 예기치 않은 장면을 목격하고 감격한다. 바다에서 솟구치는 아침 태양의 햇살이 석굴 안으로 스며드는 광경을 직접 본 것이다. 3년 뒤인 1919년에 그가 발표한 「석불사 조각에 대하여」에는 그때의 감동이 고스란히 담겨 있다.

> 지금부터 3년 전─1916년 9월 1일 오전 6시 반, 화창한 태양빛이 바다를 건너 굴원窟院의 불타 얼굴에 닿았을 때 나는 그의 곁에 섰다. 그것은 지금도 잊을 수 없는 행복한 순간의 추억이다. 불타와 그를 둘러싼 여러 불상이 놀라운 새벽 햇살로 선명한 그림자와 흐르는 듯한 선을 보인 것도 그 순간이었다. 굴원 안 깊숙이 서 있는 관음의 조상彫像이 세상에서 보기 드문 아름다운 모습으로 미소 지은 것도 그 순간이었다. 오직 새벽빛을 통해서만 볼 수 있는 그녀의 옆얼굴은 지금도 나의 숨을 죽이게 한다.
>
> 내가 말하고 있는 굴원의 위치는 계림鷄林의 남단南端, 남으로는 멀리 울산을, 왼쪽으로는 가까이 영일만을, 앞으로는 흰 돛이 떠 있는 바다를 격하여, 멀리 ①'해 돋는 나라日の出の國'를 대하고 있다. (…) 아마도 한가을 무렵, 낮과 밤이 꼭 같이 상반相半할 때, ②'일본해日本海'로 뚫고 나오는 새벽빛은 굴원 깊숙이 들어가서 처음의 빛을 불타에게 건넬 것이다. 여기를 찾는 사람은 이 우수한 작품과 자연을 접함과 동시에 또한 이들을 고른 옛사람들의 마음에 닿게 될 것이다.[5]

이 글이 토함산 일출과 관련해서 지금까지 확인된 최초의 글이다.

그가 석굴암을 찾은 시점은 총독부의 개축공사가 전실에 전각을 덮지 않은 상태로 준공되고 난 이듬해였다. 그는 햇살이 굴 내로 투사되는 광경

1916년 9월 1일, 석굴암 법당에 선 야나기 무네요시 일행
모자를 들고 향로대에 기대듯 서 있는 중앙의 인물이 야나기
무네요시이다. 그는 총독부의 보수공사에 비판을 가했는데,
그 책임의 일단이 세키노 다다시에게 있다는 입장을 갖고 있
었다.

을 '우연히' 목격할 수 있었고, 그 순간의 감격을 선입견 없이 정직하게 기
술한 것이다. 전각이 있었다면 그가 위와 같은 글을 남기는 일도 없었을 것
이다.

　위의 글이 발표된 지 만 1년 후인 1920년에는 여기서 한 걸음 더 나아
간 글이 발표된다. 골동수집가인 오쿠다 테이娛田梯가 쓴 것으로, 아침 햇살
을 본존불의 백호와 직결시킨 것이다.

　　석존의 백호는 지금은 탈락되어 없으나 오래도록 매몰되어 땅속에
　　있었던 것을 최근의 수선修繕 때에 토사土砂 중에서 발견되었으나 지
　　금은 총독부의 박물관에 있다고도 하고 혹은 전혀 행방불명이라고
　　도 이르는데, 원래는 '동해(원문에는 '일본해'로 표기되어 있음-필자 주)'의
　　떠오르는 햇살이 새벽의 운무를 떨치고 만경창파에서 떠올라 훤하
　　고 또렷하게 광명이 훨훨 타오르면 곧바로 굴내窟內에 들어와서는 석
　　존의 이마 위 백호에 반영反映되어 참으로 있기 어려운 대금광명大金光

明을 발사하며 수정水晶의 이면裏面에는 황금을 붙여놓았다.'고 이르는
데, 애써 수선하면서 예전과 같이 되지 못함이 애석하다.[6]

　누가 그렇게 말했다는 것인지 명시되지 않았지만, 햇살이 본존불 이마의 백호를 비춘다는 내용을 현란한 문체로 묘사하고 있다.
　이 글은 야나기 무네요시의 글과 비교할 때 상당한 차이가 있다. 야나기 무네요시는 햇살이 굴 안을 비추는 장면을 순수한 감동으로 전하는 데 그쳤다면, 오쿠다 테이에 이르러 그동안 우리가 믿어온 바와 같이 햇빛을 본존불에 연결 짓는 내용상의 중대한 전환을 일으킨 것이다. 1929년에 발행된 나카무라 료헤이中村亮平의 『조선경주지미술』에도 똑같은 내용이 실려 있는데,[7] 동해의 아침 햇살 이야기가 일본 지식인 전반으로 퍼져나간 저간의 사정을 짐작케 한다.
　사실, 햇살을 굳이 본존불 백호와 연관 짓지 않더라도 새벽 일찍 토함산에 오른 일본인들은 일출 광경에 도취되어 자신들의 '해 돋는 나라'를 떠올리곤 했다. 1929년 발행된 경성제대 교수 곤도 도키지近藤時司의 『사화전설 조선명승기행』에도 같은 내용이 보이고,[8] 타나카 만소田中萬宗의 『조선고적행각』에도 그 이야기로 석굴암 부분을 시작한다.

　　전날 밤에 불국사 여관에서 일박一泊하고 미명에 한 줄기 길을 따라
　　산길을 올랐다. 토함산 동쪽에 있다. 이 석굴암 앞에는 검푸른紺碧 바
　　다가 있으니, 곧 '일본해日本海'이다. 진홍眞紅의 태양이 솟아나 멀리 바
　　라보니 또한 격별格別하다.[9]

　저들의 글에서 놓쳐서는 안 되는 공통점들이 있다. 저들의 눈앞에서 넘실거리는 바다는 조선의 '동해'가 아니라 '일본해'라는 것, 그 너머에 있는

토함산에 오른 일본 관광객
일본의 금융관계자 다섯 명이 조선을 여행한 후 묶어낸 책에 실린 사진이다. 이들의 등 뒤에 바로 '일본해'가 있다.

나라는 '해 돋는 나라', 곧 '일본'이라는 것이다. 글을 쓴 이들은 자신의 나라 쪽에서, 또 자기네 바다를 박차고 솟아오르는 태양을 보고 감격에 사로잡혔던 것이다.[10]

꼭 새벽의 일만은 아니었다. 대낮에라도 토함산에 오른 일본인이라면 감개무량할 수밖에 없었을 것이다. 토함산 고개를 넘어서자 뜻밖에도 자신들의 '일본해'가 멀리 굼실거리기 때문이다. 1912년 초겨울 처음 석굴암을 탐방한 데라우치 총독도 토함산 아래 펼쳐진 '일본해'를 바라보며 감회에 젖었다는 신문기사가 있다.

(데라우치 총독이) 석굴암에 도到 흔 즉 안계眼界가 돈광頓廣 ᄒ야 사방四方의 군산群山을 감하瞰下 ᄒ야 원遠히 '일본해日本海'의 감감홈을 남남 망견望見하겠고…. [11]

그러므로 저들의 입장에서는 '일본해'에서 솟구친 아침 태양이 석굴암을 비춘다는 것에 하등 거부감을 가질 이유가 없었을 것이다. 뿐만 아니라 본존불의 얼굴이며 신체가 여명의 빛을 받아 불그레하게 변하고, 조각상들의 윤곽이 돋아나는 장면에 이르면 무척이나 친숙하고 자연스럽게 느껴졌을 것이다.

식민사관의 그늘

우리는 일제강점기를 이야기할 때 한글 말살, 창씨개명, 징병과 징용, 학도의용군, 위안부, 농지수탈, 미곡반출, 광산채굴권, 인체실험, 학살고문 등의 용어를 빈번하게 인용한다. 그러나 저들의 태양신앙이 문화식민사관으로 작동한 사실, 이 땅 도처에 군림했던 신궁신사의 역할에 대해서는 정치한 논고가 나오지 않고 있다. 우리는 여전히 저들이 남긴 식민사관의 그늘 아래 있는 것이다.

4

기억의
집단화

오늘날 우리는 경주 토함산에 대해 이야기할 때 하나같이 동해의 장엄한 일출만을 말한다. 빈말로라도 월출을 이야기하는 이는 드물다. 하지만 토함산에는 달도 뜨고, 별도 뜨고, 구름과 안개도 덮인다. 우리는 이 당연한 사실을 잊은 채 아침 해가 떠오르는 장면만을 이야기해왔다. 토함산의 달과 별, 안개와 구름을 누군가에게 빼앗긴 것이다.

우리는 어떻게 해서 토함산의 일출 하나만을 기억하게 된 것일까.

조선총독부, 햇살 신화를 확산시키다

3장에서 살펴보았듯이 햇살 신화는 야나기 무네요시 등 일본학자들의 기행문에 처음 나타나기 시작했으며, 오쿠다 야스시를 비롯한 여러 일본 지식인에 의해 전반으로 퍼져나갔다. 이와 더불어 햇살 이야기의 배경에 어른거리는 일제의 태양신앙도 엿볼 수 있었다.

그러나 이것으로 끝난 게 아니었다. 조선총독부는 교과서라는 주사기注

射器를 이용해 조선의 미래세대의 혈관에 자신들의 역사관을 투여投與했는데, 토함산의 아침 햇살 이야기 역시 조선 소년들이 배우는 교과서에 실린다.

다음은 대정 14년(1925)판 보통학교 『국어독본』에 실린 기행문 「석굴암」의 전문이다.

불국사를 지나 토함산의 가파른 길을 오르기를 2킬로미터 정도, 정상에 도착했을 때는 서광이 동쪽 하늘을 붉게 물들이고 있었다. '일본해日本海'의 수면은 아직 어두웠다. 200미터 남짓 내려가 석굴암에 도착했다. 굴 바깥쪽의 불상은 어렴풋이 보였으나, 굴 안은 캄캄해서 아무것도 분간할 수가 없었다.

얼마쯤 지나자 서서히 날이 밝아왔다. 그러자 굴 안에서 먼저 모습을 드러낸 것은 화강암을 깎아 만든 석가모니의 커다란 좌상이었다. 생생한 얼굴에 '아침 광선光線'을 받고 있는 아름다움, 그 고귀함에 머리가 숙여졌다. 굴 안의 주위 벽면에 이것 역시 화강암에 돋을새김한 보살들이 점차로 눈에 들어왔다. 어느 것 할 것 없이 뛰어나고 훌륭한 조각이어서, 그 앞에 서자 저절로 몸이 빨려 들어가는 느낌이 들었다.

특히 석가상 바로 뒤에 있는 관세음의 부드럽고 온화한 얼굴에는 정말이지 넋을 잃고 말았다. 오른편에서 올려다보았을 때는 말을 하고 있는 게 아닌가 하는 생각이 들었다. 굴 안의 여러 불상들을 자세히 보고 나서, 석가상 앞으로 돌아오자 '아침 햇살'이 좌상을 환히 비추고 있었다. 아무리 봐도 차가운 석상이라고는 생각할 수가 없었다. 손을 뻗어 무릎에 놓인 석가의 오른쪽 손가락을 만져 보았다.

나는 불상을 보고 이토록 정겨움을 느껴본 적이 없고, 또 이 30기의 석상을 접했을 때만큼 좋은 느낌을 가져본 적이 없었다. 이런 대작을 남긴 사람의 이름이 전해지지 않는 것은 애석한 일이다. 신라 시대에 이 정도의 미술을 가지고 있었던 조선 문명은 확실히 시대에 앞섰던 것임에 틀림없다.

이런저런 생각을 하면서 약수터로 나왔다. 가을 햇살이 '일본해'를 고루 비추고 있었고, 2, 3척의 흰 돛단배와 5, 6척의 어선이 바라다보였다.[1]

이 짧은 기행문의 요점은 본존불을 포함해 석실 내의 조각상들에 '일본해'의 아침 햇살이 비추면서 신비감이 도드라진다는 것이다. 마치 신라인이 일본해에서 떠오르는 야마토의 태양을 영접하기 위해 석굴암을 세운 듯한 뉘앙스마저 풍기는데, 식민지 조선의 아이들은 위 글을 읽으면서 어떤 생각에 잠겼을까. 우리의 '동해'가 아닌 저들의 '일본해'에서 떠오른 태양빛이 본존불을 비치는 정경을 상상하면서 석굴암을 구해준 총독부, 혹은 천황폐하의 은덕에 감격해했을지 모른다. 개인적인 감상에 불과하던 이야기가 하나의 이데올로기로 정착되면서 기억의 집단화 현상이 일어날 토대가 마련된 것이다.

이렇듯이 동해 일출을 석굴암 본존불에 결부시키는 논리는 일제강점기에 구축된다. 그 이야기는 일본의 유난한 태양신앙, 곧 아마테라스 오미가미 신앙을 산실로 태어난 식민사관이었던 것이다.

따라서 광복 이후 우리가 해야 할 일은 자명했다. 햇살 담론의 실체를 직시하고 폐기하는 것이 순리였다. 하지만 상황은 그렇게 흘러가지 못했다. 우리의 연구자들이 한층 더 신비한 방향으로 그 이야기를 밀어올린 것이다.

윤희순의 「토함산 해마지」

1946년에 발표된 윤희순의 「토함산 해마지」는 해방 직후 경주를 찾은 그가 석굴암에 올랐을 때의 벅찬 감회를 담고 있다. 해방된 조국에 석굴암을 소재 삼아 최고의 명문을 헌정한 것이다. 그러나 유감스럽게도 주제와 서술 전반이 총독부 『국어독본』의 「석굴암」에서 크게 달라지지 않았다. '일본해'가 '동해'로 바뀌었을 뿐 아침 서광은 고스란히 옮겨와 있다.

저녁때 불국사에 들러 일찍이 자고 새벽 다섯 시에 일어났다.
토함산 중턱에 이르니 동이 트기 시작하여 산등성이까지 뻗친 신작로의 굴곡도 짐작할 수 있었다. 산등을 넘었을 때는 날은 밝았다. 석굴암을 멀리 바라볼 때에 나는 얼마간 실망하였다. 위대한 미술을 간직한 석굴로서의 면모가 없어 보였다. 고분같이 보이는 맨숭맨숭한 둔덕과 그림엽서 가게의 속된 유리창이며, 이런 것이 조금도 예술품—동방의 걸작—을 완상玩賞하는 지역의 분위기를 갖추지 못하였다. 이것을 수축修築하기에 수년이 걸리고 십 수 만 원이 들었다지만 참으로 졸렬한 수장修粧이다.
그러나 언덕 아래에서 물을 마시고 손을 씻고 석굴로 들어선 뒤에는 이러한 불평은 생각할 필요가 없었다. 석가여래상 앞에서 잠시 저립명목佇立冥目하고 거룩한 고인들을 추상追想하였다. 반개半開한 두 눈에 얇은 광선이 서리어 마치 여래 자신의 미간에서 광채가 나오는 것 같다. 아마도 굴 바닥으로 스며드는 미명의 새벽 광선이 반사되었으리라. 나중에 생각한 것이지만, 입구 상부의 난간 틈으로 새어 들어온 광선이었는지도 모른다. 석가모니가 보리수 밑에서 대각견성大覺見性한 것도 정히 이맘때였으리라. 이맘때에 마침 서광이 두 눈을 비춘다는 것은 굴을 세울 때에 미리 짐작하였던가, 우연의 신비성이었던

가. 아직도 모든 것이 새벽 속에 윤곽이 번져 있어 굴내의 명명冥冥한 그늘이 가시지 않은 속에서 자애 가득한 여래의 두 눈만이 먼저 환하게 보인다는 것은 잊을 수 없는 정경이다.[2]

이렇듯이 총독부의 「석굴암」은 '로맨틱 판타지'를 식민지 조선인의 뇌리에 이식시켰고, 윤희순 역시 거기서 자유롭지 못했다. 만약 그가 토함산의 자연환경에 유의했다면, 총독부의 '참으로 졸렬한 수장'으로 전각조차 없이 방치된 석굴암의 현실에 개탄하고 분노했을 것이다.

그리고 보면, 자연의 횡포 앞에서 석굴암이 어떻게 유린되고 어떻게 부식되고 있는지를 사실적으로 고발한 기행문은 여태껏 읽어본 기억이 없다. 대부분 아침 햇살 이야기를 배경에 깔고 신라인의 예술혼을 영탄하느라 정작 엄혹한 환경에 버림받은 석굴암에 대해서는 무심했던 것이다.

왜 그렇게 되었을까. 눈보라와 폭우를 뚫고 험한 산길을 헤쳐 토함산에 오른 사람이 드물었던 것이다. 허긴 그런 상황에 올라간들 무슨 흥이 실려 글을 쓰겠는가. 윤희순의 글 역시 전각이 없던 시절, 그것도 청명한 날에 쓰였다는 사실을 놓쳐서는 안 된다.

그런데 윤희순의 「토함산 해맞이」는 이후 우리의 석굴암 인식에 결정적인 영향을 미친다. 중등과정 『국어』 교과서에 수십 년 동안 실리면서 핵심 주제격인 햇살 이야기가 이 땅의 청소년들에게 자연스럽게 학습되고, 우리 모두의 뇌리에 깊이 새겨지기에 이른다.

과장이 아니라 1960년대 공사 이후 학계를 뒤흔든 소위 '석굴암 원형 논쟁'을 거치면서 그의 글은 덩굴처럼 자라난다. 동짓날 일출 지점 문제와 인도 부다가야대탑의 주불 문제가 새롭게 제기될 때, 가장 든든한 버팀목이 된 것이었다.

동짓날 일출 지점

석굴암의 좌향과 관련해 1960년대까지 우리 학계의 인식은 대강 동쪽으로 앉았다는 정도에 머물러 있었다. 그중에서도 황수영은 문무왕文武王의 능침인 동해구東海口의 대왕암大王岩을 바라보고 있다면서 왜의 침범을 막고자 동해용왕으로 환생한 문무왕의 호국정신이 석굴암 창건의 배경이 되었다고 강조하고 있었다.[3]

이에 대해 1969년 서울대학교 교수 남천우는 획기적인 논점 하나를 제시한다. 석실법당과 본존불의 좌향은 동짓날의 일출 지점을 '정확히' 겨냥하고 있으며, 이것을 봤을 때 신라인이 석굴암을 전각 없는 개방구조로 설계했음이 여실하다는 것이다.[4]

그의 주장은 나름대로 참신했으며, 여러 연구자들의 전폭적인 지지를 끌어낸다. 윤장섭·윤재신은 아침 햇빛이 주실 입구와 본존불을 비치는 멋진 장면을 그래픽으로 그려 제시하는가 하면, 유홍준은 동양철학의 음양설까지 대입해가면서 그 의의를 한껏 강조한다.

> 남천우 박사는 석굴암의 방향은 대왕암(28.5°)과 일치하는 것이 아니라 동짓날 해 뜨는 방향(29.4°)과 일치한다는 사실을 「석굴암에서 망각된 고도의 신라 과학」(『진단학보』제32호, 1969)에서 발표한다. 석불사의 석굴이 지금처럼 목조전실로 세워진 것이 아니라 개방구조가 원형이라고 생각할 때 동짓날 일출이 지니는 의미는 자못 큰 것이다. (…) 한 해의 시작을 자연변화에서 아무런 징후를 나타내는 것도 상징하는 바도 없는 양력 1월 1일이 아니라, 음이 쇠하고 양이 비로소 일어나기 시작하는 바로 그 순간인 동짓날로 잡고 살았던 옛사람들의 생활형태가 훨씬 과학적이고 철학적이었던 것이다.[5]

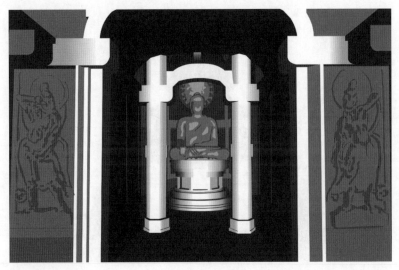

동지 일출시의 가상 장면
전실전각이 없다는 전제 하에 동해 수평선에서 솟구친 태양빛이 비도 입구와 주실 안쪽을 비치는 장면을 상상한 것이다.

그러나 이런 견해는 전각이 없어야 한다는 목적의식에 따른 견강부회일 뿐이다.

첫째, 무엇을 좋아하거나 숭상한다는 것과 건물의 지붕은 별개의 문제이다. 별이나 비를 좋아한다고 하여 집에 지붕을 덮지 않는 사람이 있을 수 없듯이 설령 신라인이 동해의 일출을 좋아했다손 치더라도 법당에 지붕과 출입문을 생략하는 어리석음을 범했으리라고는 도통 상상이 가지 않는다.

일례로 중국 북경의 천단天壇을 생각해볼 수 있다. 천단이라면 그들의 숭천崇天 사상을 집약해놓은, 명청明淸의 황제들이 수백 년간 의식을 거행하던 중국의 대표적인 성소이다. 그중에서 기년전祈年殿(1420년 시창, 청 건륭제 때 중창, 1890년 재건)은 풍년을 기원하던 중심 건물로 동양 천지에서 목조 돔 지붕으로는 유일하다. 그러나 저들은 둥근 하늘의 형상을 최대한 아름답게 재현하는 것으로 만족했지 지붕에 구멍을 뚫어놓는다든가 하는 만

중국 북경의 천단 기년전 전경
천단은 자금성을 기준으로 남쪽에 위치해 북쪽에 있는 지단(地壇)과는 대칭을 이룬다. 그중에서 기년전은 목재로 궁륭형의 천정을 실현한 건축사상 기념비적인 건축이다.

용은 부리지 않았다.

그리고 건물의 좌향을 가지고 지붕의 유무 여부를 논하는 것도 이치에 맞지 않는다.

우리나라 동해변에는 많은 절이 동향으로 앉아 있고, 낙산사처럼 일출로 유명한 곳 역시 여럿 있다. 그러나 이 중 법당 지붕을 들어낸 절은 없다. 또 다른 예로 서울의 고궁 가운데 창경궁만이 유일하게 동쪽으로 앉아 있지만, 역시 정전인 명정전明政殿을 포함해 모든 전각은 지붕을 덮고 있다. 곧 석실법당의 방위와 전각의 유무 문제는 최소한의 연관성도 없다는 뜻이다.

둘째, 동짓날에 대한 의미 부여도 지나치다.

남천우든 유홍준이든 그들의 글을 보면 마치 옛날에는 동짓날의 해맞이 습속이 대단했을 것 같은 착각이 든다. 그러나 24절기에 따라 움직이는 전통 농경사회에서 세시풍속이라고 이를 만한 동짓날 해맞이 행사는 어디에도 전승된 것이 없다.

이 문제는 명절과 차례의 의미가 퇴색된 현대사회, 그것도 태양력에 따른 1월 1일에 동해 정동진 기차여행과 같은 해맞이 행사가 관광상품으로 각광을 받고 있는 요즘의 풍조와는 구별해서 논의되어야 한다. 두루 아는 바와 같이 고대에는 조상숭배 신앙이 절대적이었고, 동짓날이 설날이었다.[6] 여기서 말하는 설은 근신하는 마음으로 목욕재계하고 조상께 차례를 올리고, 선산을 찾아가신 분들의 음우지덕을 빌고, 웃어른께 세배를 올리고 덕담을 나누며 새해를 설계하는 연중 가장 정결한 날에 해당한다. 과연 이런 날 꼭두새벽부터 일출을 보겠다고 엄동설한 추위를 무릅쓰고 산에 오르는 사람이 얼마나 있었을지 의문스럽다. 다른 계절, 다른 날이면 몰라도 '설날' 새벽에 산행을 감행하는 이는 거의 없다고 해도 틀리지 않는다. 잘 알려진 『의유당관북유람일기意幽堂關北遊覽日記』 중의 「동명일기東溟日記」도 음력 9월 18일의 일출 장면을 서술한 것이다.

그런 점에서 우리가 다시 주목해야 할 것은 해맞이가 아닌 달맞이 민속이다.

토함산의 달맞이 풍속

우리 조상들은 '월출'에 큰 의미를 부여했다. 정월 대보름과 팔월 한가위에 행하는 강강술래, 쥐불놀이, 달집태우기, 다리밟기, 고싸움, 차전놀이, 줄다리기, 돌싸움石戰, 씨름 등이 그것인데, 이러한 습속은 지금도 남아 있다.

토함산의 경우도 마찬가지였다. 1960~1970년대만 해도 대보름이면 인근 마을 사람들이 삼삼오오 토함산을 올라 달마중을 하고, 석굴암 부처님께 절을 올리곤 했다. 지금도 달구경을 하고, 그 달빛을 등에 업고 험준한 돌길을 내려오던 어릴 적 추억을 간직한 이들이 많다.

사실 토함산의 월출 장면은 일출 장면에 못지않을 정도로 장엄하다. 석굴암 앞마당에서 바라보는, 은빛 만월이 떠오르며 검푸른 바다와 어우러지는 장면은 비할 데 없이 신비롭고 감동적이다. 이때 석실법당에는 정밀한 침묵과 고요한 평화가 깃들어 문자 그대로 신라인이 꿈꾼 진리와 구원의 시간이 열리는 것이다.

더욱이 달은 부처님의 무량자비와 원만심圓滿心의 표상이다. 『열반경涅槃經』에서는 달을 붓다의 열한 가지 덕에 비유할 정도인데, 이러한 인식이 투영된 예가 세종이 부처님의 공덕을 기린 『월인천강지곡月印千江之曲』(1449)이다. 제목에서 '월'은 부처님을, '천강'은 온 누리를 가리키며, 결국 그 제목은 '부처님의 덕화가 온 누리에 가득 차다'라는 뜻을 나타낸다.

이 모두는 전기불빛으로 야간에도 대낮같이 훤한 요즘과 달리, 밤이면 만상이 칠흑의 어둠에 덮이던 옛날에는 자연스러운 일이었다. 하늘 높이 휘영청 돋아난 달은 자비와 구원의 존재와 다를 바 없었고, 이는 우리뿐 아니라 어느 문명권을 보더라도 보편적인 현상이었다. 참고로 오늘날의 태양력은 갑오개혁(1894) 이후, 일제의 압박으로 음력 1895년 11월 17일을 양력 1월 1일로 환산하면서 도입된 것이다. 음력설을 구정舊正이라 하여 밀어내고, 양력설이 지정되면서 신정新正이라는 말을 사용하기 시작한 것이 바로 그때부터이다. 물론 저들이 양력을 택한 이유는 자신들의 아마테라스 오미가미 숭배 신앙과 잘 맞아떨어졌기 때문이다.

민족의 판타지로 자리를 잡다

정리하자. 학창 시절 수학여행에서 꼭두새벽에 졸린 눈을 비비며 어둠에 덮인 토함산을 오르던 습속은 일제강점기의 산물이다. 근대 이전에는 그 비슷한 풍속조차 없었다. 저들은 '일본해'에서 솟구치는 야마토의 태양을 영접하도록, 아침 햇살이 석굴암 본존불을 비추는 정경을 과장되게 묘사해 조선인을 '유인'한 것이다.

그럼에도 불구하고 햇살 이야기는 남천우의 동짓날 일출 문제를 분수령으로 학문의 영역으로 진입한다. 마치 학술적인 검증이 끝난 듯한 분위기 속에 우리 민족의 판타지로 굳건하게 자리를 잡은 것이다.

여기에 1980년대 들어서면서 더 '심오한' 해석이 등장한다. 바로 석굴암 본존불을 인도 부다가야의 마하보디사(대각사) 대탑에 봉안된 불상과 연결시키며, 신라인이 동해의 아침 햇살을 맞이하기 위해 석굴암을 개방구조로 지었다는 또 다른 가설이 나온 것이다.

5

인도 부다가야대탑의 주불

　　실존 붓다의 일대기에서 가장 중요한 사건은 단연 탄생과 성도, 초전법륜, 열반 등을 꼽을 수 있다. 사건이 일어난 각각의 날은 오래도록 아시아의 불교도들에게 가장 거룩한 날로 기념이 되어왔는데, 탄생지인 네팔의 룸비니, 성도지인 인도의 부다가야, 첫 설법을 베푼 사르나트, 열반의 땅인 쿠시나가라 등은 순례자의 발길이 끊이지 않는다.

　　그중에서도 부다가야의 의의는 새삼 강조할 나위가 없다. 부다가야의 보리수 아래에서 연약한 인간 고타마 싯다르타 태자가 우주 삼라의 진리를 깨우쳐 만세萬歲의 법왕 붓다로 거듭난 까닭이다. 이야말로 그의 삶에서 가장 찬란하고 가장 드라마틱한 장면인데, 이런 이유로 불교라는 세계종교는 바로 그곳 부다가야에서 태어났다는 표현도 가능하다.

역사의 비밀이 풀리다

　　성지 중의 성지, 부다가야. 기원전 3세기에는 인도 역사에서 최고의 군

인도 부다가야의 마하보디사 대탑 전경
고대 인도의 산치대탑 같은 복발(覆鉢)형의 스투파와 달리, 서양의 오벨리스크 같이 하늘로 솟은 첨탑 양식의 전형을 획득한 명작이다. 이슬람 세력이 인도로 들어올 때 대탑의 파손을 우려한 불교도가 흙을 퍼 날라 거대한 둔덕을 조성해 보이지 않게 했다고 한다.

주로 칭송받고 있는 아소카 대왕이 "큰 깨달음의 사원"이라는 의미를 갖는 마하보디사를 건립하고, 지상의 스투파stūpa(탑) 가운데 가장 화려하고 장엄한 수십 미터 높이의 거탑을 세워 붓다의 정각을 기념한다.

그런데 마하보디사의 대탑이 홀연 우리의 석굴암 연구사 안으로 들어온다. 대탑의 맨 아래층 감실에 있던 주불主佛이 석굴암 본존불의 모델이라는 사실이 밝혀진 것이다. 무려 1,200여 년 동안 묻혀 있던 비밀이 구체적으로 드러났는데, 그러기까지는 각 시대마다 뜻있는 이들의 선업先業이 얽혀 있었다.

첫 번째는 당나라 초기의 현장 법사玄壯法師, 602~664이다. 그는 17년간의 천축 구법 여행 중에 부다가야를 찾아 대탑 안의 주불을 친견하고, 당척唐尺을 사용해 실측한 주불의 치수를 『대당서역기』(646)에 남긴다.

대좌의 높이는 4척 2촌이며, 넓이는 1장 2척 5촌이다. 불상의 높이는 1장 1척 5촌이며, 두 무릎 사이의 거리가 8척 8촌이고, 두 어깨(사

이의 거리-필자 주)는 6척 2촌이다.[1]

사실 부다가야대탑의 주불은 현장 등 중국 승려만 접한 게 아니었다. 이 땅의 승려들도 인도 구법길에 오른 것은 모두가 아는 사실인데, 혜초 스님의 경우처럼 그들 대부분은 부다가야를 찾아 대탑의 위용에 감탄하고, 그곳의 주불을 참배하며 신심을 키웠을 것이다.[2]

두 번째는 20세기 전반, 조선총독부에 근무하던 요네다 미요지米田美代治라는 젊은 측량기사로, 그는 이 땅의 역사유산을 실측하는 일을 업으로 삼았다. 석굴암에도 그의 손길이 닿았는데 석굴암 전체평면이나 입면구성 등을 실측하고 본존불의 세부를 최초로 재었던 것이다. 그는 그 결과를 당 척으로 환산해 도면과 함께 「경주석굴암의 조영계획」(1939)이라는 논고에 싣는다.

> 본존불의 앉은키 11.53당척, 양 무릎 간의 폭은 8.8당척, 양어깨 사
> 이의 폭은 6.6당척.[3]

1,300년의 시차를 두고, 인도와 조선이라는 지리적 거리를 뛰어넘어 부다가야대탑과 석굴암의 양쪽 불상을 대상으로 한 실측작업이 동양불교사 최고의 고승과 식민지에 진출한 무명의 젊은 기사에 의해 각각 행해졌고, 그렇게 얻어진 양쪽 불상의 신체 치수가 거의 일치했던 것이다.

그러나 두 기록은 한동안 따로 존재했다. 양쪽 자료에 나타난 두 불상의 제원이 거의 동일하다는 사실을 아무도 눈치채지 못한 것이었다.

세 번째는 국립경주박물관장을 지낸 강우방이다. 요네다 미요지의 작업으로부터 45년이 지난 1984년, 그는 양쪽 자료를 비교해 처음으로 신라인이 『대당서역기』의 기록에 따라 석굴암 본존불의 도상을 디자인했다

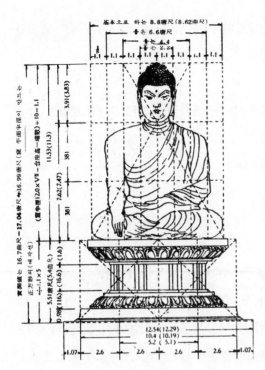

基本으로 하는 8.8曲尺(8.62曲尺)
폭은 6.6曲尺
폭은 4.4
폭은 2.2

實測値는 16.7唐尺 — 17.04唐尺 — 16.99唐尺(몸 平面半径이 나타나는
(몸中型(20×√2—台座高—縮數)×10=1.1
正方形尺(5.4曲尺)
=1.1×5
5.51曲尺(16.5~)(1.6)
0.98曲尺(116)─

3.91(3.83)

11.53(11.3)

381

7.62(7.47)

381

12.54(12.29)
10.4 (10.19)
5.2 (5.1)

1.07   2.6   2.6   2.6   2.6   1.07

요네다 미요지의 본존불 실측도면
본존불의 불신과 좌대를 세부로 나누
어 실측해 그 값을 당척으로 환산한
다. 불신의 경우 앉은 키가 3등신으로
나타나 있고, 얼굴 폭은 2.2당척, 양
겨드랑이 폭은 4.4당척, 양어깨 폭은
6.6당척, 양 무릎 폭은 8.8당척임이
밝혀진 것이다.

는 추론을 이끌어낸다.[4] 실존 붓다가 정각을 이룬 유서 깊은 성소에 설립된
사원의 주불이 석굴암 본존불의 모상이라는 역사의 비밀이 마침내 선명하
게 드러난 것이다.

단지 치수만 비슷한 게 아니다. 양식상으로도 양쪽 불상은 하나로 통
한다.

알다시피 석굴암 본존불은 여러 불상 양식 중 이른바 항마촉지인降魔觸
地印을 취하고 있다. 가부좌를 튼 양다리 가운데 왼손은 내려놓고 오른손은
오른쪽 무릎에 대고 손가락으로 땅을 가리키는 모습인데, 싯다르타 태자가
오랜 선정 끝에 번뇌와 유혹의 불길을 끄고 정각에 이른 순간을 묘사한 것
이다. 성도상成道像으로도 불리는 이 거룩한 양식은 동양 전체에서 널리 성
행했으며, 이 땅에서도 예외는 아니었다.

그런데『대당서역기』는 대탑의 당시 주불이 항마촉지인을 취하고 있었음을 분명하게 밝히고 있었다.

> 정사 안에는 불상이 엄연한데 가부좌를 틀어 오른발을 위에 얹었으며 왼손은 거두고 오른손을 드리운 채 동쪽을 향해 앉아 있었다. 숙연한 것이 꼭 실재와 같았다.[5]

부다가야대탑의 주불과 석굴암 본존불은 치수와 양식에서 공히 하나였던 것이다.

문명대와 김리나도 두 불상의 연관성을 지적한 적이 있는데,[6] 이와 비슷한 생각은 일제 때도 있었다. 석굴암 연구가 걸음마도 떼기 전인 1920년대 초에 중국의 윈강雲崗석굴, 일본의 호류지法隆寺와 더불어 석굴암을 극동의 3대 예술로 지목한 일본의 불교미술사학자 오노 겐묘小野玄妙가 바로 그이다. 그는 항마촉지인상에 주목해 신라의 인도 구법승을 거명하면서 인도 불상의 영향을 받았을 개연성을 예견해두었던 것이다.[7]

그렇다고는 해도 1,300년의 간극이 있는 두 자료를 연결 지어 석굴암 본존불의 연원을 붙잡아낸 강우방의 학문적 성과는 뚜렷했다. 문명 교섭의 신비로움과 신라인의 뛰어난 안목을 이보다 극명하게 보여주는 경우는 달리 찾기 어려울 것이다.

그러나 그는 뜻밖의 방향으로 나아간다. 석굴암의 전실전각 문제에 자신의 추론을 끌어들인 것이다.

종교적 신성의 옷을 입히다

강우방의 논리는 간명했다. 실존 붓다가 새벽에 동녘을 향해 앉아 정각을 깨우쳤다는 사실을 근거로, 신라인이 본존불을 동향으로 앉힌 것은, 곧 인간의 태양인 붓다가 자연의 태양과 일체화되는 순간을 재현하려는 의도였다는 것이다.

> 석굴암이 자리 잡은 이 자리, 석가여래 성도상이 정좌하고 있는 이 자리는 매일 새롭게 떠오르는 태양을 상대하기 위하여 정해진 것이다. 석굴암은 그 자체만으로는 완전한 의미를 갖추지 못한다. 이를 둘러싼 자연환경, 동으로 훤히 뚫려 바다 위로 떠오르는 태양을 전체적으로 조망할 수 있는 장관壯觀과 함께할 때 비로소 석굴암은 본래의 의미를 되찾을 수 있다.[8]

요컨대 동해의 아침 태양이 아니면 석굴암의 의미는 완성되지 않는다는 것이다. 남천우에 의해 학술적 의미를 갖게 된 일제의 일출 담론은 강우방에 의해 종교적 신성의 옷까지 걸치게 된 셈이다.

뒤이어 그는 신라인의 오묘한 뜻을 저버렸다며, 1960년대 공사의 책임자들을 힐난한다.

> 석굴암의 정면을 폐쇄하고 있는 소위 전실의 목조건물도 뜯어 없애야 한다. 어리석은 미술사학자의 무리는 이 유적이 지니는 깊은 뜻을 알아차리지 못하고, 신라인의 지혜를 헤아리지 못하고, 석가여래 정각상을 영어囹圄의 몸으로 만들어버렸다. (…) 몇몇 어리석은 사람들의 부질없는 짓으로 위대한 진리를 구현한 예술의 본질을 은폐시킨 것은 용서할 수 없다.[9]

붓다를 감옥에 가두어놓았다면서 선배 학자들을 "어리석은 미술사학자의 무리"라 칭하며 용납할 수 없다는 것이다.

그의 주장이 옳다면 전실전각은 논란의 대상이 될 수도 없다. 아침 태양이 있어야만 석굴암의 진면목이 드러난다고 할 때 전각처럼 불필요한 것도 없기 때문이다.

하지만 당시 공사를 이끈 선배 학자들이 우매했는지는 더 따져보아야 한다. 아무리 어리석은들 붓다를 죄수로 만드는 짓(!)을 저지를 리는 만무한 탓이다. 더 거슬러 올라가면 신라인 역시 그 어떤 거룩한 목적이 있다고 해도 법당의 전각을 생략하지는 않았을 것이다.

그렇다면 불교 경전에서는 실존 붓다의 정각 순간을 어떻게 서술하고 있을까. 또한 현장이 실측한 시점의 대탑 주불은 구체적으로 어떤 상태에 있었을까.

붓다의 성도 장면에는 태양이 등장하지 않는다.

당연한 말이지만 실존 붓다의 성도 장면은 모든 경전에서 비중 있게 다루고 있다. 앞서 말했듯 고타마 싯다르타 태자가 만세의 법왕으로 등극하는 극적인 순간일 뿐 아니라, 동양문명의 한 축을 이루는 불교가 바로 그 순간을 기점으로 세계종교로 나아가기 때문이다.

하지만 그 어느 경전을 보더라도 붓다가 진리를 깨우친 순간에 태양은 등장하지 않으며, 그 순간에 등장하는 것은 샛별 하나뿐이다. 어려운 경전 대신 그 장면을 쉽게 서술한 글들을 옮긴다.

보살은 이튿날 이른 아침 하늘에 샛별이 나타날 때 확연히 대오大悟, 무상정진의 도를 성취하여 최상적강의 부처가 되었던 것이다. 그리하여 부처는 그 육체가 금빛을 가지게 되고 삼십이상三十二相, 팔십수

호八十隨好를 완전히 갖추게 되었으며….[10]

그때에 고타마는 동쪽에서 솟아오르는 밝은 새벽별을 보는 순간, 무상정등정각을 완성하고 큰 소리로 사자후하였다. '이제 어둠의 세계는 타파되었다. 내 이제 다시는 고통의 수레바퀴에 말려들어 가지 않으리. 이것을 고뇌의 최후라 선언하며 이제 여래의 세계를 선포하노라.'[11]

요컨대 우주 삼라의 진리를 깨닫는 순간 고타마 싯다르타 태자가 본 것은 샛별이지 태양이 아니다. 이는 금석에 새긴 글자와 같이 감히 누구도 함부로 파낼 수도, 지울 수도 없는 엄연한 진실이다.

강우방 역시 다음 인용문(①번 문장)에 드러나 있듯이 붓다의 정각 순간에 등장한 것은 샛별(금성)이라는 사실을 지적하고 있다. 그런데 뒤이은 ②번 문장의 풀이 부분에서 있을 수 없는 착종에 휘말린다.

① 그때의 명성은 곧 동이 틀 무렵의 샛별, 즉 금성을 가리킨다. ② 그러니 석가모니가 동쪽을 향해 정좌하여 동이 틀 무렵 등정각을 이룬 순간을 재현하기 위하여, 인도의 대각사 본존과 신라 석굴암 본존은 동향하고 있는 것이다. 특히 석굴암에서의 일출 광경은 장관을 이루고 있으니, 저 동해의 수평선 위로 태양이 떠오를 때, 그 태양을 마주하여 앉은 수미산같이 우람한 모습의 석가모니는 진리의 모습을 그대로 드러낸다.[12]

실존 붓다의 성도 순간을 지키던 샛별은 사라지고 돌연 태양이 출현한 것이다.

이것은 과장을 넘어 왜곡에 가깝다. 만약 신라인이 석굴암 본존불을 동향으로 앉힌 점에 의미를 부여하자면, ①번 문장처럼 '샛별'을 마주하기 위해서라고 풀어야 합당하다. 그럼에도 불구하고 경전에는 보이지 않던 '태양'을 마주하기 위한 것으로 임의의 해석을 가한 것이다. 경전은 토씨 하나도 건드려서는 안 된다는 사실을 누구보다 잘 알고 있을 그가 경전 내용을 굴절시키면서까지 석굴암을 또 한 번 신비화의 길로 이끌었다.

이처럼 동해 일출과 석굴암 본존불 관련설은 남천우의 동짓날 일출설과 마찬가지로 성립되지 않는다. 하나의 환상이 또 하나의 환상으로 이어지고 또 이어진 허망한 주장일 뿐이다.

그러나 아직 확인해야 할 사항이 더 남아 있다. 앞서 언급했듯이 현장이 찾은 7세기 무렵의 대탑의 주불이 어떤 상태에 있었는지 하는 점이다. 혹시라도 대탑의 불상이 태양을 마주하게끔 개방된 공간에 봉안되어 있었다면 이야기가 달라지기 때문이다.

대탑의 주불은 어디에 모셔졌을까

현장은 『대당서역기』에 대탑 주불의 연기설화 전문을 장황할 정도로 길게 소개한 다음, 다음과 같은 진술을 덧붙인다.

① 그 상은 지금도 있으며 훌륭한 세공은 손괴된 데가 없다. ② 방 깊숙이 안치되어 있기 때문에 등불이 꺼지지 않도록 계속 불붙여 두고는 있으나 그 얼굴을 똑똑히 바라보려 해도 자세히 관찰할 수가 없다. 그러나 아침 일찍이 큰 거울을 가지고 햇빛을 끌어들여 안을 비추면 비로소 영상靈相을 잡을 수가 있다.[13]

현장이 직접 대탑 주불을 친견한 사실을 알 수 있는데, ①번 문장에서 보듯 당시 주불은 온전한 상태에 있었다.

하지만 그 장소는 전혀 '의외'이다. ②번 문장의 묘사처럼 개방된 노천이 아닌 대낮에도 상호조차 확인할 수 없을 만큼 어둡고 밀폐된 방 안쪽에 주불이 모셔져 있었던 것이다. 강우방의 관점을 빌리자면 고대 인도인들도 주불을 "영어圖圄의 몸"으로 만들어버린 셈이다.

그런데 바로 이 대목에서 강우방은 또 한 번 납득하기 어려운 태도를 보인다. 자신의 논문에 『대당서역기』의 연기설화 전문을 옮겨 실으면서 앞의 인용문의 ①번 문장까지만 인용하고, 뒤의 ②번 이하의 문장은 생략한 것이다.[14] 대탑의 주불이 등불을 밝혀도 캄캄한 암실 같은 곳에 봉안되어 있었다는 핵심정보를 누락시킨 것이다. 그의 논문만 읽은 이들은 자칫 인용된 부분이 현장이 쓴 원문의 전부라고 믿을 수밖에 없으며, 원문과 대조하지 않는 한 결정적인 대목이 빠진 사실은 짐작도 못할 것이다.

참고로 1996년 1월 20일 필자가 부다가야를 순례할 당시에도 대탑의 1층 감실에는 단아한 부처님 한 분이 모셔져 있었다. 역시 동쪽을 향해 좌정한 채 항마촉지인을 취하고 있어 순례자의 감회를 자극하기에는 부족함이 없었다.

그러나 감실 안쪽 깊숙한 곳에 별도로 마련된 방이어서 접근하는 것조차 쉽지 않았다. 비가 많이 내리는 인도의 불리한 기상 조건에서 불상을 보호하고자 하는 마음은 2,300년 전이나 지금이나 같았던 것이다.

다만 지금의 주불은 현장법사가 실측한 7세기의 불상은 아니라는 게 일반적인 시각이다.[15] 마침 현 주불에 대한 서울대학교 교수 이주형의 글이 있어 소개한다.

이 상은 19세기의 복원(대탑 복원을 말함-필자 주) 당시에 인근의 힌두교

사원인 마한트 사원에 있던 것을 현재의 위치로 옮겨온 것이다. 마한
트 사원에 있었다고 하더라도 보드가야(부다가야)에 남아 있는 불좌
상 가운데 가장 큰 상이기 때문에 과거 보드가야 역사상 어느 때인가
는 분명히 마하보디 불당의 본존 역할을 했던 것으로 추정되기도 하
지만 확인되지는 않았다.[16]

이상에서 살펴본 바대로, 우리 연구자들은 동짓날 일출 문제나 부다가
야대탑의 주불 문제 등을 통해 일출 신화를 의문의 여지없는 학문적 진실
로 격상시켰다. 비록 그들의 진의眞意는 그렇지 않았겠지만 일제의 식민문
화사관을 우리 민족의 거룩한 판타지로 밀어올린 것이다.

그런데 이 햇살 신화는 단순히 신비한 이야기로 끝나지 않고 또 다른
갈래를 친다. 잘 알려져 있다시피 주실 돔 지붕 앞쪽에 광창이 있었다든
가, 법당 바닥에 반사장치를 깔아두었다든가, 주실 입구의 쌍석주에서 홍
예석을 떼어내야 한다든가 하는 등의 주장이 모두 거기서 나온 것이다. 일
제의 일출 담론이 우리의 뼛속 깊이 파고 든 사실을 실감케 하는 사례들인

데, 뒤이은 6장「햇살 신화의 사생아, 광창」에서는 먼저 광창설과 반사경설을 알아보고, 홍예석 문제는 7장「석굴암 건축의 꽃, 홍예석」에서 따로 다루기로 한다.

6

햇살 신화의 사생아,
광창

세상에는 그림으로 좋은 게 있고 말로 멋진 것도 있지만, 간혹 그림으로도 좋고 말로도 멋진 것이 있다. 하지만 눈동자가 화경火鏡만 한 만화 속의 어여쁜 주인공을 현실에서 만난다면 그 큰 눈동자는 도리어 끔찍할 수 있다. 석굴암의 광창도 이와 다르지 않다.

광창설의 논리

광창설은 남천우의 지론 중 하나로, 동짓날의 동해 일출 지점과 연결 지어 주실 돔 지붕 정면에 동해의 아침 햇살을 받아들이는 채광창이 뚫려 있었다는 것이 핵심이다.

해상에서 솟아오르는 태양의 햇빛이 정면에서 그 입구와 광창을 통하여 굴내를 비춰주며 태양의 상승과 더불어 광선의 위치가 움직여 가는 동짓날 아침의 석굴암의 광경은 말로써 형언할 수 없이 엄숙하

상) 남천우의 광창 가상도
남천우는 돔 지붕의 앞부분에서 두 기둥 사이의 면석 자리에 광창이 시설되어 있었다는 소견을 냈다. 그러나 그 바깥쪽 비도 지붕에는 토석층이 쌓여 창을 낼 수가 없는 구조이다.

하) 남천우가 광창의 부재로 지목한 석재
남천우는 내측 곡면을 따라 파인 세모(△) 모양의 홈들을 창살이 꽂혔던 자리로 파악한다. 두 토막이 나 있는데, 용처는 확인되지 않고 있다.

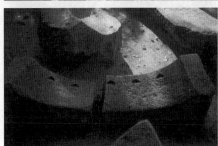

고 또 찬란하였을 것이다. 본존불 백호의 높이는 비도 공간의 높이보다도 약간 얕은 위치이므로(약 4寸) 동지를 전후한 수일간은 일출의 태양광선이 직접 이 백호를 약 10분 동안씩 비춰주게 되는 것이며, 연중의 첫 절계節季로서의 동지맞이는 참으로 축복되고 찬란한 새해를 약속해주었을 것이다.[1]

이와 같은 논리 아래, 그는 현재 요사채 앞마당에서 석굴법당으로 통하는 양쪽의 돌계단 중간에 전시된 석물들 중에서 아치형의 깨진 석재를 광창의 부재로 지목한다.[2] 그것의 안쪽 곡면을 따라 일렬로 파인 작은 세모꼴(△)의 홈들에 창살이 꽂혀 있었다는 것이다. 거기에 더해 그는 구한말 주실 돔 지붕의 앞쪽이 함몰된 까닭도 거기에 광창이 있어 구조적으로 취약했기 때문이라고 설명한다.

결론적으로 그는 총독부가 1차 공사 때 함몰부를 복원한 것은 햇살을

1910년 전후의 석굴암 정면 모습
주실 돔 지붕의 앞부분이 붕괴되어 있다. 남천우는 동굴처럼 뚫려 있는 그 부분에 광창이 있었다는 입장이다.

차단하려는 악의에 의한 것이며, 그토록 중요한 문제를 자신이 밝혀내기 전까지는 아무도 몰랐으며, 문화재관리국의 1960년대 공사에서 광창을 살리지 않은 것은 공사 책임자가 무지했기 때문이라고 비판을 가한다.[3]

그러나 광창설은 나오자마자 사라질 위기에 처한다. 먼저 법당이라는 곳이 꼭 밝아야 한다는 원칙은 없다는 지적이 있었고, 또 모형실험을 통해서 광창의 비현실성이 드러난 것이다.

먼저 석굴암이 유현한 어둠을 필요로 하는 종교성전임을 새삼 환기시킨 신영훈의 글을 읽어보기로 하자.

> 석굴암은 지금처럼 관람의 대상으로 조영되었던 것이 아니라 목적을 가진 종교사원으로 이룩된 것이다. 사원 조영은 불법에 따른 규범에 의하여 만들어지는 것이다. 광창이 없어도 좋은 것은 석굴암이 불상의 진열소가 아니고 유현한 정신세계를 탐구하는 법당인 때문이다. 그래서 그에 알맞는 분위기를 갖춘 공간이 필요하다. 세계 모든 사원이 노천으로 만들어지지 않고 일정한 폐쇄된 공간으로 구성된 것은 그러한 까닭이 있기 때문이다.[4]

유현한 어둠을 지향하는 종교건축에서 광창이라는 것이 왜 필요한지, 근본적인 의문을 표한 것이다.

창살의 그림자

다음으로 경주 신라역사과학관에서 제작한 모형을 살펴볼 차례이다. 광창의 창살 그림자가 본존불의 얼굴과 흉부에 어른대는 망측한 현상이 관측되는데, 아름다움과 거룩함으로 충만해야 할 본존불의 얼굴이 감옥의 죄수처럼 비친 것이다.

이 사실 하나만으로도 광창설은 폐기되어야 한다. 그러나 남천우는 상식 밖의 묘사로 대응한다.

> 광창을 통과한 햇살에는 창살의 그림자가 있으며, 또 그림자는 태양과 함께 움직이므로 백호에는 때때로 잠시 그림자가 진다. 그러므

경주 신라역사과학관의 광창을 시설한 석굴암 모형
광창의 창살 그림자가 본존불의 얼굴과 몸에 얼룩을 드리우
고 있다. ⓒ박정훈

로 본존불은 살아서 꿈틀거리게 되며, 마치 괴기한 신력을 지닌 생
불처럼 보인다.[5]

　그가 어떤 말을 하든 우리 학계가 건강했다면 광창설은 그쯤에서 자동
소멸되었을 것이다. 하지만 여러 연구자들의 옹호 속에 광창설은 석굴암
연구사의 한 획을 그은 탁견으로 갈수록 공고해진다.

　영남대학교 교수 김익수는 초기부터 광창을 적극 지지해왔는데, 인도
등지의 석굴사원에 광창이 있다는 점을 근거로 들기도 했다.[6] 하지만 그런
지역의 석굴사원은 바위벼랑을 인력으로 깎아 깊숙한 곳에 기도처를 마
련한 탓에 실내조명이 불가피하다. 조건이 다른 굴착식 석굴의 예를 조립
식의 인공석굴인 석굴암에 대입시키는 것은 무리한 논리 전개인 것이다.

　여기에 강우방은 자신의 논문에 광창을 그린 도면을 정식으로 싣고 그
의의를 강조하는가 하면,[7] 유홍준은 창살 그림자에 대해서는 한 마디도 하
지 않은 채 "남천우 박사가 (…) 석굴에는 광창이 있었다는 사실을 논증하

였다."라고 단언한다.[8] 또 기계공학을 전공한 함인영은 일제 때 일본인들이 보수하는 과정에서 없애버렸을 거라며 증명되지 않는 남천우의 추측에 힘을 보탠다.[9]

이런 분위기를 타고 1997년 1월에 방영된 KBS 일요스페셜 〈원형탐구 석굴암〉에서는 광창 문제를 집중적으로 조명한다. 이때 몇 점의 석굴암 모형이 제작되었는데, 그중 광창을 단 모형의 경우 그곳을 통해 빛이 들어오는 장면을 그래픽으로 처리해서 시청자의 넋을 빼앗기도 했다.

물론 반론이 없었던 것은 아니다. 윤장섭·윤재신은 그것이 빗물의 통로가 될 거라는 이유로, 배진달은 광창의 위치가 본존불의 얼굴보다 높다는 이유로 비판적인 입장을 보였다.[10] 하지만 역부족이었다. 학계의 권력지형에 따라 학문이 굴절된 것이다.

지금도 '광창'은 매혹적인 이름 그대로 대중의 환호를 받고 있는데, 이제부터 광창의 불가함을 차근차근 확인하기로 하자.

석굴암이 '거부'하는 광창

우리 연구자들은 광창이 시설되었을 때의 그럴 듯한 효과—햇빛이 본존불과 굴 내부를 환히 밝힌다, 빛과 어둠이 오묘한 조화를 빚어낼 것이다—만을 강조할 뿐, 그것의 시공이 가능한지에 대해서는 전혀 살피지 않는다.[11] 크든 작든 하나의 가설을 내놓기 전에 응당 거쳐야 할 자기 검증의 과정이 생략된 것이다.

그러나 광창설은 석굴암 스스로가 거부한다.

첫째, 토목 구조상으로 그들이 말하는 광창을 시공할 수 없다. 광창이 있었다는 주실 돔 지붕의 앞쪽은 총연장이 3미터를 상회하는 비도 공간으로, 비도 지붕 위에는 토석 및 기와층이 돔 지붕 밖으로 돌출된 동틀돌들까지

1912년 겨울철의 주실 제석천
제석천은 주실 입구 첫 번째 조각상으로, 그 앞으로 돔 지붕의 함몰부에서 쏟아진 흙더미 위에 눈덩이가 쌓여 있다. 왼쪽 팔뚝과 어깨에도 눈가루가 묻어 있다.

감싸면서 첩첩히 쌓여 있다. 이는 곧 광창을 내려면 전실전각을 없앤 다음 주실 지붕의 봉토층을 완전히 제거해 하늘 아래 석조 본체를 드러내야 한다는 뜻이다. 그러지 않고서는 수 미터 길이의 토굴 같은 것이 발생하기 때문이다.

둘째, 높이와 각도가 맞지 않는다. 배진달의 지적대로 수평선의 첫 햇살이 해발 575미터의 석굴암 본존불의 상호에 닿기 위해서는 광창의 위치가 본존불 얼굴보다 낮아야 한다. 하지만 남천우의 가상도를 보면(71쪽 상단 도판 참조). 광창이 본존불 얼굴보다 높은 감실 위 돔 지붕 제1단 면석 정도에 위치한다. 이런 까닭으로 설사 전각이 없다고 해도 수평선의 아침 햇살이 광창으로 틈입해 본존불 이마에 직사直射되는 장면은 나타날 수 없다. 왜냐하면 해가 중천에 이르러서야 그 빛이 광창으로 스며들까 말까 싶을 정도이기 때문이다.

이는 앞서 본 신라역사과학관 모형실험에서도 확인되는 사실이다. 곧 본존불 얼굴에 어린 망측한 창살 그림자도 조명을 아래서 비춘 것이 아니라 위쪽에서 거꾸로 비추는 군색한 방법으로 연출한 것이다.

셋째, 토석층이 없어 시공설이 가능하다고 해도 문제는 여전히 남는다. 비가 오면 그곳을 통해 주실 법당으로 물줄기가 폭포처럼 쏟아지고, 겨울철에는 눈보라가 몰아침은 물론 한기에 내부가 냉동 창고로 바뀔 것이 자명한 탓이다.

과장이 아닌 것이 구한말 돔 지붕의 함몰부로 쏟아진 눈이 주실 내부에 쌓인 사진을 보면 알 수 있다. 물론 새나 짐승이 들락거릴 통로로 그보다 안성맞춤인 것도 없을 것이다. 광창은 재앙의 문 이상도 이하도 아니다. 사정이 이러함에도 광창설은 의심할 바 없는 '사실Fact'이자 '진실True'로 통용되고 있다. 최근에는 광창이 환풍 기능까지 겸했다면서 '생명의 호흡공呼吸孔'이라는 표현까지 등장하고 있다.

> 돔형 지붕을 형성하는 제1단의 천장석 앞부분에 채광을 위한 창이
> 있었는데, 이것이 동시에 환풍의 기능을 하였다. 필자는 이들 구멍을
> '생명의 호흡공'이라고 부르고 싶다.[12]

탁상공론에 해당하는 지나친 미화美化이자 왜곡이다.

거듭 말하건대 신라인은 광창이라는 걸 상상조차 한 바 없다. 비현실적

인 주장이라고 해도 지나치지 않는 것이, 곧 광창설이다.

광창의 아류들

광창설은 그 허황됨과는 무관하게 석굴암이 마치 태양과 불가분의 관계에 있는 듯한 인상을 심화시켜왔다. 석굴암의 모든 것을 햇빛에 연결 짓는 햇빛 과잉 현상이 빚어졌는데, 당초 광창을 비판하던 이들조차 뒤에 가서는 변형된 가설을 내놓을 정도가 된 것이다.

먼저 문명대는 전실전각이 현재의 단층보다 높은 2층이었을 것으로 추정한 다음, 그 전각의 2층 앞쪽 벽면에 광창이 있었을 가능성을 제기한다.[13] 남천우 식의 광창은 인정할 수 없지만, 법당 안을 밝히기 위해서는 광창이 필요하다는 인식이다.

그렇지만 우리나라 전통 목조건축의 벽면은 보통 기둥과 벽체, 창호 등으로 구성된다. 석실법당의 조도照度는 경복궁 근정전이나 여느 사찰의 대웅전과 같이 전각의 창호를 통한 간접조명만으로도 충분하다. 멀쩡한 벽에 구멍을 뚫어 눈비와 삭풍을 들이치게 할 이유가 없는 것이다.

이보다 더 납득이 안 가는 것은 신영훈의 입장 변화이다. 앞서 보았듯이 유현한 정신세계를 추구하는 법당에 광창 같은 것은 불가하다는 게 그의 원래 입장이었다. 하지만 그는 비도 입구에 거대한 대문이 있었다는 주장을 펴면서, 그 대문의 상단과 비도 앞쪽의 반달형 개석 사이의 공간이 광창 역할을 했다는 색다른 주장을 선보인다.[14] 이후 2부 8장에서 살펴볼 비도대문의 가상도(203쪽 하단 도판 참조) 위쪽으로 그려진 부챗살 형태의 도안이 그가 상상하는 광창이다.

이뿐만이 아니다. 그는 반사경反射鏡이라는 것을 새롭게 추가한다. 법당 바닥에 빛을 반사하는 물체—넓은 판석—를 깔아 그 빛으로 내부의 조도를

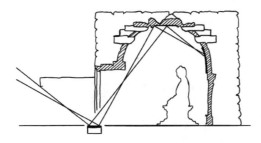

높이고 본존불의 성안聖顔을 밝혔다는 것이다.[15] 비도 입구에는 대문을 달아 금당 내부를 어둡게 만들고, 그 위로 부챗살 모양의 광창을 내며, 바닥에는 반사 시설을 이용해 밝은 공간으로 만들자는 이중 삼중의 모순된 주장이 거듭되고 있는 셈이다.

무엇보다 그는 1960년대 공사에 참여해 처음 전각을 세운 장본인이다. 그러니까 그가 말하는 광창, 반사경, 판석 등이 햇빛을 받아들여 제대로 효과를 거두려면 그 전각부터 헐어내야 한다.

하지만 그의 반사경설은 다른 이들에 의해 더욱 부풀려진다.

윤장섭과 윤재신은 넓은 판석이 사용되었다는 입장이고,[16] 배진달은 화강암 돌가루를 뿌려놓았다는 식이다. 예전에는 법당 앞에 돌가루를 깔아 그 반사광으로 법당 안을 밝혔다며, 돌가루에서 꺾인 빛이 본존불 얼굴과 그 뒤편 두광을 비치는 장면이 발생한다는 것이다. 또한 그는 3장에서 언급했던 부다가야대탑의 거울 이야기를 끌어들여 반사경의 필요성을 강조하기도 했다.[17]

하지만 법당 바닥에 돌가루를 뿌려놓겠다는 발상부터가 난센스이다. 바닥에 돌가루가 깔려 있을 때 어떤 일이 벌어질지는 충분히 예상할 수 있다. 승려든 신자든 부처님께 절이라도 올리려면 돌가루가 손바닥이나 무릎에 박히는 건 물론이고, 앉아 있지도 못할 것이다.

7

석굴암 건축의 꽃,
홍예석

석굴암에는 조각상뿐 아니라 건축의 '잡다
한' 요소들도 좌우 대칭을 이루며 양쪽으로 나뉘어 있다. 가령 그것들을 양
쪽에 진열해놓은 정도로 끝났다면 석굴암 미학의 공백으로 이야기될지도
모른다. 요컨대 석굴암이 명실상부하게 완미完美한 건축물이 되기 위해서
는 양쪽으로 분리된 모든 요소를 하나로 튼실하게 묶어내는 장치가 있어야
한다. 필시 어딘가에는 그 다채로운 요소들에 일체감을 선사하는 특별한
부재가 숨어 있을 거라는 뜻이다.

홍예석을 의심하는 시선들

석굴암 전실에 들어서면 정중앙의 본존불이 참배자의 온 시야를 사로
잡는다. 그다음으로는 본존불의 상호를 감싸듯 뒷벽에서 안온히 받쳐주는
둥그런 연꽃 두광頭光이 환히 빛난다. 바로 이때 참배자의 시선을 끄는 것이
하나 더 있다. 본존불의 얼굴 위쪽, 곧 주실 입구의 쌍석주 위에 얌전히 앉

본존불과 홍예석
본존불 앞쪽으로, 좌우에서 뻗어 나온 양쪽 첨차석을 이어주는 무지개 모양의 석재가 홍예석이다.

아 있는 무지개 모양의 돌덩이이다.

홍예석이라고 부르는 이 고결하고 어여쁜 돌덩이는 지난 수십 년간 그 태생을 의심받아왔다. 원래는 없었으나 총독부가 동해의 아침 햇살을 막기 위한 악의를 가지고 신사神社 입구의 도리이鳥居 모양대로 깎아 얹었었다는 이야기가 널리 퍼져 있기 때문이다. 그 이야기 역시 남천우의 지론 중하나이다.

① 우리의 전설 중에는 동해에서 쳐들어오던 왜적들이 석굴 부처님의 이마에서 비쳐오는 광선에 눈이 부셔 그대로 도망쳐버렸다고 하는 이야기가 있다. ② 어쩌면 일본인들은 이 광선이 두려워서 그곳을 차단한 것인지도 모르며, 실제로도 본존불의 눈을 가린 후 그들은 마음대로 동해를 드나들 수 있었다. 우리는 하루 속히 석굴의 부

처가 동해를 볼 수 있게 하여 또 다른 왜적의 침입에 대비함이 옳을 것이다.[1]

총독부가 아침 햇살을 막기 위해 원래 있던 광창을 없애는 한편, 홍예석을 만들어 본존불의 눈을 가렸다는 이중의 악의설이 탄생한 것이다.

그의 의혹 제기는 그 자체로 돌연한 일이었고, 일제의 악의설은 더 더욱 놀라운 일이었다.

그가 문제 삼기 전까지는 누구도 홍예석을 의심한 적이 없었다. 오랫동안 그 자리에 놓여 있는 모습에 익숙해진 탓도 있지만, 총독부 1차 공사 때 정리된 〈고재출토일람표〉에 '홍예 파편'이라는 단어가 있었다.[2] 그것의 존재를 불신할 이유가 없었던 것이다.

남천우의 진술은 전체가 가공된 이야기이다. ①번 문장부터 그런 전설이 전해오는지 알 수 없거니와, 설령 있다손 쳐도 검증을 거치지 않으면 학문적으로 의미를 갖지 못한다. ②번 문장 역시 객관적으로 입증된 바 없는 그 자신의 막연한 추정일 뿐이다.

게다가 일본 신사의 도리이를 모방했다는 설명 역시 사실과는 먼 주장이다.

우선 홍예석과 도리이는 조형적으로 최소한의 유사성도 공유하지 않는다. 도리이는 가로 부재인 누끼貫가 상하 2단으로 구성되는 게 일반적이며, 대부분 평행을 이루면서, 양끝이 좌우 기둥 밖으로 뻗어나간다. 간혹 상단 누끼의 양쪽 귀가 위로 휘어져 날아가는 듯한 느낌을 주는 게 드물게 있을 정도이다.

거기에 반해 석굴암의 홍예석은 그것 하나로 구성되고, 중앙부가 부드럽게 솟아오른 말 그대로 무지개 모양을 짓고 있다. 또한 양쪽 쌍석주 사이에 갇히듯 걸쳐 있어 끝이 기둥 밖으로 튀어나간 누끼와는 판이하다.

남산 조선신궁의 참배도로 입구의 도리이

일본 신사에서는 입구뿐 아니라 본전(배전)에 이르는 참도(參道) 중간 중간에 다수의 도리이를 세워놓기도 한다. 남산 조선신궁의 도리이는 모두 3개였다.

또 하나 지적하면 도리이는 신사나 능의 진입로, 곧 중심 영역에서 멀찌 감치 떨어진 노천에 세우는 게 통례이다. 우리네 관아나 궁, 묘, 능 등을 맨 앞에서 지키는 홍살문을 연상하면 무리가 없다. 실내에 위치한, 그것도 법 당 한중간에 있는 홍예석과는 전연 다른 것이다.

지금까지 확인한 대로 홍예석과 도리이는 어느 모로 보나 같지 않다. 따 라서 그 둘이 닮았다는 것은 지록위마指鹿爲馬의 고사와 다르지 않다. 그럼 에도 불구하고 일제의 악의설은 다른 연구자들에 의해 학문적 진실로 뿌 리내린다.

강우방이 대표적인데, 그는 홍예석이 건축적으로 아무런 기능을 하지 못한다면서 새로운 관점을 추가한다. 이전까지는 참배자의 입장에서 논의 를 해왔다면, 본존불의 입장에서 홍예석을 보면 그것이 얼마나 부당한 것 인지가 확연해진다는 것이다.

지금 석굴암의 본존은 불행하게도 앞을 보지 못한다. 일제 때 일본인들이 교활한 수법으로 주실 입구 두 기둥 사이에 아치형 돌을 올려놓아 본존의 시야를 가리게 했다. 그런데 해방 후 석굴암을 해체하고 수리했을 때, 우리나라 미술사학자들은 그 긴 돌을 다시 올려놓았다. 석가여래 본존이 떠오르는 태양을 마주하도록 조성되어 있는 그 상징성을 인식한다면 그 돌은 하루 빨리 제거되어야 한다.[3]

1960년대 공사를 담당한 선배 학자들의 어리석음을 개탄하면서 본존불로 하여금 자유롭게 동해의 아침 햇살을 맞이하도록 당장 홍예석을 치우자는 것이다.

한편, 그는 1991년 『월간미술』에 발표한 글에서 홍예석이 올라간 시점을 총독부의 3차 공사(1920~1923) 때라고 말한 바 있다.[4] 하지만 홍예석을 언급하는 모든 자료에는 총독부의 1차 공사 중에 올라간 것으로 나와 있다.

앞에서 〈고재출토일람표〉에 나오는 '홍예 파편'이라는 단어를 언급하였지만, 총독부의 1차 공사 때 작성된 평면설계도에도 홍예석이 표현되어 있다. 진하게 표시된, 쌍석주를 잇는 막대 모양의 부재가 바로 홍예석이다.

여기에 1차 공사 직후의 사진들을 보면 예외 없이 홍예석이 등장한다. 앞에서 살펴본 1916년에 촬영된 야나기 무네요시의 석굴암 탐방 사진도 그 중 하나이다(43쪽 도판 참조).

이렇듯이 우리 연구자들은 한결같이 홍예석을 불신해왔다. 하지만 전설이든 일본 신사의 도리이든 그 증거들이 과장되거나 왜곡된 것이 드러난 이상, 일제의 악의설은 설득력을 갖지 못한다.

결국 남은 논점은 과연 홍예석이 원래 없었는가 하는 점이다. 이제부터는 그것이 지금의 그 자리에 오래 전부터 있었음을 입증하고자 한다.

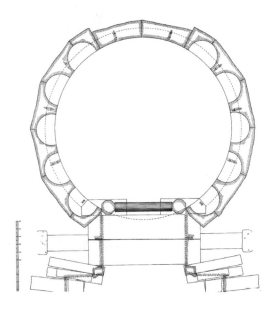

총독부의 1차 공사 전 평면설계도
주실 입구 양쪽의 팔각 모양의 도형
이 쌍석주이고, 그 중간을 가로지른
막대 모양의 부재가 홍예석이다.

홍예석의 증거들

홍예석이 의심을 받게 된 가장 큰 이유는 20세기 초의 사진들에 안 보인다는 데 있었다. 그러나 그때 사진들에 보이지 않는다고 처음부터 없었다는 것은 상식 밖의 접근이다. 그 자리를 지키다가 구한말 전체 법당이 반파될 당시 그 충격에 추락했을 수 있기 때문이다.

실제로 그것이 그 즈음에 탈락한 것으로 짐작할 만한 단서가 있다. 당시 사진들을 보면 양쪽 첨차석 위의 돌기둥들이 그 아래쪽 돌기둥 본체의 수직선상에서 벗어나 있음을 알 수 있다(72쪽 도판 참조). 전실 쪽에서 보면 좌우로 물러나 있는 형국인데, 그러한 사태는 역시 돔 지붕의 앞부분이 붕괴될 때 일어났을 가능성이 높다. 양쪽 돌기둥 사이에 뭔가가 꽉 물려 있었다면 바로 그때 튕겨 나갔다고 봐도 무방한 것이다.

이런 점에서 좀 더 면밀한 검토가 요망되는데, 과연 당시 사진들을 관찰하면 양쪽 첨차석의 끝부분에 홈 자국이 비친다. 양쪽 홈에 똑같이 눈덩이가 하얗게 맺힌 사진들도 적지 않은데, 이는 뭔가가 그곳에 걸쳐 있었음을 말해주는 것으로, 이미 윤장섭·윤재신이 지적한 사실이다.

> 1913년 수리 공사 이전에 촬영된 당시 사진을 참고하면 큰 첨차석
> 끝부분 상면에는 홍예형 이맛돌을 얹어 놓을 수 있게 파여 있는 이음
> 턱이 명확히 확인된다.[5]

이뿐만이 아니다. 그 부분의 실상을 더욱 또렷하게 보여주는 사진이 있다. 대부분의 사진이 법당 정면에서 촬영된 것과 달리 전실 왼쪽에서 각도를 잡아 오른쪽 첨차석의 단면이 생생하게 드러나 있는 1910년 전후의 사진이다. 곧 양쪽 귀가 솟아 있고 가운데 부분은 낮게 깎인 '요(凹)' 자 모양의 홈이 여실하다. 맞은편 첨차석도 같은 양상일 터인데, 신라인이 아무 이유 없이 양쪽 첨차석에 동일한 모양의 홈을 파놓지는 않았을 것이다. 곧 뭔가 특정한 부재를 가설하기 위한 것이라는 판단이 가능해진다.[6]

이 문제와 관련해서 살펴볼 것이 먼 곳도 아닌 불국사에 숨어 있다. 극락전으로 통하는 연화교蓮花橋와 칠보교七寶橋를 이어주는 구름다리 양쪽의 가장자리 석재가 그것이다(88쪽 도판 참조). 좌우의 돌기둥에 양쪽 끝부분을 걸친 수법이 기본적으로 석굴암 홍예석과 상통하는데, 특히 몸체를 완만한 곡률로 디자인한 것 역시 홍예석과 상당히 흡사하다.

바로 이 점, 창건주가 같은 두 사찰에 닮은꼴의 부재가 시공되어 있다는 사실은 시사하는 바가 크다. 석굴암의 홍예석도 창건주에 의한 것이며, 따라서 오래전부터 그 자리를 지켜왔고 볼 여지가 충분하기 때문이다. 최소한 그것이 근대에 와서 갑자기 등장한 게 아니라는 것만은 믿을 수 있게 된 것이다.

지금까지의 이야기에 더해 긴히 되새겨볼 자료가 있다. 다름 아닌 『토

상) 1909년 12월의 석굴암 비도와 주실 입구의 기둥 모습

우측 첨차석 단면에 있는 '요(凹)' 자 형의 홈이 보인다.

하) 상단 사진의 부분 확대

돔 지붕의 무너진 부분을 통해 쏟아진 햇살이 첨차석의 단면을 비추고 있다. 첨차석 위에 흙이 쌓여 있고, 풀줄기가 돋아나 있다.

연화교와 칠보교 중간의 가장자리 부재

이 석재는 석굴암의 홍예석보다 가구 방식이 다소 복잡하다. 그러나 양쪽 기둥 위에 서 있고 무지개 모양인 점은 홍예석과 같은 맥락이다.

함산석굴중수상동문』에서 1891년 중창이 있기 직전의 참경을 묘사한 대목이다.

> 주루옥전은 매몰되어 개암나무와 가시덤불의 무성한 터가 되고, '학가홍강'은 이리와 토끼의 자취로 얼룩졌구나珠樓玉殿埋沒榛莽之場 鶴架虹杠狼籍狐兎之跡.

앞부분의 '주루옥전珠樓玉殿'은 이전의 전각을 아름답게 표현한 미칭美稱이 분명한데, 문제는 뒷 구절의 주어인 '학가홍강鶴架虹杠'이다. 주실 입구를 지키는 쌍석주와 첨차석, 홍예석으로 구성된 무지개 모양의 문을 지칭한 것으로 짐작되는데, 그중에서 '학가鶴架'는 학처럼 긴 다리라는 뜻이므로 쌍석주(혹은 쌍석주와 첨차석)로 새길 수 있다.

그렇다면 홍강虹杠은 무슨 뜻일까. '홍'은 무지개라는 뜻이 분명하나 '강'의 의미는 다소 모호하다. 그런데 자전字典 등에는 '강'이 깃대, 멜대, 작은 다리, 건너지르다, 건너지르는 다리, 가운데 걸쳐놓다, 가로지르다, 들어 올리다 등으로 풀이되고 있다. 대강 '가운데 걸쳐놓은 작은 물건' 정도의 뜻으로 새겨도 무방할 것이다.

결국 홍과 강, 이 두 글자를 합치면 '가운데 걸쳐놓은 무지개 모양의 부재'라는 풀이가 성립된다. 이야말로 양쪽 첨차석 중간에 가로놓인 지금의 홍예석과 영락없이 부합한다. 옛 분들 사이에서는 홍예석이 혹 '홍강'으로 통하고 있었는지도 모를 일이다.

이와 같이 고고학상으로나 문헌상으로 홍예석의 존재는 의심의 여지가 없다. 구한말 이선부터 오래도록 현 위치를 지켜오다가 구한말에 추락했다고 보는 게 가장 자연스럽다.

추정에 불과하지만, 총독부 1차 공사의 책임자는 좌우 첨차석의 동일한 홈을 눈여겨보고 있었고, 뒤늦게 출토된 홍예석의 파편이 거기에 부절符節처럼 맞물린다는 사실을 확인했을 것이다. 아울러 불국사 연화·칠보교의 석재를 참고해서 원 파편의 제원을 실측하여 그에 따라 제작·복원했을 것으로 생각이 된다.

마지막으로 남은 문제는 홍예석의 역할이다. 창건주가 정말 아무런 목적 없이 홍예석을 그 자리에 점지했으리라고는 믿어지지 않기 때문이다.

석굴암 건축의 꽃

철거 대상이었던 만큼 그동안 홍예석의 역할에 대해서는 별다른 관심이 기울여지지 않았던 것이 사실이다. 그런 가운데 윤장섭·윤재신은 예외적으로 그것이 창건 때부터 있었다고 주장하며, 그것이 중요한 기능을 담

당했다는 입장을 피력한 바 있다.[7]

과연 홍예석이 얼마나 심중한 의미를 갖는지는 그것의 위치를 보면 알 수 있다.

석실법당에서 중심축선상에 배치된 것은 본존불과 그의 두광, 십일면관음보살, 돔 천정의 천개석天蓋石 및 홍예석이 전부이다. 건축 부재로는 천개석과 홍예석 둘뿐인데, 천개석은 주실에 들어서야지만 볼 수 있는 데 반해 홍예석은 외부에서 가장 잘 눈에 띄는 위치를 점하고 있다. 중심축선상에서 참배자의 눈에 잡히는 유일한 건축 부재인 셈이다.

이것은 홍예석의 역할이 그만큼 중차대함을 암시한다. 십일면관음보살이 주벽 조각상 28상을 총괄하듯이, 돔 천정의 천개석이 천정의 다른 부재들을 관장하듯이, 또 본존불이 석실법당의 건축 및 조각의 모든 것을 자신에게로 집중시키듯이 홍예석에도 필경 그런 정도에 준하는 소임이 맡겨져 있었을 것이다.

신라 건축가가 홍예석에게 은밀히 내린 사명이 있다면 과연 그것은 무엇일까.

첫 번째, 분리의 기능을 상정할 수 있다.

석실법당은 평면상으로 '철(凸)' 자 모양의 전실 위에 둥그런 주실을 살그머니 포개놓은 형국인데, 두 공간의 중간 자리를 지키는 것이 앞에서 장황하게 설명한 '학가홍강', 곧 쌍석주와 첨차석, 그리고 홍예석으로 구성된 주실 입구의 석문이다. 세상의 모든 문이 그러하듯 이 석문 역시 경계선의 역할을 맡고 있는데, 그것을 기준으로 안쪽은 붓다의 불국정토, 바깥쪽은 아직은 중생의 때를 벗지 못한 호법신장들의 욕계欲界가 된다.[8] 누구라도 이 석문을 지나지 않고서는 붓다의 나라로 입실할 수 없는데, 말하자면 불국정토로 통하는 마지막 관문인 셈이다. 홍예석은 바로 그 관문의 정점에서 분리기능을 총괄한다.

전실에서 초입에서 바라본 석실법당의 내부 파사드
석실법당의 건축 및 조각요소는 정확히 좌우대칭으로 구성되어 있다. 그중 전실에서 볼 때 중심축선상에 위치하는 조각상은 본존불, 건축요소는 홍예석이다. 홍예석의 위상과 비중이 그만큼 높다는 증거이다. ⓒ안장헌

두 번째, 방금 살펴본 분리기능과는 정반대인 통합의 기능이다. 석실법당에서는 조각상들과 건축의 '잡다한' 요소들이 좌우 대칭을 이루면서 양쪽으로 나뉘어 있다. 그런데 가령 그것들을 양쪽으로 진열해놓고 말았다면 석굴암 미학의 공백으로 이야기될지 모른다. 그 모두를 하나로 튼실하게 엮어주는 요소가 있을 때, 바야흐로 석굴암은 통일성을 획득한 건축물로 승격된다.

다름 아닌 홍예석이 그 특별한 사명을 수행한다. 일차적으로는 좌우의 첨차석과 쌍석주를 결속시킨 다음, 그 역할이 비도의 좌우 벽체로 확장되고, 궁극적으로는 석실법당 전체를 끌어당긴다. 그렇게 해서 그물의 벼리처럼 석실법당의 모든 것을 수렴한다. 말하자면 홍예석은 좌우 두 진영을 하나로 묶어주고, 석실법당에 일체성을 부여하는 일종의 통합 벨트belt인 셈이다.

이렇듯 홍예석은 분리와 통합의 상반된 기능을 동시에 수행하는 석굴암 건축의 필수요소이다. 홍예석이 없다면 전실과 주실의 경계가 지금보다 훨씬 모호해지는 것은 물론, 좌우의 건축 요소들도 뿔뿔이 흩어지고 만다. 석굴암 미학의 한 귀퉁이가 무너지는 것이다.

　비유컨대 석굴암의 전체 구성이 유려한 산문散文이라면, 홍예석은 그 모두를 빛나게 하는 '시적詩的 요소'이다. 한마디로 김대성은 석굴암 건축의 핵심부에 홍예석이라는 순백의 꽃송이를 꽂아둔 것이다.

8

석굴암은
석굴사원이다

지금까지 석굴암과 동해의 아침 햇살 이야기는 일제의 식민담론이며, 또한 그것은 다름 아닌 우리 자신에 의해 신화의 수준으로까지 재포장되었음을 확인했다. 아울러 그것에서 파생된 광창설과 홍예석 철거론 등의 문제점도 함께 확인할 수 있었다.

하지만 이렇게 많은 문제점을 낳은 햇살 신화는 더 극단적인 방향으로 나아간다. 최종적으로 석굴암이 석굴사원이 아니라는 주장으로까지 번진 것이다.

석굴암은 일반 건축물이다?

고대 아시아 대륙의 불교도에게는 석굴사원 경영이 공덕 중의 공덕으로 인식되었다. 인도의 아잔타와 엘롤라, 아프가니스탄의 바미안, 중국의 둔황과 윈강, 용문, 맥적산, 대족산 등지의 석굴사원 모두가 그들의 가없는 열망의 실현이었다. 석굴암 역시 그러한 불교 석굴사원의 유장한 흐름 위

에 태어난다.

물론 용이한 일은 아니었다. 이 땅에는 연질軟質의 바위벼랑이 드물고
단단한 화강암이 대부분이었다. 암벽을 인력으로 파고 들어가 내부공간을
마련하는 굴착식 석굴은 꿈도 꿀 수 없었다. 한동안 경상북도 군위석굴軍
威石窟처럼 천연동굴에 불상을 모시거나 경주 단석산斷石山 마애석굴처럼 천
연암벽 사이의 공간 위에 옥개를 가설하는 단출한 수준에 만족해야 했다.

그러던 8세기 중반, 이전의 어떤 석굴사원과도 계보가 닿지 않는 완전
히 새로운 개념의 석굴사원이 경주 토함산에 출현한다. 1단계 공정으로 수
백 개의 석재를 조립해 내부공간을 확보한 다음, 겉에는 흙과 돌, 기와 등
을 덮는 2단계 공정을 통해 석굴사원으로 전환시킨 순수 인공의 석굴사원
이 모습을 드러낸 것이다.

따라서 석굴암의 건축적 지향점은 석굴사원 외에 다른 어떤 것도 될 수
없다.

하지만 우리 연구자들은 석굴암을 석굴사원으로 분류하지 않는다. 석

굴암이 그 옛날 그리스나 로마에서 유행한 대리석 신전과 비슷한 일반 건축물이라는 것이다.

남천우는 자신의 석굴암 연구를 종합정리한 단행본 『석불사』(1991)에다 '토함산의 중각석굴重閣石窟'이라는 부제를 붙인다. 이 부제만 놓고 보면 마치 우리의 전통 목조전각이 이중으로 덮여 있는 석굴사원의 뜻으로 받아들일 소지가 다분하다. 그러나 그가 말하는 내용은 그런 뜻이 아니다. 한마디로 '석굴암은 석굴사원이 아니다'라는 뜻이다.

다음은 '중각석굴'에 대해 남천우가 정리한 세목들이다.[1]

① 오늘의 석굴법당은 원래의 구조와는 크게 달라져 있다. 석굴법당은 원래에는 일반적인 건물과 같은 것이었다.

② 주벽은 돌로써 이중으로 축조되어 있었으며, 그 두께는 1.2미터 또는 1.5미터 정도였다.

③ 또 지붕에는 판석을 덮어서 빗물을 처리하게 하였었다.

④ 출입구는 개방된 구조였으며,

⑤ 출입구 상부에는 광창이 있었고, 또 주벽에는 10개의 소감실 창구가 있었다.

⑥ 그러나 20세기에 들어와서 몇 차례의 수리를 겪는 과정에서 이러한 원형은 모두 변형되었다.

①번 문장이 '석굴암은 석굴사원이 아니다'라는 총론이라면, 뒤이은 문장들은 각론에 해당한다. 곧 ②번 문장은 석실법당 외곽에 돌덩이를 한 겹 둘렀다는 것이며, ③번 문장은 주실 돔 지붕은 토석층을 덮지 않고 그대로 노출되어 있었고, ④번 문장은 전실에는 전각이 없었으며, ⑤번 문장은 자신의 지론인 광창과 더불어 주실의 감실 10곳도 모두 작은 광창이었다는

남천우의 중각석굴 정면도
정육면체의 각진 주실 본체를 묘사한 그림이다. 감실의 뒤쪽 공간이 열려 있다. 그리로 외부의 빛이 스며들었다는 게 남천우의 주장이다.

것이다. 그리고 마지막 ⑥번 문장은 총독부와 문화재관리국의 공사를 거치는 과정에서 원래 '일반 건축물'이던 석굴암이 석굴로 변조되었다는 놀라운 주장을 담고 있다.

이 단 몇 줄의 문장만으로는 중각석굴의 정체를 실감하기 어려운데, 그것을 한눈에 보여주는 것이 그가 제시한 도면들이다. 그중에서 주실공간을 정면에서 그린 도면에 따르면, 석굴암의 원형은 정육면체의 각진 석조 구조물로, 지붕과 외곽에는 그 어떤 것도 덮이거나 두르지 않았다. 특히 감실 뒤쪽으로 틈을 두어 외부와 통하도록 되어 있다. 요컨대 순전히 돌덩어리들로 지은 낯선 구조물이 토함산 동쪽 계곡에 덩그러니 서 있었다는 것이다.

그렇게 그는 감히 누구도 상상조차 하기 힘든 석굴암을 가공해냈다. 고대 아시아 대륙을 휩쓴 불교 석굴사원의 유구한 건축운동 위에 서 있는 석굴암의 건축적 자아를 부인한 것이다.

어떻게 이런 일이 벌어졌을까.

벌거벗은 화강암 육면체

남천우가 이처럼 황당한 결론에 이른 이유는 다른 데 있지 않다. 흙과 기와, 잡석 등으로 구성된 봉토층이 있는 한 광창의 시공이 불가함을 뒤늦게 깨닫고, 봉토층의 존재를 지우고자 한 것이다.

그는 1969년 처음 광창설을 발표할 당시 신영훈 등이 봉토 때문에라도 광창이 불가하다고 지적하자 오류를 인정하는 대신 다음과 같은 주장으로 맞선다.

> 석굴암의 구조를 자세히 검토하여 보면 원래에는 ① 봉토 없는 통상적인 석조 건물의 구조였던 확증이라고 말할 수 있는 '자료'를 찾아볼 수 있는 것이다. 그러므로 석굴암의 봉토는 ② 일인들이 공사 시에 임의로 덮어놓은 것이었다고 말할 수 있는 것이다.[2]

봉토층을 총독부의 소행으로 단정하면서 석실 본체가 노출되어 있었다는 주장이다. 그러나 그는 ①번 문장에 언급한 '자료'도, ②번 문장에 대한 근거도 제시하지 않았다. 그냥 자기 생각에 광창이 있었으므로 봉토는 없었으며, 봉토가 없었으므로 석굴암은 보통의 '석조 건물'이라는 이중 삼중의 허위로 이어진 것이다.

우선 앞에서 본 임필대 등 조선조 선비들의 시문에는 석굴암의 외관이 고분과 방불했다고 일관되게 나온다.

> (안을 다 둘러보고) 밖으로 나와 보니 하나의 작은 능에 불과하다 從外而
>
> 觀之 不過一小陵
>
> —임필대, 『강와집』[3]

겉에는 전부 잔디를 심어 능과 흡사하다 外飾全莎劫似陵

—저자 미상, 『모암집毅庵集』[4]

육안으로 목격하지 않고서는 쓰기 어려운 내용을 두 사람이 똑같이 기술한 것인데, 돔 지붕 위에 복토覆土를 한 후 잔디를 입혀 전체적으로 무덤과 비슷했음을 알 수 있다.

또한 구한말의 모든 석굴암 사진을 보더라도 주실을 감싸면서 무덤처럼 불룩 솟아오른 봉토의 모습을 볼 수 있다. 남천우가 말하는 '틈새'도 있을 수 없고, 광선이 스며드는 장면은 더더욱 불가능한 조건이다. 하지만 그는 또 다시 현란한 표현으로 진실을 가린다.

> 그곳으로부터 광선이 들어오는 경우를 생각해본다면, 은은한 광선
> 이 앉아 있는 감불들을 등 뒤에서 밑으로부터 비쳐주게 되므로 약 4
> 미터 높이에 있는 그 보살들의 모습은 마치 하늘에서 내려온 천사와
> 도 같이 보였을 것이다.[5]

바깥의 빛이 후광처럼 감싸 감실 보살상들이 천사처럼 비쳤으리라는 것이다. 광창 하나를 살리고자 헤어날 수 없는 수렁으로 빠져든 것이다.

만약 벌거벗은 화강암 육면체가 도심의 광장도 아닌 산중에 서 있다면 어떤 일이 일어날까.

당장의 빗줄기는 판석을 덮어 피한다 해도 삼복염천에는 복사열로 달아오를 것이고, 석재 틈새로는 빗물이 스며들 뿐 아니라 곰팡이와 이끼, 벌레가 기생할 것이다. 한겨울에는 폭설에 덮여 석실 전체가 석빙고처럼 냉기를 뿜어낼 것은 자명한 노릇이며, 뒤엉킨 수분이 결빙될 때 조각상들이 입을 피해는 계량할 길이 없다.

역학적인 면에서도 더없이 무모하다. 봉토층이 아니면 지진 등의 외부 충격을 흡수할 완충지대가 사라지고 만다. 전실전각을 헐어내는 것보다 봉토층을 걷어내는 것이 훨씬 위험하다.

시각적인 면을 고려해보자면 그 인상이 오늘날의 납골당과 다르지 않을 것이다. 아마도 야밤에는 산중의 깊은 정적 속에 희끄무레하게 빛나면서 괴기스러운 느낌마저 자아낼지 모른다.

하지만 남천우의 이런 주장보다 더 우려스러운 것은 다른 연구자들의 태도이다. 중각석굴의 허구성 내지 반역사성을 지적하기는커녕 적극적으로 찬동을 표하고 있기 때문이다.

중각석굴의 동조자들

이공계 전공자들로서, 그동안 과학의 이름으로 우리 역사문화유산을 해석해왔다는 함인영, 이종호 등은 남천우의 위의 글을 그대로 베긴다.

① 현재의 석굴은 일제 때의 보수공사로 원래의 구조와는 많이 달라졌다.

② 원래의 주벽은 돌을 이용해 이중으로 축조되어 있었으며

③ 두께는 1.2미터 내지 1.5미터 정도였고 지붕에는 판석板石을 덮어 빗물을 처리했다.

④ 출입구는 개방된 구조였고

⑤ 정면 상부에는 광창光窓이 있었다고 생각되며 또 주벽에는 10개의 소감실 창구가 있었다고 추측된다.

⑥ 이러한 구조가 수차례에 걸친 보수공사로 지금과 같은 형태로 변형되었다.

—함인영, 『신라 과학의 비밀』, 삶과 꿈, 1998, 85쪽.

① 오늘날의 석굴암이 원래 구조와 크게 달라져버렸다는 점이다.

② 석굴암은 원래 일반 건물과 같이 주벽은 이중 돌로 축조되어 있
었으며,

③ 그 두께는 1.2미터 또는 1.5미터 정도였다. 지붕에는 판석을 덮어
빗물을 처리하였고

④ 출입구는 개방된 구조였다.

⑤ 출입구 상부에는 광창이 있었고, 주벽인 10개의 소감실 배후에
도 창구가 있었다.

⑥ 그러나 여러 차례의 수리 과정에서 이러한 원형이 모두 변형되
었다.

—이종호, 『세계최고의 우리문화유산』, 컬처라인, 2001, 295~296쪽.

그런데 과학 전공자들만 그의 주장을 지지하는 게 아니다. 미술사학계
일각에서도 중각석굴을 석굴암의 원형으로 받아들이고 있다.

유홍준은 일단 석굴암이 석굴사원이라는 사실만큼은 명백히 하지만, 뒤
에 가서는 남천우의 중각석굴설에 대해 "석굴 본당의 10개 감실은 외벽과
맞붙어 있는 것이 아니라 뒤로 더 물러나 아래쪽에서 공기가 숨 쉬도록 되
어 있었다는 주장을 폈다."라고 긍정적으로 소개한다.[6] 이 땅의 대표적인
미술사 전공자가 석굴암이 석굴이 아니라는 허망한 주장에 동조한 것이다.

지난 2007년, 국립문화재연구소에서는 『문화유산에 숨겨진 우리 과학
의 비밀』이라는 책을 엮어낸 바 있다. 국가기관에서 펴낸 것인 만큼 공신력
이나 권위가 남다를 수밖에 없는데, 거기서 인하대학교 교수 이성규는 남
천우의 중각석굴설에 절대적인 신뢰와 공감을 보낸다. 장차 석굴암을 복원

할 때의 핵심과제라며 "석굴암 입구 상부의 광창과 10개 감실들에 있었던 환기창을 복원한다."[7]라고 하여 봉토층의 존재를 부인한 것이다.

이상에서 확인된 그대로 토함산의 실존 석굴암은 현재 그 정체성에 심각한 위기를 맞고 있다. 동서양 건축사에서 초유의 인공석굴사원이라는 그동안의 찬사가 무색한, 실체가 모호하기 짝이 없는 기이한 건축물로 전락하고 있기 때문이다.

석굴암은 석굴사원이다

앞서 보았듯이 우리 연구자들은 '중각석굴'이라는 것을 석굴암의 궁극적인 원형으로 생각하고 있다. 고대 아시아 대륙에서 국제적인 신건축운동의 하나인 석굴사원 조성의 열기를 창의적인 방식으로 풀어낸 석굴암의 건축사적 의의를 전면 배척한 것이다.

그러나 석굴암은 그 이름부터 석굴 형식의 불교사원임을 선명히 드러낸다. 『토함산석굴중수상동문』만 해도 '석굴'임을 분명하게 천명하고 있지 않은가. 그들의 주장을 보자면 옛 분들이 석굴이 아닌데도 '석굴'암으로 불렀다는 것인지, 잘못된 이름을 오래도록 통용해왔다는 것인지 반문하지 않을 수 없다.

군말을 보태면 기실 '중각석굴'이라는 용어부터 모순이다. 석굴암을 석굴이 아닌 일반건축물이라면서 '석굴'이라는 단어를 붙인 것은 앞뒤가 맞지 않기 때문이다. 이는 중각석굴설의 논리적 토대가 그만큼 허술하다는 반증에 다름 아닐 것이다. 이쯤에서 동양 불교 건축사에서 석굴암의 위상을 재음미하는 것도 나쁘지 않을 것이다. 다음은 고유섭의 글이다.

돌이켜 조선을 보건대 이만한 대석굴을 경영할 만한 자연의 대암산ᆺ

岩山이 없으므로 그 경영의 기회를 얻지 못하였으나, 신라통일의 노력과 인공의 지예至藝로 어찌 자연의 석벽을 기다릴 수 있으랴. 이에 감연히 그를 경영하려는 예계藝界의 지인至人이 낳았으니 그는, 곧 불국사의 중성자重成者인 김대성이라. (…) 이에 창안을 세워 화강암으로 암굴을 조축造築하여 그 위에 복토覆土를 하여 자연의 석굴처럼 보이게 하였다. 이는 실로 궁여窮餘의 책이었을 것이나 그것이 도리어 동아 천지에 독특한 일례를 남기게 되었다.[8]

창건주 김대성이 발원한 것은 석굴 형식의 부처님 궁전이다. 수백 개의 돌덩이들을 이용해 실내 공간을 마련하고 봉토층 등으로 덮어 천연암굴 같은 효과를 거둔 것이다. 석굴암의 건축적 자아는 석굴사원 외에는 그 어떤 것도 될 수 없다.

그러므로 명시적으로 중각석굴을 지지하든 하지 않든 남천우의 동짓날 일출 이야기와 광창을 지지하는 한 누구라도 석굴암이 석굴사원이 아니라는 남천우의 견해를 추종하는 결과가 된다. 광창을 시공하자면 봉토층을 걷어내야 하고, 그때는 석실 본체가 노출되면서 저절로 남천우의 '일반적인 건축물'로 변하기 때문이다.

석굴암의 또 다른 1,000년을 위해

정리하자. 수십 년 동안의 논쟁을 거쳐 우리 연구자들이 도달한 석굴암의 완성태는 '중각석굴'이며, 그것의 이념적 뿌리는 야마토의 태양이다. 중각석굴은 광창에서 나오고, 광창은 일본해의 아침 햇살 이야기가 모태이기 때문이다.

이렇듯 석굴암에 관한 한, 우리는 아직 식민 상태 그대로이다. 해방 70

년이 다가오는 이 시점까지 여전히 저들의 시각, 저들의 이데올로기를 통해 석굴암을 바라보고 있기 때문이다. 누구라 할 것 없이 모두가 일제를 비판하지만 정작 일제의 식민담론을 찬양하는 자가당착에 빠져 있는 것이 오늘의 우리 모습이다. 이야말로 석굴암의 비극이요, 한국 미술사학의 비극이라고 할 것이다.

대관절 어디서부터 잘못된 것일까. 햇살 신화의 환상적인 이미지 그것 하나 때문일까. 그것만으로는 석굴암이 석굴사원이 아니라는 민망한 결론에 이른 까닭이 해명되지 않는다. 필경 우리가 모르는 또 다른 내막이나 사정이 있을 것이다.

이제 그 '불편한 진실들'을 드러낼 차례이다. 그것들의 허실이 드러날 때 석굴암의 참모습을 찾을 수 있을 뿐 아니라 석굴암의 또 다른 1,000년을 기약할 수 있을 것이다.

2

석굴암의
20세기

석굴암은 우리 민족이 걸어온 험난한 20세기와 동행
했다. 석굴암 역사 전반부가 일제의 전리품으로 수모
를 받았다면, 해방과 6·25전란을 거치면서는 누구도
돌보지 않은 채 방치된 것이다. 식민 잔재를 털어내고
비로소 성전의 면모를 되찾은 것은 1960년대 초반의
복원공사에 의해서였다.

그러나 그로부터 석굴암은 또 다른 오욕의 길을 걷게
된다. '원형논쟁'이라는 이름 아래 종교성전 본연의 정
체성과 기능을 부인당하면서 이전투구의 대상으로 전
락한 것이다. 일제강점기 때의 석굴암이 원형이라는
낭설 속에 한낱 신비스러운 고대유적으로 그 빛을 잃
어간 것이다.

앞) 1910년 전후의 석굴암 3층 석탑
석굴암 동쪽 솔숲이 우거진 언덕에 홀로 서 있다. 원형의 1층 기단과
8각의 2층 기단 위에 탑신을 세운 유일한 작품이다.

1
구한말의
석굴암

경주 토함산의 석굴암은 이 산하에 태와 뼈를 묻은 옛 신라인이 빚어낸 불후의 걸작이다. 세상 어디에도 석굴암과 같거나 비슷한 종교사원은 존재하지 않는다. 이 경이로운 석조사원에 귀 기울이면 하늘과 땅을 휘어잡는 무비의 교향악이 울린다. 인도에서 발원해 중앙아시아와 중국 대륙을 거쳐 이 땅에 이른 붓다의 뜨거운 육성이 들려온다.[1]

그러나 지난 20세기 초의 석굴암은 불교사원이 아니었다. 망가지고 부서진 채 붕괴의 날만을 기다리는 고대유적과 다를 바 없었다. 더욱이 잡초 무성한 석굴암의 하늘에는 망국의 기운이 감돌고 있었다.

우리 민족의 불우한 초상

경술국치 녁 달 전인 1909년 4월 말. 당시 이 땅의 실질적인 최고 권력자인 조선통감부의 부통감 소네 아라스케曾禰荒助, 1849~1910는 경주에 들

최초의 석굴암 사진

1909년 4월 말, 소네 아라스케 부통감 일행이 석굴암 탐방을 기념하며 찍었다. 소네와 수행원들이 추락한 석재 및 기와더미 등에 걸터앉거나 선 채로 카메라를 응시하고 있다. 안쪽의 본존불 무릎에도 한 명이 다리를 꼬고 앉아 있다. 반면, 주실 안으로 물러선 조선 승려는 한껏 위축된 모습이다.

렀다가 석굴암을 찾는다. 당시 그는 이토 히로부미 통감이 본토로 귀국한 후 통감 대행을 맡아 조선 전역을 초도순시하던 중이었다. 그 무렵 경주에 체류 중인 일인들 사이에는 토함산 동쪽 산록에 기이한 불적佛蹟이 숨어 있다는 소문이 나돌고 있었다.

하지만 그때의 석굴암은 꼭 열강의 각축전 속에 침몰해가는 우리 민족의 불우한 초상을 보는 것 같았다. 1891년 조순상이 일으킨 전실전각은 사라지고, 주실 돔 지붕의 앞부분은 석재들이 탈락을 거듭하면서 원시의 동굴처럼 뚫려 있었다. 또한 주실 벽면의 감실龕室은 성한 데가 없어 당장이라도 지붕 전체가 주저앉을 듯했고, 주벽의 판석들 역시 깨지거나 뒤틀려 틈새마다 잡석과 흙무더기가 쏟아졌다. 그런가 하면 천개석은 허공에 간신히 걸려 있어 언제 본존불 정수리로 추락할지 모를 상황이었고, 비도 공간

1910년 경의 불국사 자하문 영역

청운교·백운교의 난간은 하나도 남아 있지 않고, 답석들도 융기와 함몰, 탈락 등의 피해가 극심했다. 자하문의 동서 양쪽 회랑이 모두 보이지 않는다.

의 지붕 개석 2장 중에 안쪽 개석도 중간이 동강난 상태였다.

이 같은 모습은 자연 풍화에 의한 마모, 혹은 화재나 인위적인 파괴의 결과라고는 생각하기 어려웠다. 더욱이 당시의 불국사도 함몰과 탈락, 융기, 균열 등 똑같은 양상을 띠면서 극도로 피폐해 있었다.

그 원인을 놓고 1997년에 있었던 대한건축학회 조사에서는 두 가지 가능성을 언급한 적이 있는데, 지진과 구조물 자체의 변형이다.[2] 그러나 구조적 결함이 있었다면 석굴암이 1,200년 동안 무사히 전해온 점이 설명이 안되고, 특별한 이유 없이 돌연 파손된 점 역시 납득이 안 된다.

결국 남은 가능성은 지진 한 가지밖에 없다. 토함산의 동서 양쪽에 위치한 석조 구조물들을 동시에 대파시킬 만한 것은 진도 6 내지 그 이상의 강력한 에너지가 아니고서는 불가능하기 때문이다. 하지만 그 무렵 경주 지역의 지진 기록이 전무해 지금으로서는 어떠한 결론도 조심스럽다.

다만 그 시점에 대해서는 역산해볼 만한 여지가 있다. 다름 아닌 『토함
산석굴중수상동문』을 보면, 조순상의 중창 이전의 황폐한 사정이 비교적
소상하게 진술되어 있음에도 불구하고 석조 본체에 대해서는 아무런 언급
이 없다. 그러니까 1891년 즈음해 목조전각은 허물어졌지만 전실과 비도,
주실의 석조 본체만은 잘 보존되고 있었다는 추정이 가능해진다.

결국 석굴암의 훼손 시기는 조순상의 중창이 있었던 1891년부터 소
네 부통감 일행이 찾은 1909년까지의 18년 동안으로 일단은 넓게 추정할
수 있다. 그런데 그 시기는 더 거슬러 올라갈 수도 있다. 세키노 다다시關野
貞가 처음 경주를 찾은 1902년에 이미 불국사가 대파되어 있었기 때문이
다. 그러니까 그 시기는 1891년과 1902년 사이의 일로 좁혀진다. 지진이
든 아니든 그 11년 사이에 두 사찰이 피해를 입었으리라는 것이다. 이렇
게 볼 때, 소네 부통감의 1909년도 기념사진에 나타난 황폐한 석굴암은
1902년 이전에 파손되고서 최소한 7년 내지 그 이상의 시간이 경과한 뒤
의 모습인 셈이다.

하지만 그렇다고 해서 석굴암이 세인들에게 완전히 잊히거나 버림받
은 것은 아니었다. 1차 반파된 후 전면적인 보수는 엄두를 못 내는 상황이
었지만, 추가 피해를 막기 위한 응급 처방이 지속적으로 이루어진 것이다.

1910년 전후의 석굴암 전경
안팎의 구분 없이 석재와 기와 조각이 뒹굴고, 판석 틈새나 비도 지붕 위에는 관목과 잡초가 무성하다. 사진 오른쪽 하단으로 짚단과 장대 등이 비친다.

보살핌의 손길

당시의 석굴암은 정지태가 아니었다. 시차를 두고 석재들의 위치가 바뀌거나 낯선 바위덩이가 추가되고, 또 보이던 것이 사라지는 일이 되풀이된다. 혹은 함부로 뒹굴던 석재나 기와 파편이 한쪽에 탑처럼 가지런히 쌓이고, 사람이 다닐 수 있도록 바닥의 흙무더기와 눈이 쓸려 나가고 잡초가 제거되기도 한다. 그런가 하면 벽면의 청태와 곰팡이를 닦는 일도, 불상이나 벽면, 기둥 등에 남긴 방문자들의 낙서를 지워내는 일도 계속된다. 본

1912년 겨울의 흠 인왕

흠 인왕의 돌출된 보관과 위쪽의 첨차석 사이에 돌덩이가 고여 있다. 옛 분들의 위기감을 일러주는 생생한 방증이다.

존불의 상호도 초기에는 깨끗했지만 나중에는 눈썹이 짙어졌고, 입술에는 주칠을 입었으며, 전신에 하얀 호분胡粉이 발라질 때도 있었다.

그때 사진 중에는 오른쪽 돌담 방향으로 헌 가마니 짝과 짚단, 새끼오라기, 긴 막대(장대) 등이 비치는 것도 있다. 옛날 움집의 입구를 거적으로 가리듯이 비도 입구에 걸어두던 것으로 짐작되는데, 눈보라나 비바람이 몰아칠 때, 혹은 야간에 짐승의 침입을 막고자 한 것으로 보인다.

당시 그들의 심려가 어느 정도였는지를 짐작케 하는 한 장의 사진이 있다. 그 무렵 흠 인왕(일명 금강역사)은 왼쪽 팔목은 잃었으나 전체적으로는 양호한 상태였는데, 머리의 보관寶冠과 위쪽 첨차석 사이에 '엉뚱한' 돌멩이 하나가 끼워져 있었다. 첨차석의 앞부분이 아래로 쏠리자 인왕의 두상이 파손될 것을 염려해 끼워 넣은 것이다.

물론 보살핀 이들에 대한 기록은 전하지 않는다. 다만 그 시절에도 매년

3월 3일, 4월 4일, 5월 5일이 되면 신자들이 석굴암을 찾았으며, 일제 초기까지 인근 촌로들이 석굴암을 '조갓절(조가趙家네 절)'이라고 불렀다는 증언 등으로 미루어 짐작컨대, 1891년에 전각을 중창한 조순상 집안에서 관리하고 있었을 개연성이 짙다.[3]

사실 그 시점에서 석굴암을 구하는 길은 석굴 전체를 해체하고 새로 조립하는 방법 외에는 없었다. 하지만 그럴 만한 여력이 없는 처지에서 최악의 상황을 피하고자 애쓴 옛 분들의 성심은 석굴암 1,300년 역사에서 꼭 기억해야 할 대목이다.

1910년 경의 석굴암 실태 종합

(1909년부터 1913년 초 사이의 사진 자료를 중심으로 작성함.)

(가) 주실(법궁) 공간

① 석조 지붕 위의 상부는 기와층과 토석층이 번갈아 덮이고, 맨 마지막으로 기와층이 덮여 있었다.

② 석조 돔 지붕의 앞부분이 함몰되어 지붕 면적의 1/4 정도가 동굴을 이루고, 천개석과 동틀돌들이 노출되었다.

③ 감실龕室의 석재 모두가 극심한 균열과 박탈剝脫을 보였다.

④ 10곳의 감실 보살 중에 8상만 남고, 앞쪽 좌우 두 감실의 보살상은 실종되었다.

⑤ 주벽 판석 모두 부분적인 파손 및 균열이 갔고, 서로 어긋나 뒤쪽의 흙이 노출되기도 했다.

⑥ 본존불의 경우 대의大衣 앞자락과 좌대의 위쪽 테두리 앞부분이 천정 석재들의 추락으로 파손된 상태였다. 또한 본존불 이마의 백호는 실종되었으며, 입술의 경우 초기 사진에는 깨끗했으나 나중 사진에는 주칠이 입혀졌다.

⑦ 11면관음보살상의 화신불 중 왼쪽 첫 번째 한 상이 망실되어 구멍이 뚫렸다.

⑧ 쌍석주의 첨차석 위 상부 기둥들이 원위치에서 각각 뒤쪽(좌우 양쪽)으로 밀려났다.

⑨ 쌍석주의 좌우 첨차석 위, 현재의 홍예석 자리는 비어 있었다.

⑩ 바닥에는 토사가 본존불 대좌 높이까지 퇴적되기도 했으며, 동틀돌을 포함한 돔 지붕의 석재들이 뒹굴었다.

⑪ 동절기에는 지붕의 함몰구로 쏟아진 눈이 법당 내에 얼어붙곤 했다.

⑫ 쌍석주와 주벽 판석들에는 낙서가 어지럽게 씌어 있었다.

⑬ 각 존상은 물론 모든 부재가 이끼와 곰팡이 등으로 시커먼 상태였다.

(나) 비도(궁도) 공간

① 반달 모양의 지붕 개석 2장은 원위치를 지켰으나 안쪽의 개석은 두 동강 난 위태로운 상황이었다.

② 궁도 석문, 곧 비도 입구 전면 상부의 반달형 마감재는 실종되었다.

③ 궁도 입구의 좌우 문설주 중 왼쪽은 사라지고, 오른쪽은 원위치를 지키고 있었으나 곧 쓰러질 듯한 위태로운 지경이었다.

④ ③항으로 인해 사천왕과 인왕 판석이 수십 센티미터 가량 벌어졌고, 그 틈새로 벽체 뒤쪽의 잡석과 흙무더기가 노출되었다.

⑤ 우측 입구의 동방 지국천과 안쪽 북방 다문천 판석이 벌어져 있었다.

⑥ 다문천은 보탑寶塔이 결실되고, 증장천은 머리 부분이 분리되었으나 판석의 원 위치에 끼워져 있었다.

(다) 전실(배실) 공간

① 목조전각이 보이지 않았다(1891년 울산병사 조순상의 발원으로 중창한 전각).

② 좌측 아 인왕은 온전한 반면, 우측 흠 인왕은 왼팔이 망실되었다.

③ 흠 인왕의 상투와 그 위쪽 첨차석 사이에 돌덩이리가 괴어 있었다.

④ 앞으로 쏠리는 아 인왕상 판석 위에 첨차석 모양의 돌덩어리를 위에 얹어 붙잡고 있었다.

⑤ 인왕 판석 상방에 해당하는 좌우의 모습이 다르다.

⑥ 좌우의 신중상은 각 3상씩이 비교적 건재했으나, 현 배실 초입의 좌우 두 신중상은 보이지 않았다.

⑦ 양쪽 판석의 연장선과, 배실의 맨 안쪽 좌우 판석의 연장선이 교직되는 배실 바닥에 한 쌍의 사각 돌기둥이 좌우 대칭으로 서 있었다.

⑧ 좌우 판석 위의 첨차석은 왼쪽 둘, 오른쪽 셋만 남아 있었다.

⑨ 전실 초입에 가로로 누워 있는 장대석이 보인다.

⑩ 바닥에는 퇴적된 흙더미 속에 각종 석재와 와편이 뒹굴었다.

⑪ 동절기 사진에는 바닥에 눈과 얼음이 덮이고, 벌어진 판석 틈새 등에도 눈

이 쌓여 있었다.

(라) 진입 공간

① 배실 전면의 진입로 양변, 곧 맨 앞쪽 첫 번째 판석에 잇대어 자연석 돌담
　이 구축되어 있었다.

② 앞마당前庭에는 현재의 석등이 보이지 않았다.

③ 현 수광전에서 석실법당 전정前庭으로 오르는 비탈길은 자연석들로 꾸며
　져 있었다.

④ 자연석 계단 중간의 우측으로 다량의 와편과 원통형의 목재가 뒹굴었다.

⑤ 돌계단 초입에 요내정遙乃井으로 추정되는 샘이 있고, 그 가장자리로 기왓
　장들을 둘렀다.

⑥ 현 수광전 자리에 요사채로 짐작되는 목조기와집 한 채가 있었다.

2

총독부의
개축공사

석굴암은 기본적으로 종교성전이다. 아울러
붓다의 성상聖像을 봉안한 점에서는 신성공간이요, 승려와 신자들이 일상
활동을 한다는 점에서는 생활공간이며, 아름다운 조각품들이 모여 있다는
점에서는 예술공간이다. 다각적인 기능이 요구되고, 복합적인 의미를 담고
있는 특수 건축물이, 곧 석굴암이다.

그러나 20세기 초 석굴암은 조선왕조의 멸망과 더불어 외세의 전리품
으로 전락한다. 그리고 최고 통치기관인 조선총독부의 석굴암 정책은 조
선 병탄의 기념비라는 인식 틀 안에서 기획되고 수행된다.

조선 병탄의 전리품

일제는 역사고적과 예술작품의 효용가치에 일찌감치 눈을 뜬다. 그것
들이 완상玩賞이나 호고好古 취미의 대상이 아니라 국가 전략상 대단히 유용
한 자원임을 간파한 것이다.

총독부 1차 공사 후의 주실 앞쪽 돔 천정과 감실들

입구 방향 좌우 양쪽의 감실들이 비어 있다. 1909년 4월, 소네 아라스케 부통감의 방문 때 사라졌다는 일본인
들의 기록이 전해지고 있다. ©고유섭, 동국대학교 도서관 소장.

다음은 청일전쟁(1894~1895) 와중에 일본군사령부 주도로 작성한「전
시청국보물수집방법戰時淸國寶物蒐集方法」제12조이다.

> 일본문화의 근저는 중국과 조선에 밀접한 관계를 가지며 일본 고유
> 의 성질을 명백히 함에 있어서도 이들과 대조할 필요가 있음. 그러
> 므로 대륙인방大陸隣邦의 보존품을 수집하는 것은 학술상 최대의 요
> 무要務에 속한다.[1]

중국과 조선의 역사유산은 자국의 역사를 연구하는 데 필수 자료이므
로, 전선에 나선 병사들에게 '수집'을 독려한 것이다.

과연 소네 부통감이 다녀간 후, 주실의 감실 중 입구 쪽 좌우 두 곳의 보
살상들이 사라진다. 그때부터 두 감실이 비어 있는데, 지금껏 행방이 묘연

석굴암 보탑
원래는 두 기가 있던 것으로 알려져 있으나 지금은 사진 속이 한 기만 남아 있다.

하다. 또한 본존불 앞뒤에 있었다고 알려진 두 기의 작은 보탑 중 하나도 자취를 감춘다. 조금 뒷날의 일이지만 복장물을 노린 무뢰배들이 한밤중에 본존불을 철봉 등으로 들어 올리다가 실패한 일도 있었다.

그런 사정과는 별도로 토함산에는 일본인들의 발길이 부쩍 잦아진다. 그중에서도 동경제국대학교 교수 세키노 다다시의 방문은 석굴암 평가에 결정적인 영향을 미친다.

1909년 12월 토함산에 오른 그는 "그 구조의 진기하고 그 조각의 정미함이 신라시대의 최우수한 일대유구"라고 극찬한다.[2] 이는 일본학자가 내린 최초의 평가인데, 그에게는 인공석굴이라는 점, 주실 지붕이 돔 형태라는 점, 본존불을 포함해 수십 구의 조각상들이 하나같이 걸작이라는 점 등을 포함해서 모든 것이 불가사의했던 것이다.[3]

그 무렵 일본은 독일 및 프랑스 등에 뒤질세라 실크로드 경략에 나선 상태였다. 교토京都의 대찰 히가시혼간지東本願寺의 '오오타니大谷 탐험대'가 탐사에 나서는 등 인도와 중앙아시아, 중국 등지의 석굴사원에 대한 기초적인 지식과 정보를 파악하고 있었다. 그런 곳의 석굴사원은 예외 없이 거대한 암벽을 파고 들어가 공간을 마련하고 불상을 봉안하는 이른바 굴착식掘鑿式 석굴이었다. 다시 말해, 수백 개의 부재를 얽고 묶고 쌓아서 세운 인공의 조립식 석굴은 세상천지에 석굴암이 유일했다. 그러나 이는 곧 석굴암이 그들에게 최상급의 전리품으로 받아들여졌다는 뜻이기도 했다.

한데, 저들의 이러한 인식은 갑작스러운 일이 아니었다.

신공황후의 신라 정벌?

을사늑약(1905)을 넘기면서 경주에는 현해탄을 건너온 이마니시 류今西龍, 사이토 타다시齊藤忠 등 유수의 일본학자들이 머무르곤 했다. 그들이 경주에 관한 자료와 유물을 수집하고, 연구에 힘을 쏟던 가운데 1913년 5월에는 경주고적보존회가 발족되고 곧이어 동부동에는 조선총독부박물관 경주 분관이 마련된다. 저들은 자신들의 천황릉은 건드리지 않으면서 금관총金冠塚이나 서봉총瑞鳳塚 등 경주의 분묘들은 무단히 파헤쳤는데, 무덤에서 꺼냈거나 헐값에 사들인 보배들은 박물관의 유리 진열장 속으로 쏟아져 들어갔다.

그들이 경주에다 지나칠 정도의 관심과 애정을 기울인 이유는 무엇일까.

일본의 고대 기록인『고사기』「주아이 천황仲哀天皇」조에는 이른바 '신공황후神功皇后의 삼한(신라)정벌'이라는 신화가 실려 있다.

군사를 정비하고, 배를 연하여 바다를 건너가자 바다의 고기들이 큰

'일한병합(日韓倂合)' 기념 엽서

신공황후의 정토(征討)와 도요토미 히데요시의 임진 침략전쟁 등을 언급하면서 2000년 이래의 숙원을 메이지천황 43년(1910) 8월 22일에 이루었다는 내용이다. 좌측에 말을 탄 이가 메이지천황이며, 우측 상단의 삽화는 안중근 의사가 이토 히로부미를 저격하는 장면이다. 이토 히로부미의 희생으로 조선 병탄이 가능했다는 의미이다.

───────────────────────

것 작은 것이 다 배를 등에 업고 건너갔다. 이때에 순풍이 크게 일어나고 배가 파도에 밀려갔다. 파도가 신라국에 밀어 올라가서 나라의 절반까지 이르렀다. 이에 신라국왕이 두려워 황공하여 말하기를 지금부터 이후, 천황의 명령대로 마목馬牧(어마감御馬甘−필자 주)이 되어, 매년 배를 연하여 배 밑창이 마르지 않게 하고 노가 마르지 않게 하고, 천지와 함께 영원히 섬기겠다고 하였다.[4]

『일본서기日本書紀』에는 더 상세한 내용이 전해진다. 신라의 항복 소식을 듣고 고구려 및 백제왕이 지레 겁을 먹고 달려와 신하 되기를 맹세했다는 것이다.[5]

이 신공황후 신화는 임나일본부설任那日本府說과 똑같은 허구이지만, 일제강점기에는 단순한 옛날이야기가 아니었다. 신라는 원래 자신들의 속국이었으므로, 조선 병합은 침략이 아니라 오랫동안 잃었던 고토古土를 회복한 것이라는 논리로 나아간 것이다. 일제는 그 허구적 신화를 역사적 사실로 둔갑시켰고, 역사나 국어 교과서, 각종 그림이나 엽서 등의 단골 소재로 삼아 끊임없이 확대·재생산한다. '현재'를 규정하는 이데올로기, 곧 조선 침략의 근거로 활용한 것이다.

말하자면 저들에게 있어 경주는 신공황후의 사화가 서려 있는 영광의 땅이었다. 일례로 『신라사연구』, 『백제사연구』, 『조선사의 길잡이朝鮮史の栞』 등의 역저를 통해 우리 고대사 연구에 지대한 영향을 미친 이마니시 류는 경주를 향해 다음과 같은 감격을 쏟아낸다.

> 경주여, 경주여! 십자군사가 예루살렘을 바라보는 마음은 지금의 내
> 마음과 같다. 나의 로마는 눈앞에 있다. 나의 심장은 고동치기 시작
> 한다.[6]

마치 자신을 예루살렘을 탈환한 십자군으로, 경주를 예루살렘으로 인식한 것이다.

바로 그 경주에 뜻밖에도 처음 보는 인공의 석굴사원, 곧 석굴암이 있었다. 자신들의 영광을 과시하는 데 있어 더없이 훌륭한 호재를 발견한 것이다. 조선 병탄의 기념비로서 석굴암을 능가하는 것은 있을 수 없었던 것이다.

석실법당의 전면 해체

1912년 11월 8일, 초대 총독 데라우치 마사타케寺內正毅, 1582~1919는

상) 공사 착수 단계의 석굴암 근경

천개석과 본존불을 고정시키기 위해 주실 내부에 비계목을 설치하는 장면이다. 성균관대학교 박물관 소장.

하) 석실 해체 후 조립 전의 석굴암 원경

석조 본체를 감쌌던 적심석(積心石)들이 석굴 주변은 물론 언덕 아래까지 뒤덮고 있다.

불국사를 관람한 후 토함산 등정에 나선다. 석굴암이 머지않아 붕괴될지도 모른다는 잇단 보고에 직접 육안으로 확인하기 위한 행차였다.[7]

마침내 그 이듬해인 1913년에 들어서자 총독부는 전면적인 수리공사에 나선다. 시공 책임자로는 철도부설기사인 이이지마 모도노스케飯島源之助가 임명되는데, 이 점과 관련해 우리 학계에서는 일반적으로 이때의 공사를 부실공사로 보고 있다. 바로 철도부설기사에게 공사를 맡긴 점 때문이다.[8]

그러나 이는 정확한 판단이라고 보기 어렵다. 20세기 초의 철도산업은 오늘날의 고속철 사업이나 우주항공 산업에 버금가는 최첨단 분야였다. 말하자면 총독부는 당연히 당시 최고의 엘리트 집단을 동원한 것이다. 정작 중요한 문제는 따로 있는데, 모든 사항을 총독부 기사였던 구니에다 히로시國枝博에게 매일 보고토록 한 점이다. 바로 공사의 전체적인 방향은 물론 세세한 부분까지 경성의 총독부 당국에서 일일이 통제한 것이다.

공사는 그해 10월, 본존불과 그 위의 천개석을 원위치에 고정시킨 다음 판재와 비계목을 설치하는 것에서부터 시작한다. 수십 톤이 넘는 본존불을 다룰 방법도 마땅치 않았지만 20톤에 달하는 천개석 역시 세 조각으로 쪼개져 있어 조심스러웠을 터인데, 그 작업은 같은 해 12월에 끝을 낸다.

겨울을 넘겨 2차년도인 1914년 공사의 핵심은 석실 본체의 완전 해체였다.

그중에서 돔 지붕의 분해는 처음부터 위험부담이 상당했다. 100여 개의 석재가 톱니처럼 맞물려 있어서 하나만 잘못 건드려도 전체가 무너질 수 있었다. 5월부터는 주실 지붕의 봉토층을 벗겨내기 시작했는데, 그 과정에서 엄청난 양의 잡석과 기와가 쏟아져 나온다. 1부 6장「햇살 신화의 사생아, 광창」에서 다룬 남천우의 터무니없는 주장(일제가 봉토를 덮었다는 것)이 바로 이 부분을 두고 나온 것인데, 석조 본체를 지지하고 굴 내의 보

주실 돔 지붕 재조립 직전의 모습
왼쪽 원반형의 둥그런 석재가 본존불의 머리 광배이다.

온과 제습, 또는 지진 등의 외부 충격을 흡수하는 제2, 제3의 역할까지 감당하던 것들이었다. 뒤이어 석실 외곽의 흙더미까지 파헤친 후 비로소 석실 주벽의 해체가 개시되었고, 9월 12일에 마무리된다.

3차년도인 1915년에는 막바지 작업에 박차를 가한다. 5월부터 원래의 부재들과 파손되어 새로 치석된 부재들을 재조립하기 시작한 것이다. 그 작업은 석 달 만인 8월 19일에 종료되는데, 다만 재조립이 끝난 시점의 석조 본체가 어떤 모습이었는지는 사진자료가 남아 있지 않아 짐작만 할 뿐이다.

다음은 갓 조립된 석조 본체에 이전의 적심석과 기와, 흙 등 봉토층을 도로 덮을 차례였다. 헌데 여기서 결정적인 패착이 발생한다. 원래대로 그것들을 복원하지 않고 시멘트를 덮어 석실법당 전체를 콘크리트 토치카tochka로 만든 것이었다.

시멘트 두겁

당시 시멘트는 신의 선물로서 근대문명의 총아였다. 철도, 교량, 항만, 댐, 도로, 수로 등 근대의 모든 공공구조물은 시멘트 공법에 의해 탄생했다. 뉴욕의 마천루, 그중에서도 전 세계를 흥분시킨 엠파이어스테이트빌딩 역시 시멘트가 아니면 태어나지 못했을 것이다.

하지만 이 시멘트가 제국주의와 결합하면 전혀 다른 얼굴로 변모하는 것이다. 제국주의는 대포와 군함만을 앞세워 식민지를 개척한 것이 아니었다. 대포와 군함으로 상대를 개항시킨 연후에는 철도 부설권이나 채광권 등을 따냈고, 시멘트 공법의 토목공사를 일으켜 식민지인의 저항의식을 밑바닥에서부터 굴복시켰다. 시멘트는 제국주의의 깃발이기도 했던 것이다.

일제 역시 이 땅에 수많은 토목공사를 일으킨다. 교량이나 댐, 철도, 항만 등의 시멘트 구조물은 제국 일본의 심벌로서뿐 아니라 랜드마크 역할까지 수행하는데, 일본에서도 시멘트는 첨단의 신소재로 각광받고 있었다. 특히 고적 보수에 애용했는데, 뒷날 경주 분황사 석탑이나 익산 미륵사지 석탑이 시멘트로 복원되었듯이 시멘트 시공은 총독부가 주도한 역사유산 보수의 핵심이었다.

석굴암도 이와 다르지 않았다. 총독부는 자신들의 근대성을 시멘트 석굴암을 통해 과시하고자 했다.

먼저 전실과 주실 전체를 시멘트로 1미터 이상 덮어버린다. 다음은 비도의 윗부분에도 시멘트를 이용해 석축옹벽을 쌓고, 진입로 역시 이전에 있던 좌우 돌담을 기준으로 시멘트 석축옹벽으로 개조한다. 그것은 "천장은 구형舊形과 같이 수보修補하고 그 상부에 3척의 콘크리트를 쳐서 전부 성토할 것"이라는 1913년 4월 8일자 〈공사사양서〉가 말해주듯 기획 단계에서부터 결정된 사항이었다.[9] 이뿐 아니라 주실에서부터 비도, 전실을 거

공사 직후의 석굴암 원경
시멘트 두겁에 두텁게 성토한 후 잔디를 입혀 고분과 방불하다. 수광전으로 통하는 돌계단을 정돈하고 앞마당을
확장한 다음 석단을 길게 쌓은 것이 안정적으로 보인다. 곳곳에 심은 나무가 자라지 않은 걸로 보아 준공 직후에 촬
영된 것으로 짐작된다.

쳐 진입로까지 바닥 전체에 시멘트를 들이붓는다. 결국 석실법당은 안팎의 구분 없이 거대한 시멘트 구조물로 변하고 만 것이다.[10]

마지막 단계는 조경이었다. 먼저, 시멘트 두겁 위에 성토를 한 다음 잔디를 입혀 적어도 겉으로는 이전의 모습과 비슷해진다. 뒤이어 앞마당을 넓히고, 그 앞쪽으로 일직선의 석축옹벽을 쌓았으며, 요사채로 통하는 이전의 울퉁불퉁한 돌계단도 장대석으로 대체해 깔끔하게 정리한다.

마침내 1915년 9월 15일, 개안 공양식이 거행된다. 1913년 10월부터 1915년 8월까지 본 공사만 거의 2년이 소요된 대역사였다. 총공사비 22,724원 54전은 당초 예산액인 8,670원 75전의 몇 배가 넘는 거액이었다.

총독부는 석굴암을 더할 나위 없이 완벽하게(?) 살려냈다. 붕괴 직전의 누추한 석굴암은 과거의 기억 속으로 사라졌고, 대신 '말끔하고 준수한' 얼굴의 석굴암이 그 자리를 차지했다.

전리품으로 변조되다

식민 초기의 숱한 난제를 제쳐놓고 총독부가 석굴암 수리에 나선 배경은 무엇일까.

일차적으로는 석굴암의 절박한 상황이 공사를 재촉했을 것이다. 그대로 두었다면 얼마 안 가 주실마저 무너졌을 가능성이 높은데, 총독부로서는 최고의 전리품이 사라지는 걸 지켜볼 수만은 없었을 것이다.

다음으로는 동양문명의 수호자라는 '대일본제국'의 이미지를 제고하려는 뜻도 읽힌다. 인도와 중국이 서구열강에 무릎 꿇는 걸 보면서 일제는 스스로를 동양문명의 마지막 보루임을 자처하고 있었다. 따라서 석굴암을 살려내는 것은 동양문화의 정수를 지켜내는 일이기도 했던 것이다.

좌) 천정석에 음각된 '일본(日本)'
1960년대 공사 도중에 발견된 글자로 지금은 남아
있지 않다.

우) 일제강점기 불국사 기념엽서
이 엽서의 주제는 불국사이다. 그러나 불국사는 위
쪽 귀퉁이로 밀려나고 기마병들이 전면을 차지하고
있다.

佛　國　寺
東南中腹綵佛國寺麓かも約三粁社金山の中腹にある今を距る千五百餘年前羅良道によつて開
れたる新羅時代の名刹なり。其石造物や佛像なの裝飾は よく《金時の佛を留む在に大楼殿の祠
有する二基の石塔は一を多寶塔在《石塔高六米餘》一を釋迦塔《石塔高八米餘》といふこの長存
閣し乍ら命儲態として左右に立しその樓鉤の妙に至つては新羅朝の代表的傑作と稱せらる
　佛國寺みなぎり切ふ寺麓の　花やゝくづれ小形すました　　　　　　　　下 村 海 南

마지막으로 가장 본질적인 이유는 역시 조선 병탄의 최상급 전리품을
영구적으로 보존하려는 욕망의 투영으로 보는 것이 옳다.

이 같은 추정을 가능케 하는 물증이 있다. 그들은 공사 도중에 주실 돔
지붕의 4단 천정석, 곧 본존불의 머리 바로 뒷벽의 면석에 얼토당토않은
단어를 새겨 넣는다. 다름 아닌 '일본日本'이라는 두 글자이다. 해방을 거치
면서도 인지하지 못하고 있다가 1960년대 문화재관리국의 공사 때 뒤늦
게 발견하고 깎아냈지만, 석굴암이 대일본제국의 전리품이자 천황에게 바
치는 봉헌물이었음이 드러난 것이다.[1]

저들의 이러한 인식이 엿보이는 자료가 더 있다. 불국사 관광엽서로, 하
필이면 무장한 두 명의 기마병을 불국사보다 훨씬 크게 디자인한 것이다.
역시 불국사가 자신들의 전리품임을 선언한 것이 아니고 무엇이겠는가.

이렇듯 '말끔하고 준수한' 얼굴의 시멘트 석굴암은 종교성전과는 거리가 멀었다. 욱일승천하는 제국 일본의 기념비, 바로 이것이 총독부가 석굴암에 부여한 가장 본질적인 역할이었던 것이다. 지나친 강박인지도 모르지만 다카하시 겐지高橋健自, 이시다 모사쿠石田茂作의 공저『만선고고행각滿鮮考古行脚』(1927)에는 총독부의 공사로 갓 단장된 석굴암에서 하필 메이지 천황의 모모야마릉桃山陵을 떠올리는 구절도 보인다.[12]

3

총독부 공사의
명암

진정한 의미의 식민 청산은 맹목적인 반일反
日 감정에 빠져드는 것을 의미하지 않는다. 일방적인 부정은 도리어 핵심
논점을 놓칠 우려가 높다. 비판적 입장을 견지하면서도 공과功過를 가감 없
이 드러낼 때 지난 역사에 대한 우리의 이해가 정교해질 것이다.

석굴암과 관련해서도 총독부 공사에 나타나는 긍정과 부정의 두 측면
을 선입견 없이 균형 있게 바라봐야 한다. 그렇게 할 때에야 문화재관리국
의 1960년대 공사의 성과와 이후에 전개된 석굴암 원형논쟁에 대한 정확
한 관점과 정보를 가질 수 있으며, 장차 석굴암을 정식으로 복원할 때에도
또 다른 시행착오를 피할 수 있을 것이다.

긍정적인 부분들

현재 석실법당으로 통하는 양쪽 언덕에는 갖가지 모양의 크고 작은 석
물들이 전시되어 있다. 총독부 및 문화재관리국 공사 중에 출토되었거나

현재 석굴암으로 통하는 계단 중턱에 모아놓은 원래의 석물들
파손이 심해 대부분 사용 불가능한 것들이며, 용처가 밝혀지지 않은 것도 적지 않다. 성균관대학교 박물관 소장.

교체된 것들인데, 바로 이것들을 근거로 총독부가 얼토당토않은 공사를
벌였다는 시각이 우리 학계에 널리 퍼져 있다. 다음은 남천우의 지적이다.

> 이 때의 수리공사는 천정석만을 해체하면 되는 공사였다. 그럼에도
> 전체를 해체함으로써 많은 석재들을 파괴하여 무려 286개에 달하는
> 많은 석재를 교체하였다. 또 이것은 비용면에서 생각하더라도 필요
> 한 경비의 열 배 이상을 낭비한 공사였다.[1]

유홍준도 그의 입장을 반복하는데,[2] 진단 방향도 옳지 않고 사실관계도
잘못되어 있다.

당시의 석굴암은 전면적인 해체가 아니고서는 다시 일으켜 세울 방도
가 없었다. 또한 공사비 증가도 부실공사의 증거로 보기는 어렵다. 총독부

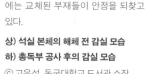

상단 사진을 보면, 감실 아래쪽의 이맛
돌(楣石)과 감실의 기둥, 아치형의 지붕
부분까지 파손이 심각하다. 하단 사진
에는 교체된 부재들이 안정을 되찾고
있다.
상) 석실 본체의 해체 전 감실 모습
하) 총독부 공사 후의 감실 모습
ⓒ 고유섭, 동국대학교 도서관 소장

입장에서는 경비를 몇 배씩이나 더 들여가면서 멀쩡한 석재를 교체할 이
유가 없기 때문이다. 저들은 석굴암을 해체하고 나서야 그 구조가 생각보
다 훨씬 복잡하고 피해 범위도 광범위함을 깨달았고, 이 때문에 예산을 늘
리는 등 공사 규모를 키웠을 뿐이다.

다시 말해 석재 교체는 당연한 일이었다. 원래의 석물들은 대부분이 사
용 불가능한 것들이었는데, 더욱이 길이와 폭, 높이, 의장意匠 등을 봤을 때
단 한 개도 같은 것이 없다고 할 만큼 각양각색이었다. 그런 것들을 깨진 것
마다 제 짝을 찾아 맞추고 실측한 다음, 원석을 구해 깎는 과정을 거쳤으니
까다로울 수밖에 없었다. 이러한 지적은 공사 전후의 감실 사진을 비교해
보면 수긍할 수 있는 일이다.

지금 우리에게 필요한 자세는 총독부 공사의 공과를 냉정하게 평가하

고 그 결과 위에서 논의를 이어나가는 것이다.

이런 점에서 우선적으로 인정해야 할 것은 공사 자체는 매우 시의적절했다는 사실이다. 당시의 급박한 사정에 비춰봤을 때 혹여나 공사가 지체되었다면, 지금쯤 우리는 잡초 무성한 돌무더기에 앉아 역사와 시간의 무상을 탓하고 있을지도 모른다. 요컨대 공사 목적이 무엇이든 석굴암을 구해낸 것만큼은 누구도 부인하기 어렵다는 것이다.

이러한 평가를 전제로 긍정적인 항목을 먼저 짚어보기로 하자.

첫 번째는 공사 도중에 발견한 금시조와 아수라 두 신중을 살려낸 일이다. 팔부신중이 모두 채워짐은 물론 창건 당시의 전체 조각상이 40상으로 기획된 사실이 확인된 것이다. 가령 저들이 두 신중을 밀반출이라도 했다면 팔부신중 가운데 6상만 남았을 것이고, 이는 두고두고 우리의 회한을 자극했을 것이다.

하지만 두 상을 시멘트 석축옹벽의 안쪽 벽면에 부착한 것은 석실법당의 구성 원리에 어긋난 결정이었다. 1960년대 공사에서 다른 신중상과 일렬로 나란히 고쳐 세운 이후 지금까지 논란이 끊이지 않는데, 이 문제는 3부에서 집중적으로 다룰 것이다.

두 번째는 비도 지붕의 안쪽 개석을 새로 치석해 얹은 일이다.

공사 전 가장 불안했던 곳은 앞면에 구멍이 뚫린 주실 돔 지붕이었지만, 비도 공간도 그 이상으로 위태로웠다. 두 장의 지붕 개석 중 안쪽 개석의 중간부가 깨져 좌우 양쪽이 서로 엇갈린 상태에서 위의 토석층의 무게로 겨우 탈락이 방지되고 있었다. 그것마저 쏟아졌다면 일차로 좌우의 사천왕판석들이 넘어갔을 것이고, 뒤이어 주실과 비도의 직각으로 꺾인 부분의 비도 기둥이 탈락하는 건 정해진 이치였다. 그다음은 주실 입구의 쌍석주, 첨차석, 홍예석이 균형을 잃게 되고, 그럴 경우 대범천과 제석천 판석도 안전을 보장할 수 없었을 것이다. 일종의 도미노 현상인데, 종국에는 주실 전

발굴 당시 금시조는 대좌를 잃었으나 비교적 상태가 양호했으며, 아수라는 여러 조각으로 파손되어 있었다. 총독부 공사에서 두 상은 진입로 좌우 시멘트 석축옹벽의 안쪽 부분에 부착된다.

좌) 공사 직후의 금시조상
우) 공사 직후의 아수라상

체가 무너질 수 있는 일이었다.

여기서 또 하나, 치석 작업의 어려움도 지적해야 한다. 비도 지붕의 개석은 좌우의 내측 길이가 3.6미터, 앞뒤 폭은 1.2미터에 이르는 거석이다. 따라서 그만한 크기의 원석을 구해 원래 개석의 곡률을 되살려내는 모든 과정이 만만한 일이 아님을 인정하는 데 인색할 이유는 없다.

세 번째로 주실 입구의 홍예석을 복원한 것 역시 합당한 결정이었다.

상) 공사 후 전실 우측 신중상들

다른 신중상들의 대열에서 벗어나 금시조상(맨 우측) 홀로 안쪽의 흠 인왕을 상대하고 있다. 존재감이 느껴지지 않는다.

하) 공사 후 전실 좌측 신중상들

아수라상(맨좌측)만이 안쪽을 향해 꺾여 있다. 역시 존재감을 잃고 있다.

주실 돔 천정의 정면 모습
당시 돔 천정은 천개석 앞부분이 붕괴된 상태였다. 그 부분은 제3, 제4, 제5단의 면석과 동틀돌, 주실 입구의 쌍석주 윗부분 등이 뒤얽혀 있어 복원이 쉽지 않다. ⓒ 안장헌

1부 7장에서 홍예석을 석굴암 건축의 꽃으로 새긴 바 있지만, 그때 되살리지 않았다면 첨차석의 홈 부분은 여전히 빈 채로 남아 있었을 것이고, 우리는 거기에 무엇이 걸쳐져 있었는지 알 수도 없었을 것이다.

네 번째, 주실 돔 지붕의 함몰부를 복구한 일도 빼놓을 수 없다.

돔 지붕의 앞부분은 쌍석주의 상단부, 그리고 천정의 면석과 동틀돌이 상하로는 물론 전후좌우로 맞물려 들어가는 등 구조적으로 상당히 복잡했다. 게다가 참고할 만한 설계도나 사진 등의 기초자료도 남아 있지 않았

다. 따라서 원점 상태에서 그 부분을 역학적으로 안정되고, 시각적으로 아름답게 복구하는 데는 고난도의 토목기술뿐 아니라 상당한 수준의 심미적인 판단력을 요했던 것이다. 아마도 책임자들은 추락한 부재들을 이용한 반복적인 시뮬레이션을 거쳐 원래의 모습을 되찾고자 애썼을 것이다.

다섯 번째, 석굴 뒤편에서 솟구치는 샘물의 배수로를 확장한 일이다.

공사 전부터 석실법당 우측에서 출발한 배수로가 토석층 속에 숨어 있었고, 그 물줄기가 앞마당을 지나 언덕 아래로 이어지고 있었다. 그런데 토석층을 들어내고 석실법당을 해체하자 십일면관음보살 뒤쪽 암벽의 균열된 틈에서 용출수湧出水가 발견되었고, 주실 우측에서도 또 다른 수맥들이 확인되었다. 바로 그것들을 빼돌리기 위해 이전의 배수로를 넓히는 방식으로 법당 내에 물이 스며드는 걸 차단한 것이다. 이 샘물에 대해서는 3부 2장 「물 위에는 집을 짓지 않는다」에서 다시 상세하게 다룰 것이다.

총독부 공사 최대의 미스터리

총독부 공사에서 좀처럼 풀리지 않는 수수께끼가 있다. 전실공간을 노천 상태로 열어둔 점이다. '집'의 기본이 지붕이라고 할 때, 이러한 조치는 어떤 말로도 설명이 안 되는 일이었다.

첫째, 이는 안정적인 내부공간의 확보라는 건축의 기본 목적을 외면한 반건축적인 조치로, 그 결과 석실법당 전체가 토함산의 악천후에 무방비 상태로 내몰리게 되었다. 또한 전각이 있을 때만 신성공간의 경건한 분위기가 확보되고, 예불이나 참배 등의 신행 활동이 보장된다는 점에서 석굴암이 종교성전이라는 사실을 부정한 것이나 다를 바 없었다.

둘째, 파사드facade 부분을 봐도 납득이 되지 않는다. 파사드는 건물의 정면 이미지를 뜻하는데, 곧 건물의 '얼굴'인 셈이다. 그러나 전각을 생략

1930년대 석굴암 근경

비가 그친 직후의 모습이다. 석굴암은 최소한의 보호시설이 없는 상태로 1960년대 공사 때까지 50년 동안 방치된다.

함으로써 진입로 좌우의 시멘트 석축옹벽과 비도 입구 위쪽의 막막한 옹벽이 훤히 드러나면서 석굴암의 파사드는 거대한 무덤 속으로 뚫린 기차 터널 또는 탄광의 갱도坑道를 연상시켰다.

　더욱 석연찮은 점은 공사 이전에는 누구나 보호시설의 존재를 인지하고 있었다는 사실이다. 철근콘크리트로 지붕을 시공하려는 계획을 수립하고 소요예산도 계상되어 있었는데, 다음은 공사 총책임자인 구니에다 히로시의 〈보고서〉와 〈공사 시방서〉이다.

　　전실 입구 상면上面은 원히 천정이 있었던 것을 중세에 파괴한 것이
　　므로 이것도 철근콘크리트로써 덮으면 석상의 보존상 크게 유효한
　　것이 될 것이다.

　　　　　　　　　　　　　　　　　　　　　　　　　　—〈보고서〉[3]

전면 무개無蓋의 곳을 철근콘크리트로써 옥개屋蓋를 만든다.

—〈공사 시방서〉[4]

그럼에도 불구하고 끝내 공사는 전실공간을 개방시킨 것이다. 총독부 공사 최대의 미스터리라는 표현이 그래서 가능한데, 어떻게 이런 일이 벌어진 것일까.

앞서 본 〈시방서〉의 내용을 감안하면 공사 도중에 수정된 것은 거의 확실한데, 현장 책임자인 이이지마 모도노스케의 독자적인 결정으로는 보이지 않는다. 그 같은 중요사항을 현장에서 임의로 폐기할 수는 없기 때문이다. 또한 총독부 기사 구니에다 히로시에게 책임을 묻기도 어렵다. 그의 〈보고서〉나 〈시방서〉에 철근콘크리트 옥개 시공이 일관되게 나타나기 때문이다. 결국 상부 단위, 곧 총독부 실력자들의 결정으로 보는 게 지금으로서는 가장 타당하다.

그렇다면 거금을 들여 일으킨 공사에서 필수적인 보호시설, 그것도 설계 원안의 결정사항을 배척했다면, 필시 그럴 만한 배경이 있을 것이다.

하지만 그것이 무엇인지는 저들이 관련 자료를 남기지 않아 판단하기가 쉽지 않다. 어떤 추론도 예단이 될 우려가 높은데, 그런 가운데 한 가지 떠오르는 게 다름 아닌 일출 담론이다.

반복되는 이야기지만 저들은 '일본해'에서 떠오르는 '야마토의 태양'을 맞이하기 위해 칠흑 같은 험로를 올랐고, 찬란한 '야마토의 태양'을 바라보면서 제국의 영광에 사로잡혔다. 어쩌면 햇살이 석실 내로 파고드는 장면에서 아마테라스 오미가미가 석굴암을 점령하는 듯한 환영을 보았는지도 알 수 없다.

그런데 전실공간에 보호시설을 세우면 그 같은 장면이 불가능해진다. 그 장면을 계속 보기 위해서는 어떤 것도 앞을 가려서는 안 되는 상황인 셈이다. 때문에 혹여 일본해의 첫 햇살을 받아들이려는 의도에서 전각 설립을 무산시킨 건 아닌가, 하는 의구심을 거둘 수 없다. 물론 이와 같은 접근 자체가 강박증일 수도 있고, 또한 직접적인 자료가 있는 것도 아니다.

그렇지만 저들이 일출 담론에 얼마나 집착했는지, 또한 전실의 보호시설을 얼마나 기피했는지를 보여주는 뒷날의 자료들이 있다.

야마토 태양에 대한 향수

우리나라 문화재관리국의 1960년대 복원공사는 석실법당의 안전에 주안점을 두었고, 그런 원칙에 따라 전실에 한옥 기와의 목조전각을 신축한다.

그로부터 10년이 채 안 된 1970년대에 일본의 건축학자 후지시마 가이지로藤島亥治郎가 방한한다. 그는 석굴암을 돌아본 후 전실전각을 놓고 불편한 심기를 노골적으로 드러낸다.

> 석굴 입구에 조악한 조선 양식의 건물을 세운 것은 어떤 심리에서였을까. 이 훌륭한 석굴과 신라 제일의 조각군에 대한 모독이다. (…) 석굴을 나와 바깥의 강한 빛에 눈을 깜박거리면서 바라보는 동해는 넓고 푸르다. 동쪽을 향한 석굴 내부에, 아침 햇빛은 깊숙이 비추어 들어와서 본존의 존안을 비친다. 그것을 뵙고 싶어, 해뜨기 전에 산에 올라 그 모습을 우러러본 때도 있다. 그때는 전실 등에 지붕이 없었으므로, 햇빛은 정말로 본존에게까지도 비추었던 것이다. 목조 건축이 입구를 막은 지금은, 그와 같은 아침 햇살에 미소를 지으시는 본존을 뵐 수는 없을 것이다.[5]

석굴암 종단면도
일본에서는 여전히 1960년대 우리 공사의 성과인 전실전각의 존재를 부정한다.

예전에는 바다에서 떠오른 아침 햇빛이 본존불을 비추는 장면을 보고 싶어 새벽 일찍 산을 올랐는데, 전각 때문에 그 감동적인 장면을 볼 수 없다는 통탄이다.

그는 일제 때 『조선건축사론』 등의 역저를 통해 우리 건축 연구에 상당한 업적을 남긴 것으로 평가받아왔다. 그런데 정작 이 땅 조선의 법당에 조선식 전각을 올린 것을 백안시하고 있는 것이다.

일평생 조선 건축을 사랑했다는 그의 내면에 혹여 조선 건축은 조악하다는 편견이 숨어 있던 것은 아닐까. 야마토의 태양이 삼켜버리던 식민 시기의 석굴암에 대한 향수를 버리지 못한 그에게 나라奈良에 있는 동대사 대불전의 지붕을 뜯어내라고 권하면 어떤 반응을 보일까.

2000년대에 들어 일본에서 출간된 책에서도 저들의 시각은 변함이 없다. 일본 유수의 출판사인 고단샤講談社에서 펴낸 책의 석굴암 그래픽이 좋은 예이다. 전실 팔부신중은 1960년대 공사 후의 전개형을 반영하고 있으면서도, 전각을 생략해 일제강점기 때의 노천 구조를 견지하고 있다.

쉽게 단언하기는 어렵지만, 저들은 군국주의 일제가 무너진 지 60~70년이 흐르도록 야마토의 태양이 석굴암을 삼키는 광경에 여전히 집착하고 있는 것인지 모른다.

4

박제된
고대유적

　　　　　　　지난날, 서울의 창경원 구경은 많은 이들의
꿈이었다. 지방에 살수록 창경원 동물원의 진기한 짐승들 이야기가 호기
심을 당겼고, 봄날의 벚꽃놀이는 청춘남녀의 로망이기도 했다. 그러던 언
젠가부터 동물원과 벚나무가 일제 잔재라는 소리가 들리기 시작했다. 일
국의 왕궁에 짐승을 풀어놓고 구경거리로 만든 것부터 민족의 치욕이라는
사실을 뒤늦게 깨우친 것이다. 동물원은 과천대공원으로 옮겨가고, 벚나무
들이 뽑혀 나간 후에야 창경원은 '창경궁'이라는 본래의 이름을 되찾는다.

찬사의 꽃다발

　총독부 공사의 목적이나 성패와 상관없이, 1915년 준공 후의 석굴
암 앞에는 일본 지식인의 찬사가 쌓여간다. 그중에서 야나기 무네요시는
1919년, 3·1운동의 현실적 좌절로 실의에 빠져 있던 우리에게 석굴암을
통해 위로의 말을 건넨다.

거기에는 진실로 불멸의 힘이 있다. 불후의 아름다움이 있다. 이 석불사를 통해 조선은 영원한 영예를 나타내고, 또한 인간의 무한한 깊이를 나타내고 있는 것이다.[1]

또한 오노 겐묘가 석굴암을 윈강석굴과 법륭사에 비견하는가 하면 사진작가 오가와 세이요小川晴暘는 수제본의 사진첩『석굴암과 불국사石窟庵と佛國寺』를 통해 신라 예술가에게 경의를 표한다.[2] 이외에도 "동양무비의 걸작", "동양에 있어서의 미술사상 최대 걸작"등의 극찬이 줄을 이었다.[3] 적어도 이들의 찬사에 제국주의의 냄새는 풍기지 않는다. 그들은 진심을 다해 석굴암을 아끼고 경외한 것이다. 그러나 이 모든 찬사는 헛되고 또 헛된 것이었다. '조선'이라는 나라는 존재하지 않았다. 이 땅은 천황의 나라였고, 석굴암은 천황 '폐하'의 소유였다.

박제된 사원으로, 관광명소로

총독부는 교과서 등에 글을 실을 때, 석굴암의 피폐한 '과거'와 새로 단장된 '현재'를 담은 삽화나 사진을 꼭 나란히 게재했다. 청나라나 러시아의 식민지로 떨어졌을 조선을 자신들이 구해주었다는 논리 그대로, 석굴암을 자신들이 살려냈다는 식이다.

이런 분위기에 비례해 일본 황족과 군부 요인, 지식인들은 관부연락선을 타고 현해탄을 건넜다. 부산항에 도착하면 열차에 몸을 싣고 경주역이나 불국사역에 내려서는 불국사를 둘러본 후 토함산에 오르기 바빴다. 저들은 멀리 굽이치는 '일본해'를 바라보면서 감회에 젖다가는 허리에 찬 닛뽄도日本刀를 철럭거리며 흙모래 범벅인 구둣발로 법당 안팎을 활보했다. 정복자의 쾌감을 만끽한 것이다.

공사 후의 석굴암은 유원지와 다를 바 없었다. 관광객들로 법당 안팎은 저자거리로 변하고, 종교성전의 경건한 분위기는 찾아보기 어려웠다.

상) 1935년 10월 1일에 석굴암을 찾은 일본 황족
하) 일제강점기의 수학여행단

또한 일반인을 대상으로 관광단이 조직되고, 조선과 일본 구별 없이 각 학교의 수학여행에서 석굴암은 필수코스로 자리를 잡았다. 이들은 수십 명, 수백 명씩 무리지어 석실법당에 들어가서는 본존불 어깨에 무동을 타거나 곳곳에 낙서를 남겼다. 석실법당은 흙모래 먼지와 소란에 뒤덮여 평온한 날이 드물었다.

성전으로서의 영혼을 빼앗긴 박제품….

석굴암은 신기한 고대유적이자 관광객의 추억을 위한 기념사진의 배경으로 그 성격이 굴절되어 갔다. 그것은 창경궁에다 동물원을 차려놓고 호객을 하는 것과 다르지 않았다.

이 같은 흐름 속에서 석굴암은 우리 겨레에 양가적으로 다가왔다. 동양 최고의 걸작이라는 저들의 찬사에서 민족적 긍지를 느끼는 일방, 석굴암을 구해낸 저들의 선진기술에는 압도되지 않을 수 없었던 것이다.

조각상들의 수난

총독부의 공사 이후 석굴암은 온갖 악조건과 힘겨운 싸움을 계속해야 했다.

장마철에는 법당 바닥이 물바다로 변하는가 하면, 봉토층을 파고든 빗줄기는 시멘트 두겁을 통과해 밖에서 날아든 분진粉塵과 뒤엉켜 돔 천정의 면석이나 주벽 벽면을 타고 흘러내렸다. 특히 동절기에는 봉토 위의 적설積雪이 녹아 역시 안으로 스며들었고, 기온이 급격히 떨어지면 쉽게 결빙되었다. 더욱이 수분은 시멘트 고유의 독성을 용해시켜 생석회수로 변했는데, 1913년 1차 공사의 책임자들은 생석회수가 돌의 세포분자를 파괴한다는 사실을 몰랐던 것이다.

결국 주실 돔 천정부터 이끼와 곰팡이가 피어나고, 감실이며 주벽의 조

각상은 항상 물기에 축축했다. 자비의 화신인 십일면관음보살은 흉악하게 변해갔으며, 본존불도 마치 연탄가루를 덮어쓴 듯한 시커먼 얼굴로 참배객을 맞았다.

석굴암을 구해냈다고 자부하던 총독부는 1917년 6월부터 7월까지 응급처방에 나서야 했다. 또 1920년부터 1923년까지는 시멘트 두겁에 모르타르mortar를 바르는 등 보강공사를 행한다. 하지만 전각이 전제되지 않은 어떤 조치도 임시변통에 불과했다.

이런 사정이 알려지면서 총독부를 향한 비난이 쇄도했는데, 거기에는 조선인이든 일본인이든 차이가 없었다.

야나기 무네요시는 "새로운 모욕", "추한 중수"라고 하였으며, 기행화가로 이름이 높은 이시이 하쿠테이石井柏亭는 "담당기사의 치욕이 아닐 수 없다"며 개탄을 금치 못했다.[4]

1920년대의 본존불

본존불의 눈 주위 및 이마 부분만 하얀 것은 사진 촬영을 위해 청태(靑苔) 등을 닦아낸 결과이다.

우리나라 사람의 경우, 현재까지 확인된 가장 빠른 비판은 준공 2년 후인 1917년, 멀리 연변 지역의 동포에게서 나왔다. 아래 글은 대황구의 북일중학교에서 사용한 '한글' 교과서에 실린 내용이다.

이 굴窟이 근일近日에 오아 황폐荒廢가 심甚함으로 이도 또한 수리修理를 가加하얏는데 입구入口의 천정天井을 헐어 업시 하고… 수리修理 후後에도 우수雨水가 삼루滲漏하야 조각彫刻이 하약케 분粉을 발나서 아주 녯 빗치란 족음도 업다.[5]

다음으로 1923년도 『동아일보』 기사와 1934년에 발표된 고유섭의 글을 차례로 인용한다.

연전에 총독부에서 2만의 거액을 비備하여 중수重修한다고 도리어 고적을 오汚한 사실은 내외국인의 관람자로 하여금 통탄케 한다.[6]

총독부의 손으로 누차 개수를 입었으나 삼단연화반三段蓮花盤은 신중神衆의 조화造化라 오히려 그곳에 따뜻한 정서를 느낌에도 불구하고, 이 중수에 대하여 세인의 비난이 자심하다.[7]

고유섭의 글에 언급된 '삼단연화반'이란 세 조각난 천개석을 의미하고, '신중의 조화' 운운은 『삼국유사』(1281)에 등장하는, 세 조각 난 천개석을 천신天神이 붙여놓고 사라졌다는 설화를 가리킨다. 비현실적인 그 이야기에는 하늘과 사람이 마음을 합쳐 성전을 완성하려는 돈독한 불심과 따스한 인정이 느껴지지만, 총독부의 공사는 '차가운' 토목공사에 불과했다는 비판이다.

1920년대의 석굴암 원경

조선총독부, 끝내 전각을 거부하다

총독부는 1933년과 1945년 두 차례에 거쳐 증기보일러를 동원해 조각상 표면의 청태와 곰팡이, 먼지 등의 오물을 세척한다. 하지만 분사 충격에 돌가루가 쏟아지는 등 부작용만 낳고 만다.

이런 상황에서 우리는 석굴암에 태풍이 찾아오고 진눈깨비가 휘몰아쳐도 기와 한 조각 얹지 못했다. 새들이 둥지를 틀고 새끼를 쳐도, 밤마다 산짐승의 소굴로 변해도 문짝 하나 달지 못했다. 그것이 당시 우리 민족과 석굴암의 관계였다.

그러나 이 모두 보이지 않는 역사의 섭리와 같다는 생각이 든다. 석굴암을 진정으로 구하는 일이 또 다시 저들 손에 맡겨졌다면, 그것이야말로 제2의 치욕일지도 모르기 때문이다. 석굴암을 진정으로 살려내는 숭고한 과업은 우리 손에 맡겨졌다.

5

문화재관리국의
복원공사

1945년 8월 15일 광복과 더불어 석굴암도 우리 품으로 돌아온다. 하지만 남북 분단과 6·25전쟁, 뒤이은 정치적 혼란과 빈곤 속에서 석굴암은 기약 없는 혼돈의 시간을 보내게 된다. 동해의 소금안개에 절고, 잡목에 덮이고, 강우에 씻기고, 토사에 묻히고, 폭설에 갇히고, 영하의 날씨에 얼어 터지는 말 그대로 수난의 시기였다.

야차상, 원형을 잃다

그 즈음 석굴암의 실상을 적나라하게 보여주는 한 장의 사진이 있다. 6·25전쟁이 한창 격화되던 1951년, 사진작가 김한용이 무거운 카메라를 짊어지고 토함산을 올라 촬영한 것이다. 본존불의 전신이 탄가루를 덮어쓴 양 까맣게 오염되어 있고, 새똥이 정수리의 나발과 어깨, 흉부 등에 흘러내리다 말라붙어 있다. 사진작가들 대부분이 좀 더 멋진 사진을 얻기 위해 불상의 표면을 닦아낸 다음 앵글을 맞춘 반면, 그는 있는 그대로의 본존불

1951년의 본존불

본존불의 정수리와 어깨, 팔뚝 등에 곰팡이와 새똥이 보인다. 본존불이 이토록 참담한 모습을 보인 적은 창건 이래 없었을 것이다. ⓒ김한용, 눈빛출판사 제공.

을 역사의 벽에 기록한 것이다.

그중에서도 눈비에 직접 노출된 전실 조각상의 상황은 최악이었다. 경중의 차이는 있지만 모두 풍화를 면치 못했는데, 우측 세 번째 야차상의 경우는 마치 천형을 치른 듯 윤곽도 알아 볼 수 없을 정도였다. 총독부 공사 전에는 코끝이 탈락한 것 말고는 세세한 문양까지 살아 있었으나 1960년대 초반에 이르면 가슴의 두 손과 허리의 요대, 각반, 발 등이 깎이고 뭉그러져 철저하게 훼손되고 만다(155쪽 오른쪽 도판 참조). 1,200년 동안 멀쩡하던 것이 단 50년 만에 망실 지경에 이른 것이다.

하지만 우리가 할 수 있는 일이란 고작 일제가 남기고 간 증기보일러를 돌리는 것 외에는 다른 수단이 없었다. 이 같은 사정이 알려지면서 사회적 논란이 거세게 일어났고, 당시의 자유당 정권은 조사단을 파견하고 외국 전문가를 초청하는 등 적극적으로 나선다. 1957년부터 수년 동안의 정밀한 기상자료가 오늘에 전해지는 것도 그 덕분인데, 그러나 예산과 인력, 기술 등 모든 게 열악해 지지부진한 상태가 계속된다.

1960년 4·19혁명으로 들어선 민주당 정권에서도 석굴암 문제가 주요 현안으로 떠오른다. 당시 담당자들은 석굴암의 훼손이 총독부의 잘못된 공사, 그중에서도 시멘트 두겁과 전각을 배제한 개방구조 등에서 비롯되고 있음을 정확히 인지하고 있었다.[1] 그에 따라 작성된 〈시방서〉의 대강은 다음과 같다.

가) 전실전각을 복원한다.
나) 기존의 시멘트 두겁 위에 1미터 이상의 공간을 두고 제2의 시멘트 돔을 시공한다.
다) 석실 뒤편의 지하수는 종전의 배수로를 낙차를 더 크게 해 밖으로 유도한다.

야차상은 구한말 원형을 간직하고 있었다. 총독부 공사에서 전실이 노천에 방치되면서 돌이킬 수 없는 피해를 입는다. 1960년대 공사는 야차상의 실태가 알려지면서 추진된 바 크다.

좌) 1912년 늦가을의 전실 야차상
우) 1960년대 초의 전실 야차상

라) 진입로 좌우의 시멘트 옹벽을 철거해 앞마당을 넓히고 주변 경관
을 전통적인 조경으로 바꾼다.

마침내 1961년 봄, 그러한 노력들이 1단계 결실을 맺어 『석굴암석굴
의 현황과 보존대책(안)』이 확정된다. 복원공사의 뼈대가 잡힌 것이다. 그
러나 그 안은 곧이어 터진 5·16군사정변으로 서랍 속에 던져지고 만다. 모
든 것이 원점으로 돌아갈 상황에 처해진 것이다. 다행히 국가재건최고회
의 의장이었던 박정희가 깊은 관심을 보이면서 공사는 탄력을 받게 된다.

식민 청산의 첫발을 떼다

1961년 9월 13일 토함산 현장에 석굴암보수공사사무소가 설치되고,
1963년 6월까지는 토함산의 기상과 석굴암의 전반적인 상태 등에 대한
세밀한 연구 및 예비공사가 행해진다. 그리고 본 공사는 1963년 7월 1일
에 착수해서 만 1년만인 1964년 6월 말에 종료되고, 7월 1일에 준공식이
거행된다. 1957년 자유당 정권하에서의 기초 조사부터 따지면 8년, 1960
년 민주당 정권에서의 기획 단계부터 따지면 4년이 걸린 대역사로, 결과
는 대단히 성공적이었다.

첫 번째는 전실전각의 복원으로 외부 요인에 의한 피해를 막고, 성전 본
연의 기능을 회복시킨 일이다. 그때부터 짐승과 조류, 벌레 등의 침입을 막
게 되었고, 풍우와 강설, 결빙 등의 악천후가 차단됨으로써 밖에서 벼락이
치든 폭설이 내리든 1년 365일 예불이 가능해진 것이다. 더욱이 식민유제
를 청산해 민족정기를 되찾으려는 시대정신과 맞닿아 있다는 점에서 그
의의는 실로 가늠키 어려울 정도였다.

그러나 전각을 세우기까지의 과정은 순탄치 않았다. 공동감독관들 사

1964년 7월 1일 준공된 전실전각

준공 당시에는 정면 3칸의 단층이었으
나, 1971년에 이르러 관람공간을 확보
하기 위해 앞으로 면적을 넓혀 중층의 기
와집으로 증축한다.

이에 견해가 엇갈린 것이다. 황수영은 전각 복원을 당연한 일로 여긴 반면,
김중업 및 김원룡은 고고학적 증거가 부족하다는 점을 들어 반대한다. 하
지만 전각이 논란이 된다는 것 자체가 이상한 일이었다. 증거의 문제도 아
니거니와, 설령 증거가 전무하다고 해도 전각을 세우지 않을 요량이었다
면 처음부터 공사를 벌일 이유도 없었다.

전각 문제 외에도 사사건건 충돌이 일어나 사업 자체가 표류할 위기에
처했는데, 김중업과 김원룡이 잇달아 사퇴하면서 전각 복원이 다시금 힘
을 받는다.

전각 복원이 확정된 이후에도 이견이 분분했다. 현대건축 전공자나 외
국 전문가들은 유리나 플라스틱을 선호했는데, 1961년 6월 7일 문화재위
원회 제1분과에서는 플라스틱 시공이 가결되기도 했다. 그러나 미술사학
자들은 전통 목조한옥이 아니면 무의미하다는 입장이었다. 결국 황수영
등의 뚝심으로 목조 기와집을 관철시킨다.[2]

이때의 목조전각은 석굴암의 역사성을 살린 최선의 선택이었다. 가령
유리나 플라스틱으로 된 '현대식' 구조물로 전실을 가렸다면, 그것은 총독
부의 시멘트 옹벽 이상으로 흉했을 것이고, 또 다른 원형 파괴의 예로 비
난받았을 것이다.

두 번째는 2차 콘크리트 두껍으로 우수雨水의 침투를 막은 일이다.

총독부가 남긴 시멘트 두껍의 철거도 당시 공사의 핵심 요목 중 하나였다. 그것의 역기능이 충분히 확인된 사항이었고, 또 봉토를 벗겨냈을 때 드러난 흉물스러운 모습은 철거의 정당성을 높여주고도 남음이 있었다(상단 도판 참조). 그러나 난점이 있었다. 철거 시에 가해질 충격에 조각상의 안전을 장담키 어려웠던 것이다.

이에 책임자는 서랍 속에 던져두었던 민주당 정권 때의 안을 끄집어낸다. 원래의 시멘트 두껍에서 1미터 이상의 공간을 두고, 더 큰 돔 모양의 콘크리트 두껍을 덮는 방식이었다. 일단 2차 두껍에서 빗물을 차단해 이전의 1차 두껍까지는 닿지 않게 하려는 고육책이었다. 비록 이중의 두껍이 석실 법당을 에워싸는 낯선 구조가 되었지만, 우수의 직접적인 침투는 저지할 수 있었다. 1, 2차 두껍 사이의 습기를 외부로 뽑아낼 요량으로 환기구를 설치한 것도 그때 일이었다.

세 번째로 용출수를 효율적으로 관리하게 된 것도 높이 평가되어야 한다.

총독부 공사 때 이전의 배수로를 정돈하긴 했지만 충분하지는 않았다. 시멘트 두껍의 하단부를 타고 굴 내로 스며드는 물기가 관측되었고, 그밖

1960년대 공사에서 2차 콘크리트 돔을 시공하는 장면
돔형의 콘크리트 두껍 정점에 돌출된 것은 내부의 습기를 뽑아내는 환기구이다.

에도 몇 군데서 물줄기가 더 잡혔다. 결국 낙차를 더 크게 해 배수로를 확장하는 방식을 취한다. 샘물을 근본적으로 차단할 수 없는 상황에서 물기가 시멘트 두껍으로 접근하는 것만은 최소화하자는 뜻이었다.

지금까지 살펴본 항목은 이전의 설계안을 충실히 옮긴 것이었다. 거기에는 들어 있지 않았지만, 또 하나의 획기적인 변화가 있었다. 금시조와 아수라 두 신중상을 전개한 일이었다.

평면 구성을 바로잡다

두 신중은 그때껏 시멘트 옹벽의 끝부분에서 각각 인왕을 상대하고 있었다. 그들을 다른 상들과 나란하게 펼쳤는데, 흡사 강제로 꺾여 있던 새의 날갯죽지를 편 것처럼 만족스러웠다. 그때부터 두 상은 같은 무리에서 추방된 듯한 부자연스러운 현상이 해소되었으며, 붓다의 당당한 권속으로 거듭난다.

이로써 구한말에 잃어버린 감실의 보살 2상을 제외한 38상의 성상들은 모두 제 위치를 찾았고, 그 숫자와 위치는 오늘에까지 변함이 없다.

또한 그로 인해 옹색했던 전실 면적이 확장된 점도 놓칠 수 없다. 절곡

상) 1960년대 공사 후 전실 오른쪽 팔부신중

맨 오른쪽 조각상이 금시조이다. 공사 전 흠 인왕을 마주보도록 석축옹벽의 절곡부에 갇혀
있었다.

하) 1960년대 공사 후 전실 왼쪽 팔부신중

맨 왼쪽의 아수라상은 다른 신중상들과 일렬로 펼쳐지면서 제 위치를 찾았다. 발과 대좌는
유실되어 복원하지 못하고 있다.

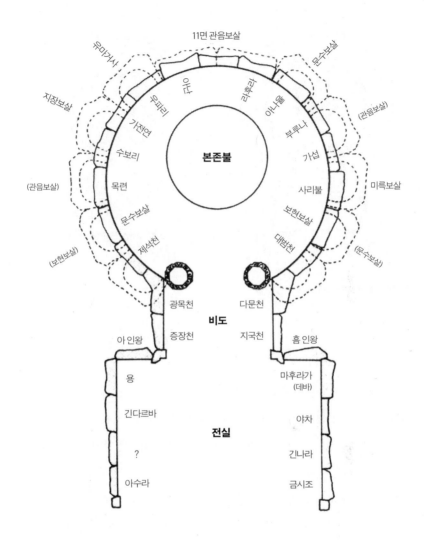

11면 관음보살

유마거사

문수보살

지장보살

우파리

유나

라후라

(관음보살)

가전연

아나율

수보리

부루나

(관음보살)

목련

가섭

미륵보살

문수보살

사리불

제석천

보현보살

(문수보살)

(보현보살)

대범천

본존불

광목천

다문천

비도

아 인왕

증장천

지국천

흠 인왕

용

마후라가
(데바)

긴다르바

전실

야차

?

긴나라

아수라

금시조

1960년대 공사 후 불상배치도

본존불은 주실 중앙에 봉안된다. 29매의 주벽 판석에 1상씩 29상이 부조되었으며, 주실 감실 10개소에 1상씩 10상을 안치했다. 창건 당시에는 40상이던 것이 구한말에 입구 쪽 감실의 2상을 잃어 현재는 38상이다.

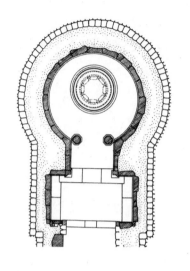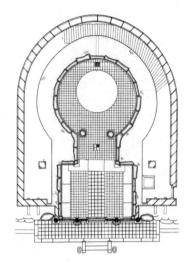

절곡형과 전개형의 평면도 비교

왼쪽 도면은 일제 때의 절곡형, 오른쪽 도면은 1960년대 공사 이후의 전개형이다. 금시조와 아수라상의 판석 넓이만큼 전실 면적이 증가한다.

형과 전개형의 도면을 비교하면 알 수 있듯이 두 상이 펼쳐지면서 평면 구성상 전실 및 주실 두 공간의 균형과 조화가 확인되고, 신행 활동에도 한결 여유를 갖게 된다. 창건주 김대성이 당초 구상한 석실법당의 면모를 이때에 이르러 처음 접하게 된 것이다.

두 신중상의 전개는 전실과 주실 사이의 수리 관계를 새롭게 해석해 일그러졌던 전실의 평면 구성을 바로잡은 일이었다. 신라인이 추구한 석굴암의 미학 원리를 재발견한 것이라고 해도 지나침이 없다.

그러나 이 모든 긍정적인 결과에도 불구하고 그 과정에 곡절이 적지 않았다. 두 상을 펼쳐야 한다는 황수영과는 달리, 김중업과 김원룡 두 공동위원은 일제 때의 상태가 옳다는 쪽이었다. 두 위원은 증거가 불충분하다면서 어떠한 변형도 불가하다는 의사를 굽히지 않았고, 황수영은 절곡 상태가 비정상적이라는 점을 강조했다. 그때의 세세한 사정은 『석굴암수리공

전실 좌측 팔부신중 위의 첨차석들
일제 때는 좌우 똑같이 4개이던 첨차석이 전개형이 되면서 1개씩 추가된다. 부재들을 점검한 결과 한쪽에 5개
가 옳다는 결론에 따른 것이다.

사보고서』(108~114쪽)에서 확인할 수 있거니와, 오랜 대립 끝에 두 위원
이 잇달아 사퇴하면서 황수영의 의지대로 진행된다. 덧붙이면 1963년 8
월 14일에 있은 제11차 문화재위원회 제1분과에서 현상 유지, 곧 절곡 상
태를 그대로 두기로 결정이 나자 그가 중앙감독관직에 대해 사의를 표명
한 일까지 있었다.

　두 신중상의 위치가 바뀌면서 거둔 부수적인 성과도 각별했다.

　우선 양쪽 신중 판석들 위의 첨차석 숫자에 변화가 일어난다. 한쪽에 4
개씩 모두 8개이던 것을 각 하나씩 추가해 도합 10개로 정리된 것이다. 이
전에 4개씩 정리한 것은 총독부 1차 공사에서 한쪽의 신중들 숫자가 3상
이라는 전제하에 내려진 결정이었다. 따라서 금시조와 아수라 두 신중상
이 발굴되는 순간, 그 같은 결정은 무너진 것과 마찬가지였다. 그러나 당시
공사는 두 신중상을 시멘트 석축옹벽의 절곡부에 부착하는 것으로 끝났
고, 첨차석의 숫자가 교정될 기회를 놓쳤던 것이다.

　다음으로 두 신중상의 전개는 또한 진입로 양쪽의 흉측한 시멘트 석축

앞마당의 석축 철거 장면

옹벽의 철거와 맞물려 있었다. 결국 옹벽을 철거하면서 앞마당이 한결 넓어진다. 그에 따라 앞마당을 감싸고 있던 일직선의 시멘트 옹벽을 헐어낸 것도 그때 일이었다.

실내 바닥에 문양이 새겨진 전돌을 깐 것도 특기할 만한 일이었다. 이전의 거친 '공구리' 바닥에서는 관람객이 신발을 신은 채 '멋대로' 돌아다녔다면, 이제는 법당다운 평온한 분위기 아래 수행자와 신도의 예불과 참배가 이루어지게 된 것이다.

그 모든 공역이 마무리된 연후에 마지막 수순에 들어간다. 곧 2차 콘크리트 두겁 위로 두텁게 성토하고 잔디를 심어 고분 형상을 갖추고, 법당 주변에는 옛 방식의 자연 조경을 취한다. 그로 인해 석굴암이 소박한 대로 반듯한 파사드를 갖게 되었음은 물론이다.

지금까지 살펴본 핵심적인 사항들 외에도 몇 가지 의미 있는 조치들이 뒤따랐다.

1960년대 공사 후의 십일면관음보살 얼굴
정상부의 화신불, 왼쪽 첫 번째 화신불 등을 보정하여 원형에 가까운 상호로 돌아온다. ⓒ안장헌

좌) 구한말의 다문천상

구한말 다문천은 오른손 부위의 주변이 유실된 상태였다. 총독부 공사 이후 반세기 동안 그 상태로 있었다.

우) 현재의 다문천상

1960년대 공사 도중에 오른쪽 손과 보탑 부분이 출토되어 복원된다. ©박정훈

작은 상처들을 치유하다

첫 번째는 십일면관음보살의 화신불을 보정한 일이다. 구한말 시점에 그녀는 11구의 화신불 중 2구가 실종된 상태였다(148쪽 도판 참조). 그로 인해 일제강점기에는 종종 '구면관음九面觀音'으로 불리기도 했는데,[3] 두 화신불을 새로 제작해 채운 것이다. 덕분에 십일면관음보살은 그 명호에 걸맞은 모습을 되찾아 자비의 미소가 깊어진다.

1999년의 본존불 ⓒ박정훈

두 번째는 사천왕 가운데 북방 다문천多聞天이 제 모습을 찾은 일이다. 다문천은 구한말에 오른손과 보탑寶塔 부위가 탈락한 상태였고, 그대로 반세기가 지난다. 1960년대 공사 도중에 아담한 보탑을 마치 연꽃송이처럼 손가락으로 살짝 받쳐 든 파편이 나온다. 그것을 원래의 위치에 붙였고, 그때부터 북방 다문천은 자신의 심벌을 과시하며 위세를 부리게 되었다.[4]

세 번째로 본존불에도 긍정적인 변화들이 있었다.

먼저, 대의 및 대좌에 파손된 부분을 수선한 일이다. 구한말 주실 돔 천정의 석재들이 떨어질 때 깨졌는데 총독부의 공사 때는 손을 쓰지 못해 1960년대까지 그 상태였다. 결국 부챗살 모양의 대의 자락을 살려내고, 좌대도 말끔하게 수리해 전체적으로 개선시킨다.

이마의 백호를 살려낸 일도 특기 사항이다. 20세기 초에는 본존불의 성안에서 그것이 보이지 않았다. 총독부 공사 중에 토사 속에서 발견되었으나 도로 행방이 묘연해졌고,[5] 그 이후부터 비어 있었다. 바로 이것을 다소 늦은 1966년 7월 8일의 문화재위원회 제1분과 2차 회의에서 되살리기로 결정하고, 같은 해 8월 9일에 직경 4센티미터, 두께 0.7센티미터 크기의 국산 수정을 순금판으로 받쳐 시공한다.[6]

이러한 작업 끝에 본존불은 이전의 불완전한 모습에서 32종호를 두루 갖춘 본연의 모습을 되찾아 자비와 권능의 구세주로 나투게 된 것이다.

이처럼 1960년대 공사는 총독부가 놓친 '작은' 부분들까지도 소홀하지 않았다. 석굴암이 원형에 근접한 것은 그러한 소소한 작업들까지 쌓이고 보태진 결과였다. 만약 전각을 세우고, 전실 구조를 개조하고, 배수로를 확장하는 선에 그쳤다면 석굴암은 여전히 곳곳의 흉터가 아물지 않은 상태로 오늘에 이르렀을 것이다.

6

원형논쟁의
점화

1960년대 공사는 잘못된 것을 바로잡은 광정(正)의 대기록이었다. 석굴암이 일제의 전리품에서 겨레의 보물로 거듭난 점에서 식민 청산의 성공적인 모델로 꼽을 만했다.

무엇보다 전각 신축으로 보존상의 획기적인 전환점을 마련한 것은 당시 공사의 가장 큰 성과였다. 아울러 종교성전의 정체성이 확보되고 법당 내의 경건한 분위기를 유지할 수 있게 된 점도 의미가 컸다. 이전에는 안팎의 구분이 없어 어디서부터 법당 내부인지 혼란스러웠다면, 전각의 출입문이 경계선이 되어 신성공간이 발생한 것이다.

모두가 본존불 뒷벽 면석에 파여진 '일본(日本)'이라는 두 글자를 깎아낸 것과 똑같은 일이었다. 반세기 동안 박제된 유적 내지 관광지 정도로 전락해 있던 석굴암을 본연의 법당으로 부활시킨 데에 당시 공사의 실다운 의의가 있었다. 우리는 비로소 신라인에게 면목을 갖게 된 것이다.

미완의 과제들

물론 1960년대 공사가 모든 면에서 만족스러웠던 것은 아니었다. 역부
족으로 손을 못 댄 부분들도 있기 때문이다.

첫째는 본존불의 좌향 문제이다. 현재 본존불은 석실법당의 중심축 선
상에서 살짝 왼쪽으로 벗어나 앉아 있다. 총독부의 1차 공사 전 도굴꾼들
이 들어 올릴 적에 방향이 뒤틀린 것으로 추정될 뿐인데, 공간이 협소한 탓
에 기구를 사용하기 어려운 여건에서 바로잡지 못한 것이다.[1]

두 번째로 1차 시멘트 두겁은 여전한 골칫거리였다. 2차 콘크리트 두겁
으로 빗물의 직접적인 유입은 차단했지만, 1차 시멘트 두겁의 아랫부분이
나무뿌리처럼 석실 뒤쪽의 용출수를 빨아들여 법당 내부의 습도를 높이는
것까지는 막지를 못했다. 1964년 7월 1일의 준공식 때 주실 벽면에 물기
가 배어나 언론의 질타를 받았던 것도 실은 이 때문이었다.

여기에 새롭게 부각된 현안이 준공식 이후 몇 배로 늘어난 관람객 문
제였다.

아침 일출을 보기 위한 수행여행단이 몰리면서 꼭두새벽부터 법당 안
은 발 디딜 틈이 없었고, 특히 착화着靴로 인한 흙먼지에 진동, 소음, 낙서,

유리벽 밖에서 바라본 석실법당 내관
유리벽은 전실 경계선을 따라 시설되어 있다. 그것은 다수 인원의 무시 출입으로 인한 부작용을 최소화하려는
장치이다. ⓒ안장헌

손때 등의 피해는 한결 같았다. 방 두 칸의 좁은 면적으로 다중을 동시에 수
용하는 건 처음부터 무리였던 것이다. 종교성전이 추구하는 고결한 침묵
과 경건한 분위기를 해치는 상황은 개선되지 않은 것이다.

결국 1967년에는 항온항습을 유지하기 위한 기계설비를 들이고, 1971
년에는 전실전각을 앞으로 넓혀 증축하는 방식으로 관람 공간을 확보하는
한편, 전실 초입에 해당하는 경계선에다가 초대형 유리벽을 시공한다. 관
람객의 무제한 출입에서 오는 역기능을 최소화하기 위한 부득이한 조치
였지만, 감상자와의 단절을 극복해야 하는 또 다른 숙제가 남겨진 것이다.

따라서 차후의 단계는 이런 과제들을 해결하는 데 중지衆智를 모으는 한
편, 자료의 발굴·수집과 연구 성과를 집약해내는 학술지 발간, 또는 박물
관이나 제2의 석굴암 건립 등을 긴 안목에서 이끌어나갈 컨트롤타워 같은
기구의 설립이 필요했다. '석굴암학石窟庵學의 메카'로서의 실질적인 책임

단위가 요구되었던 것이다.

하지만 이 같은 미완의 과제들에 눈을 돌리기 전에 학계 전체가 이른바 석굴암 원형논쟁의 수렁에 빠져든다.

'개악'으로 매도되다

준공으로부터 4년 뒤인 1968년, 김원용은 노작『한국미술사』에서 종래의 입장에 변화를 보인다.

> 주실은 석재로 쌓은 궁륭천정이고 그 위에 봉토를 덮고 있으며 전실
> 에는 원래 간단한 개와蓋瓦 지붕이 있었다고 믿어지는데, 그것이 도중
> 에서 없어져버렸고 1963년의 개수 시에 법당을 복원 재현한다는 원
> 칙하에 팔작지붕의 목조건물로써 전실을 피복하였다.[2]

전각 시공 등을 포함해 1960년대 공사의 정당성을 추인한 것이다. 가장 비판적이던 그의 분명한 입장 표명으로 분란이 계속될 소지가 사라진 것이다.

그러나 이듬해인 1969년, 이후 학계를 뒤흔들게 되는 글 한 편이『신동아』6월호에 실린다. 서울대학교 물리학과 교수 남천우의「석굴암 원형보존의 위기―결로 파손을 빚게 된 개악보수를 따진다」라는 비평문이었다. 거기에는 그때껏 누구도 상상하지 못한 도발적이고 파격적인 주장들이 가득했다.

석굴암은 원래 동해의 아침 햇살을 받아들이는 개방구조였으나 전각을 덮어 햇빛이 차단되고 석실 내의 대류작용이 불가능해져 결로현상이 심해졌으며, 주실 돔 지붕에 있던 광창을 일제가 없앤 사실조차 공사 책임자는

알지 못했고, 또한 금시조와 아수라 두 신중을 젖혀놓는 바람에 석굴암의 '무서우리만큼 치밀한 조화로운 비례관계'가 깨지고 말았다는 것이다. 오늘에 와서 거의 정설로 인정되고 있는 내용들이 그때 처음 선보인 것인데, 요컨대 당시 공사 전체가 개악改惡이었다는 것이다.

남천우의 글은 논의의 흐름을 단숨에 바꾸어놓는다. 전각 문제를 예로 들면, 이전에는 고고학적 증거가 부족하다는 이유로 거부감을 나타냈다면, 이제는 전각 자체가 '원형'에 어긋난다는 관점을 새롭게 제시한 것이다.

여기에 대해 반박이 아주 없지는 않았다. 공사에 직접 참여해 전실전각을 세운 신영훈은 1969년 『신동아』 7월호에 「석굴암 보수는 개악이 아니다」를 기고해 남천우의 주장을 조목조목 비판한다. 동국대학교 교수 문명대도 『월간중앙』 1969년 8월호에 「석굴암 위기설에 이의 있다」를 실어 당시 공사의 정당성을 옹호한다.

두 사람의 반론은 간단명료했다. 남천우의 가설들이 석굴암의 구조와 토함산의 현실을 무시한 오류투성이임을 지적하는 일방, 공사 전 조각상의 피해 실태를 구체적으로 적시하는 식이었다. 다음은 그때 나온 신영훈의 글이다.

> 노천에 방치하고 시멘트가 독소를 내뿜고 지하수가 굴 내에 스며들고 수증기의 세척 작업이 강행되고 나쁜 기상조건이 압력을 가하여 석굴암은 마침내 치명상을 입게 되었고 조상이 부슬부슬 부스러져 내려 그 아리따운 곡선과 볼륨을 잃게 된 결과가 되었다. (…) 노천에 방치된 석굴암의 여러 조상들은 한 겨울만 지내고 나면 부슬부슬 부스러져 이런 상태로 몇 년만 지나면 저 아름다운 선이나 굴곡은 하나도 보이지 않게 될 지경에 이르게 될 위험에 있었다. 전실 방향 우측

제3의 8부중상八部衆像(야차상-필자 주, 155쪽 도판 참조)은 그 풍화도가 심하여 마치 경주 골굴암骨窟庵이나 봉화 북지리北枝里 여래좌상처럼 겨우 윤곽만 보이고 세선細線을 잃어버리고 말게 되었다.[3]

두 사람의 반론은 보편타당한 상식이자 의심할 바 없는 진실이었다. 다만, 그들의 글에는 '밀폐구조, 개방구조, 결로현상, 대류작용' 같은 전문성이 느껴지는 용어가 보이지 않았고, '광창' 같은 매혹적인 단어도 없었다. 독자 입장에서 보면 어딘가 '비과학적'으로, 또 밋밋하게 받아들여질 만했다.

아무튼 남천우가 재반론에 나서는 등 논란이 잦아들지 않자 문화재관리국에서는 1971년 한국과학기술연구소에 정밀진단을 의뢰한다. 이에 한국과학기술연구소는 현장 실사를 통해 당시 공사가 성공적이었음을 재확인한다.

전실에 있는 석상은 비와 바람으로부터 직접 닿지 않게 되었고, 굴의 기온 변화에 가장 민감한 이 부분이 겨울철의 결빙과 봄의 해동의 영향을 받지 않아 석상의 보호에 큰 도움을 주었다.[4]

그런 중에도 남천우는 잇달아 글을 발표하고 단행본을 묶어내는 등 자신의 입론들을 더욱 다져나간다. 골자는 역시 신라 과학에 무지한 공사 책임자가 석굴암의 원형을 훼손하고 조각상들을 위험에 빠뜨렸다는 것이었다.

한편 남천우와는 다른 각도에서 신라인의 과학적 지혜를 세상에 알린 또 하나의 신비스러운 가설이 있었다. 서울대학교 화학교육과 교수 이태녕의 지론으로, 신라인은 주실 뒤편의 샘물을 석실법당 아래로 흐르도록

해, 그 냉기로 법당 바닥을 식혀 실내의 대류작용을 촉진시켰다는 게 주된 논리였다.

두 사람은 마치 석굴암의 진실을 밝히기 위해 학계의 기득권 세력을 상대로 싸움에 나선 듯했다. 언론의 전폭적인 뒷받침도 따랐는데, 그러나 1970년대까지만 해도 두 사람의 견해는 소수의견에 머물러 있었다.

상황이 급변한 것은 1980~1990년대로 접어들면서부터였다. 훗날 국립경주박물관장, 대한건축학회장, 문화재청장 같은 묵직한 직책을 역임하는 이들이 논란에 뛰어들어 두 사람의 손을 들어준 것이다.

그들은 두 사람의 가설들을 학자적 양심에서 나온 용기 있는 발언으로 평가하는 일방, 1960년대 공사를 완벽한 실패로 규정한다. 검증되지 않은 가설들이 학계 주류의 공식적인 입장으로 채택되면서 그것들 대부분이 학문적 진실이 되어 대중에게 퍼져나간 것이다.

공사를 이끌거나 참여한 이들은 설 자리가 없게 되었다. 후학들까지 한목소리로 석굴암이 원형을 잃고 돌벽마다 이슬이 맺혀 신음 중이라고 하니, 석고대죄를 해도 모자랄 상황이 된 것이다.

비판을 위한 비판

앞에서 본 대로 석굴암 원형논쟁은 남천우 등 이과계통의 학자들이 촉발시키고 미술사나 건축사 전공자들이 가세하면서 전방위적으로 확산된다. 공사 후의 석굴암은 단 한 부분도 제대로 된 게 없다는 불신과 곡해에 휘말리게 된 것이다.

그러나 이것은 비판을 위한 비판에 지나지 않았다. 논점의 대부분이 현실을 외면한 탁상공론인 데다 일제의 일출 담론을 뿌리로 삼고 있다는 점에서 역사적 정당성 역시 결여되어 있었기 때문이다. 이뿐 아니라 자료의 편파적인 운용이나 오독誤讀, 논리의 비약이나 모순 등 글쓰기의 기본 수칙에 어긋나는 경우가 적지 않았고, 과장과 축소, 은폐와 왜곡 등 학문윤리의 측면에서 납득하기 어려운 장면이 반복되었다. 또한 즉흥적인 발상에 불과한 검증되지 않은 가설들이 혼란을 야기해온 것도 유감스러운 일이었다.

이후 살펴볼 몇몇 장에서는 그 불편한 장면들을 가감 없이 드러내 원형논쟁의 성격을 가늠해보기로 한다.

7

원형과
개방구조

　　"석굴암의 원형은 개방구조이다"라는 명제
는 원형논쟁에서 가장 중요한 지점에 위치하고 있다. 전각의 존폐 문제, 금
시조와 아수라 두 신중상의 배치 문제 같은 핵심쟁점들이 그것에서 출발하
고 있기 때문이다. 그 외에 광창이 있었다거나 법당이 샘물 위에 지어졌다
는 등의 가설들 역시 원형에 대한 해석 차이에 따른 것이다.

　　그러나 처음부터 성립할 수 없는 명제이다. 원형의 기준 자체가 잘못 설
정되었을 뿐 아니라 정상적인 건축물로 개방구조인 것은 세상 어디에도
존재하지 않기 때문이다.

'원형'의 잘못된 기준

　　원형이라는 단어는 그 자체로 절대성을 갖는다. 어떤 고매한 명분이나
이유로도 훼손되어서는 안 될 것 같은 신성한 어감마저 풍긴다. 석굴암 논
란에서의 '원형'이라는 단어가 그러하다.

남천우는 첫 논고인 「석굴암 원형보존의 위기」에서 구한말의 석굴암을 원형의 기준으로 제시한다. 1960년대 공사가 그 원형에서 벗어났으므로 잘못이라는 것이며, 어떠한 이유에서도 원형에 손을 대는 것은 부당하다는 것이다.

이후 많은 이들이 그의 관점을 받아들이는데, 그러나 구한말의 석굴암은 붕괴를 걱정할 만큼 심각하게 훼손된 상태에 있었음을 잊어서는 안 된다. 그 같은 석굴암이 원형이라는 것은 마치 불의의 사고로 신체의 일부를 잃고 고통을 호소하는 환자에게 "당신의 몸은 지극히 정상이야. 그게 원래 당신의 몸이야."라고 말하는 식의 억지논리에 지나지 않는다.

석굴암의 원형이 있다면 그것은 창건 시점의 석굴암뿐이다. 구한말의 석굴암은 원형을 찾아가는 디딤돌일 뿐이며, 오늘의 우리에게는 그때의 석굴암을 통해 신라인의 미학과 세계관을 추적하는 숭고한 과제가 주어져 있을 뿐이다.

이쯤에서 진짜 원형 파괴의 예를 들어보는 것도 나쁘지 않을 것이다.

구한말의 모든 사진에는 전실 한복판에 쌍둥이처럼 마주 서 있는 2개의 돌기둥이 보인다(111쪽 도판 참조). 높이와 생김새가 같고 좌우대칭을 이루고 있어 특별한 용재用材였을 것으로 짐작되지만, 총독부의 1차 공사 후 영영 자취를 감춘다.

따라서 '원형' 문제를 거론하려면 일차로 총독부를 비판한 다음, 그것을 살려내지 못한 1960년대 공사를 추궁하는 게 도리였다. 하지만 지금까지 그 누구도 두 기둥 문제를 거론한 적이 없다. 이는 진짜 원형 파괴에 대해서는 눈을 감아버린 형국인데, 두 기둥의 존재 자체를 몰랐다고 보는 게 정확한 진단일 것이다.

사실 원형이라는 용어 개념은 그리 간단치 않다. 원론적인 관점에서 공간예술의 원형原形, Archetype이란 예술가의 내면에 최초로 떠오른 특정한 심상心象을 가리킨다. 그것이 돌이든 나무든, 매질媒質을 통해 3차원의 공간에 한 덩어리의 구조물로 우리 눈앞에 존재할 뿐이다. 그러므로 20세기 초의 석굴암을 원형이라고 말하는 것은 도괴 직전의 그 상태가 신라 예술가의 내면에 탄생한 최초의 심미적 구조물이라는 모순에 빠지게 된다.

하지만 일부 연구자들은 파손된 부위를 수리하거나 보정한 것조차 원형 파괴라는 극단적인 입장으로 나아간다.

원형, 프로쿠르스테스의 침대

그리스신화 중에는 프로쿠르스테스의 침대Procrustean bed라는 게 있다. 나그네를 집으로 불러들여 자신의 침대에 눕히고는 나그네의 키가 커서 침대에서 벗어나면 다리를 자르고 키가 작으면 잡아 늘렸다는 프로쿠르스테스라는 무뢰한이 주인공이다. 흔히 자기 기준에 맞지 않으면 오류라고 판정하는 지식인의 독선에 대한 비유로 읽히곤 한다.

앞서 1960년대 공사에서 취한 조치 중 십일면관음보살의 화신불을 채운 사실을 알아본 바 있다. 중생의 근기根機에 맞춰 각각 다른 모습으로 변신해 구원의 손길을 내미는 십일면관음보살의 권능과 속성이 그때부터 확보된 것이다(148쪽, 165쪽 도판 참조).

그러나 남천우는 그때의 조치를 두고 납득하기 어려운 논리를 펼친다. 십일면관음보살의 이름이 잘못이라면서 함부로 '무명無明보살'로 명호를 바꾸어 부르더니 비판을 가한다.

그것은 지난 1963년 공사 때 추가된 것이며, 이것은 상식을 벗어난 당시의 공사 수준을 잘 보여주고 있다. 고대 유물에는 가능한 한 손을 대지 않는 것이 원칙이며 원상 그대로를 잘 보존하는 것이 가장 기본적인 상식이다. 따라서 설혹 어떤 한 부분이 분실됐다 하더라도 그 실물이 회수되지 않는 한, 모조품으로 그것을 대체해서는 안 되는 것이다. 그럼에도 불구하고 1963년 공사 때에는 임의대로 화불을 만들어서 추가하였으며, 세련미의 극치인 무명보살을 마침내 흉한 꼴로 만들어놓고 말았다. 사진만을 보고서도 알 수 있듯이 추가된 화불은 조각의 균형을 크게 해치고 있다.[1]

화신불을 잃어 비어 있던 자리를 신라인이 일부러 비워둔 것이라 말하며, 화신불을 채워 넣은 바람에 십일면관음보살이 '흉한 꼴'이 되었다는 것이다. 이야말로 그리스신화의 프로쿠르스테스 침대 이야기와 같지 않은가.

이런 관점이라면 지금이라도 주실 돔 지붕의 앞쪽을 도로 뚫어 동굴을 내고, 금시조 및 아수라 두 신중도 치워야 한다. 더 나아가 대원군의 경복궁 중건도 원형 파괴에 해당되고, 부실공사 시비를 빚고 있는 최근의 숭례문 복원도 애초에 추진되지 말았어야 한다. 어쩌면 앞으로 이 땅에서는 문화유산을 수복하는 일체의 작업이 금지되어야 할지도 모른다.

이 문제와 관련해 익산 미륵사지 석탑보다 좋은 예는 없을 것이다.

구한말의 미륵사지 석탑은 흡사 돌무지처럼 주저앉아 탑인지도 모를 정도였다. 일제가 1910년대에 시멘트를 이용해 수복했는데, 2000년대 들어 전면 해체해 지금도 복원작업 중이다.

여기에 남천우의 논리를 대입하면 미륵사지석탑 역시 구한말의 돌무지 상태가 원형이라는 결론이 나오며, 당연히 복원작업을 중단하고 그때의 상태로 되돌려야 하는 것이다.

상) 1910년대의 미륵사지 석탑
하) 총독부 복원공사 이후 미륵
사지 석탑

밀폐구조와 개방구조

'밀폐'라면 공연히 어둡고 무겁고 꽉 막힌 듯한, 그리하여 뭔가 크게 잘못된 듯한 부정적인 어감을 풍긴다. 반대로 '개방'이라고 하면 화사하고 앞이 탁 트인 것 같은 긍정적이고 진취적인 느낌을 불러일으킨다.

바로 이 두 단어는 우리의 석굴암 인식에 걸림돌이 되어왔다. 전실전각에 대한 거부감이 만연하게 된 배경에 이 두 단어가 자리하고 있는 것이다.

우리 연구자들은 '개방구조'와 '밀폐구조'라는 신조어를 가지고 전각철거를 정당시했다. '개방구조'였던 석굴암에 전각을 덮어 '밀폐구조'로 바뀌면서 모든 문제가 발생한다는 식이다. 그러므로 전각을 들어내 도로 '개방구조'로 회귀하면 결로 등의 부작용이 저절로 해결된다는 게 그들 모두의 공통된 생각이다.

그러나 개방구조라는 것은 실재할 수 없는 허상에 불과하다.

지상의 모든 집은 기본적으로 밀폐구조이다. 누구든 집을 지을 때는 벽을 세우고 문짝을 달고 지붕을 덮는다. 변덕스러운 날씨와 동물, 벌레 등 외부의 위협으로부터 생명과 신체의 안전을 보장받고, 생왕의 낙을 누리기 위해서이다. 그렇지 않으면 안전을 보장받기 어렵고, 외부의 시선에 일거수일투족이 노출되는 문제가 발생한다. 뒤집어 말하면 '안전한 은신처'가, 곧 집인 셈이다. 다시 말해 밀폐되지 않으면 온전한 집이라고 부르기 어렵다. 이는 선사시대의 움집 이래 지표 위에 세워진 모든 건축물을 규정하는 불변의 진리이자 상식이다.

성전 건축의 경우는 더 엄격해서 지붕을 덮고 벽체를 둘러 스스로를 바깥세상과 고립시킨다. 그럴 때만이 성전 내부에는 저잣거리의 소란과 대낮같이 훤한 상태와는 다른 고결한 침묵과 유현한 어둠이 감돈다. 또한 성전 내부의 밀도가 높아져 영장靈場으로의 비약을 이룬다. 종교성전의 그러한 분위기는 동양적 사유와 정서에 잘 어울리는데, 이 동양적 고요와 유현

한 어둠의 공간은 '음예공간陰翳空間'이라는 말로 표현되기도 한다.[2]

이러한 사실은 대웅전 같은 불교 건축물이 은은한 어둠과 깊은 정적에 덮여 있는 것만 봐도 알 수 있다. 또 서울의 명동성당도 예전에는 정밀한 침묵과 엷은 어둠에 덮인 채로 신자를 맞아주었다. 우리는 그런 분위기에 마음의 평온을 되찾고 절대자와의 대화에 나서게 되는 것이다.

종교성전의 그러한 특성에 대해 M. 엘리아데M. Eliade가 짤막하게 정리한 적이 있다. "'성스러운 공간'은 균질적均質的인 공간이 파괴되면서 생겨난다."라는 명제이다.[3]

여기서 말하는 '균질적인 공간'이란 순수한 물리적 공간으로서의 세속공간을 가리킨다. 그리고 '균질적인 공간의 파괴'란 세속공간을 인위적으로 깨뜨려 '성스러운 공간'을 실현하는 것을 의미한다. 지붕과 벽체를 겹겹이 둘러쌈으로써 세속공간과 차단된 밀폐공간이 종교성전인 셈이다. 그러한 방식은 초월적 존재와의 영적 소통을 위한 인류의 오랜 전통이었다.

석굴암이라고 해서 다를 까닭이 없다. 석굴암의 창건주 역시 '고결한 침묵과 유현한 어둠'이 흐르는 내부공간을 실현하고자 노력했을 것이다. 그럴 때 전각은 '균질적인 공간의 파괴'를 실현할 수 있는 유일의 방안이다.

만약 전각을 들어내 개방구조로 바꾸면 석실법당이 '균질적인 공간'으로 바뀌면서 '비균질적인' 성스러운 공간은 더 이상 존재하지 않게 된다. 고결한 침묵과 유현한 어둠이 흩어지고 마는 것이다.

지금까지 살펴본 이유 말고도 석굴암이 개방구조일 수 없는 또 다른 이유가 있다. 다름 아닌 '장엄'의 문제이다.

장엄의 수단이자 장엄의 장

'장엄莊嚴'이라 함은 종교의 성전이나 예배 대상을 최대한 장중하고 화려하게 꾸미는 행위, 혹은 그 결과물을 말한다. 그것은 원시시대의 샤머니 즘shamanism이나 애니미즘animism 등에서 발전해온 것으로, 오늘날까지도 면면히 이어지고 있다.

불교에서도 장엄의 대상과 종류는 참으로 무량해서 불상과 불당과 불탑과 범종은 물론 각종 법구法具와 의복, 소소한 용품에 이르기까지 모두 장엄에 포함된다. 다채로운 상징과 기호와 양식과 형상과 채색으로 그것들을 꾸미는 일체의 행위 및 그 결과물 모두가 장엄인 셈이다. 장엄은 그 자체로 중요한 신앙 행위의 일환이었던 것이다.

이렇듯이 불교의 심오한 교리와 절대인격 붓다는 '장엄'이라는 가시적 형상화를 통해 우리 곁에 다가온다. 참배객은 어려운 교리보다는 장엄의 결과물 ─ 조각과 그림, 문양, 현란한 색채 등─에 더 매료되기도 하고, 이것을 통해 붓다의 생애와 진리 속으로 들어가기도 한다. 멀게는 인도의 아잔타 및 엘롤라석굴, 둔황막고굴, 가깝게는 일본 법륭사의 금당 등의 벽화가 장엄의 생생한 예이다.

그중에서도 전각은 그 자체로 장엄이자 다른 장엄의 장場으로도 기능한다. 주춧돌의 모양부터 목조의 기둥과 들보, 서까래와 공포, 천장과 닫집의 갖가지 양식과 조각이 그렇고, 기와나 문살의 문양도 장엄의 한 방편이며, 이것들에 올리는 단청丹靑 역시 중요한 장엄의 한 방식이다.

석굴암도 예외는 아니다. 창건 집단은 최대한 정성껏 자신들의 불국정토를 장엄하게 보이게끔 애썼을 것이다. 하지만 전각을 배제하고서는 장엄할 방법이 마땅치 않다. 특히 석실법당의 본체가 순전히 석조물이라는 특성을 고려할 때 전각을 이용한 장엄의 필요성은 더더욱 높아진다. 따라서 신라인은 과욕을 부리지 않는 선에서 단아하면서도 아름다운 '목조전각'을 붓다에게 바쳤을 것이다.

예컨대 둔황막고굴에 가면 중앙 전면에 중층고각이 높다랗게 서 있는

데, 이것이야말로 실용건축이 아닌 순수한 의미의 장엄건축이라 할 수 있다.

이와 같이 전각은 석실법당이 불국토佛國土임을 인증하고 찬미하는 최적의 장엄 수단이다.

마침 확고한 장엄의 증거가 있다. 『토함산석굴중수상동문』 「서문」에 나오는 '채화彩畫'라는 단어이다.

> 장인을 소집하고 들보로 쓸 목재를 모아서 새로운 규모로 초창하여 채색 단장하니依'採畫'蘆, 이제야 겨우 옛 모습에 비길 만하다.[4]

여기서 원문의 '채화'는 신축한 전각의 기둥이며 서까래, 내부 천정 등에 단청을 올리는 것을 말한다. 더 적극적으로는 전각 벽면에 불화를 그렸다고 간주해도 무리가 아니다. 곧 전각이 없으면 채화라는 단어는 설명이 되지 않는 것이다.

이렇게 볼 때 전각을 생략해 석실법당의 파사드를 기차 터널로 전락시킨 총독부의 행위가 종교성전의 장엄 원칙을 부인한 것이라면, 1960년대의 전각 복원은 석굴암의 실추된 면모를 회복시킨 장엄의 실현이라 할 수 있다. 반면 전각철거론은 일제 때의 '비非 장엄' 상태를 추인하게 되는 '반反'장엄의 논리인 셈이다.

이와 같이 장엄의 측면을 놓고 보더라도 개방구조설은 성립되지 않는다. 신라인이 돌덩이만 쌓아놓고 최소한의 장엄도 하지 않았으리라고는 믿어지지 않기 때문이다.

이참에 분명히 해둘 사항이 있다. 소위 개방구조는 총독부의 선물이라는 사실이다.

총독부의 '선물'

여러 차례 언급된 1891년 조순상의 불사는 전실전각의 중창이 중심이었다. 그러나 1909년 소네 아라스케 일행이 찾았을 때는 불과 18년 전에 중창된 그 전각이 보이지 않았다. 곧 전실이 노천 상태에 있었던 것이다. 하지만 그 상태를 개방구조라고 부르는 건 온당치 못하다. 단지 전각을 개축할 여건이 되지 않아 손을 쓰지 못한 채 방치되어 있었을 뿐이기 때문이다.

이렇게 보면 개방구조라는 것은 조선총독부 1차 공사 때 콘크리트 옥개 시공을 무산시키면서 처음 나타난 것이라 할 수 있다. 우리 연구자들이 그리도 예찬해온 개방구조는 제국 일본의 선물이었던 것이다. 그것도 일출 담론과 일정한 관계를 맺고 있다는 점에서 매우 '특별한 선물'이었다.

매듭을 짓자면 1,300년 석굴암 역사에서 개방구조였던 때는 총독부의 1차 공사 이래 1960년대 복원공사 때까지의 단 50년에 지나지 않는다. 그 기간을 제외하면 창건 이래 석굴암이 노천 상태였던 적은 단 일순도 없었다고 확언할 수 있다.

실인즉 남천우가 논란을 일으키기 전까지는 '개방구조'라는 말 자체가 없었다. 그 말은 남천우가 동해의 아침 햇살과 연결시켜 석굴암이 원래 '대담한 개방구조'라고 설명한 후, 여러 연구자들이 반복적으로 사용하면서 고착된 것이다.

지금까지 확인된 사항을 정리하면 구한말의 석굴암은 원형의 기준이 될 수 없으며, 개방구조라는 것 역시 총독부 공사의 결과물일 뿐이다. "석굴암의 원형은 개방구조"라는 명제는 처음부터 성립될 수 없는 허구적 논리인 것이다.

8

원형논쟁과
학문윤리

텍스트의 내용이나 사실관계가 정확하게 기술되어야 함은 글쓰기의 기본이다. 자신의 독창적인 해석을 자신만의 독창적인 표현으로 드러내는 것은 글쟁이의 숙명이기도 하다. 여기에 논리의 일관성을 유지하는 것도 글의 신뢰도를 높이는 중요한 덕목 가운데 하나이다. 앞뒤가 다른 주장을 하는 것도, 사실을 부풀리거나 줄이는 것도, 사실을 감추는 것도 학문의 금도를 벗어난 행위이다. 무엇보다 남의 글을 함부로 가져오거나 텍스트를 스스로 가공하는 행위는 지탄을 받게 마련이다.

왜곡과 은폐의 기록

1부 마지막 장 「석굴암은 석굴사원이다」에서 남천우의 중각석굴을 똑같이 옮긴 함인영과 이종호의 예를 본 바 있지만, 우리 연구자들의 글에서는 어디선가 본 듯한 표현이나 문장, 단락이 이따금 눈에 띈다. 그래서 다른 이들의 글을 들춰보면 거의 어김없이 그것의 원문을 만나게 되는 것이다.

하나만 예를 들면,『토함산석굴중수상동문』은 목조전실의 타당성 논란에 종지부를 찍을 수 있는 귀중한 사료이다. 그러나 우리 연구자들은 그것의 존재 자체를 묻어버리거나 내용을 다르게 소개한다.

다음은 남천우와 윤장섭·윤재신이 각각 쓴 글이다.

① 나무 현판으로 된 이 상동문은 약 650자에 달하지만
② 그중에서 500자 이상은 불교를 찬양하거나 또는 그곳의 지형地
    形을 찬양하는 글이며,
③ 수리공사에 관한 글귀로는 100여 자에 불과하다.
④ 또 그나마 표현이 과장되어 있거나 또는 추상적인 시구詩句의 형
    식이다.

—남천우, 『석불사』, 일조각, 1991, 159쪽.

① 그때의 현판 기문인 석굴중수상동문의 내용은 약 650자에 달하
    지만
② 그중 500자 이상은 불교 찬양과 주위 경치를 묘사한 것이며,
③ 중수 공사에 관한 내용은 100여 자에 불과하고
④ 그 표현이 과장되거나 추상적인 형식으로 되어 있다.

—윤장섭·윤재신, 『석불사』, 학천, 1998, 14~15쪽.

문장의 순서까지 똑같은데, 문제는 이런 양상이 도처에서 목격된다는 점이다.

사실 넓은 뜻의 표절에는 짜깁기도 들어간다. 자기 고유의 시각과 관점, 논리, 자료 발굴에는 소홀한 채 남의 것을 끌어와 자기 것처럼 발표하는 게 예사인데, 대부분 남천우의 가설을 앵무새처럼 되뇌어왔다고 해도

지나침이 없다.

원형논쟁은 또한 은폐의 기록이기도 했다. 자신들의 입장에 반하는 자료를 회피해온 것이다. 앞에서 『토함산석굴중수상동문』의 예를 보았지만, 또 하나 대표적인 것이 『석굴암수리공사보고서』이다.

이 책 한 권이면 당시 공사의 지향점과 진행 경위, 그리고 각 단계에서의 세세한 사정을 모두 알 수 있음에도 약속이나 한 듯 다들 외면하고 있다. 수년간에 걸친 토함산의 정밀한 기상자료를 활용한 적도 없으며,[1] 당시 공사의 진행 과정을 일목요연하게 보여주는 사진자료도 일절 소개하지 않는다. 전실 야차상의 경우, 1910년 전후의 온전한 모습과 1960년대 초의 망가진 모습을 비교할 수 있도록 두 장의 사진을 책의 맨 앞에 나란히 실어두었지만 언급조차 꺼린다.

그밖에도 일제강점기에 석실법당의 실상을 보여주는 그 많은 사진들도 그들의 글에서는 본 기억이 없다. 뿐만이 아니다. 전실전각의 확고한 물증일 수 있는 귀면와鬼面瓦 사진, 전실이 지금의 전개형에서 더 조화롭다는 사실을 입증한 도면 등도 공개하지 않는다. 이렇듯 당시 공사의 정당성을 증언하는 무수한 자료가 외면을 받았는데, 은폐라는 말 외에는 달리 마땅한 표현이 찾아지지 않는다.

눈 뜬 장님으로 만들다

1999년 카이스트의 이진기·송태호 교수팀은 주실 돔 천정에 '통풍구'가 있었다는 입장을 밝힌다. 〈석굴암 원구조〉라는 도면을 제시하고서, 돔 천장 앞뒤에 [A]로 표시된 2개의 구멍이 원래의 '통풍구'라는 것이다. 그러면서 "전면으로부터 들어온 공기가 쉬이 본실까지 들어와 천개석 사이에 일부러 만든 통풍구(도면의 [A])를 타고 돌 틈을 지나 상부의 외기까지 통

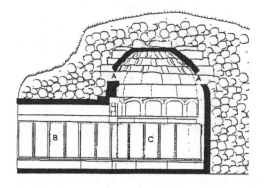

풍이 되는 구조였다."라고 멋진 해석을 가한다.[2]

그러나 돔 천정에는 어떠한 구멍도 없다. 두 사람은 돔 천정을 직접 관찰한 적이 없으며, 석굴암 화보집 한 번 본 적이 없음을 고백한 것이다. 무엇보다 신라 건축가든 누구든 집을 짓고 지붕 한복판에 구멍을 뚫어놓는다는 것은 상상이 안 된다.

한편, 이성규는 두 사람의 주장을 변주해 돔 천정이 아닌 천개석에 바람구멍이 있다는 '독창적인' 입장을 선보인다.

> 천장은 곡면을 지닌 방형 판석(면석-필자 주)과 그 사이에 쐐기돌(동
> 틀돌-필자 주)이 짜여져서 반구형을 이룬다. 지붕의 상부를 덮는 천개
> 석이 마지막으로 놓여졌다. 거기에는 약간의 바람구멍이 나 있다.[3]

천개석 어디에 '약간의 바람구멍'이 있다는 건지 금시초문인데, 장차 중창할 때는 그 '약간의 바람구멍'을 복원하자는 제안까지 곁들인다.[4] 지금의 세 조각 난 상처만 해도 안타까운 일이거늘 정체 모를 구멍까지 뚫어놓자는 것이다.

이 통풍구의 예가 실재하지 않는 것을 있다고 말하는 경우라면, 실재하

석굴암 주실 돔 천정의 동틀돌들
이 사진에서도 천개석 주위에 배치된 4단과 5단의 동틀돌 숫자가 10개씩 헤아려진다. ⓒ김대벽

는 것을 없다고 말하는 반대의 경우도 있다.

주실의 돔 천정은 정점의 천개석을 중심으로 벽돌처럼 반듯하게 재단된 면석들과 주먹처럼 튀어나온 동틀돌들을 돌리는 방식으로 정교하게 짜인 구조이다. 전체가 5단으로 구성되어 있는데, 그중에서 동틀돌은 1, 2단을 제외한 3단, 4단, 5단에 각 10개씩으로 도합 30개이다. 곧 이 숫자는 751년 창건 이래 불변의 진실이다.

그런데 신영훈은 『천상이 천하에 내려 깃든 석굴암』(2003)에서 갑자기 한 단에 9개씩이라면서 3개단이므로 모두 27개라고 셈한다. 그리고는 그 27개에다 천개석을 1개로 간주해 28개라는 숫자를 꿰맞춘다. 요컨대 신라인이 동양 고래의 별자리인 '28수宿'를 표현해놓았다는 것이다.[5] 돔 천정의 주재자 격인 천개석이 동틀돌 수준으로 격하된 셈인데, 그가 같은 책에 제시한 사진에서도 한 줄에 10개씩 모두 30개를 헤아릴 수 있다. 지난 1,300년간 천개석과 본존불의 광배, 30개의 동틀돌이 연출하는 돔 천정의 신비경을 우러르면서 감개에 젖었던 모든 이를 눈 뜬 장님으로 만든 것이다.

더 큰 문제는 그 같은 억측이 신라인이 돔 천정에 담아내고자 한 뜻을 훼손시킨다는 점이다. 돔 천정의 부재는 천개석을 포함해 면석과 동틀돌 등을 합쳐 모두 108개인데, 이는 불가에서 말하는 108번뇌를 나타내는 것일 수밖에 없다. 그런데 신영훈 식으로 계산하면 돔 천정의 부재는 105개로 줄어들고 만다. 108이라는 숫자의 상징적 의미가 실종되는 것이다.

그런데 각 부재들의 위계와 상징성을 무시한 이 같은 억지 해석은 남천우에게서도 발견된다.

그는 수미산須彌山 위에 33천天이 있다는 불교의 우주관을 소개한 다음, 석굴암의 주실 돔 지붕이 바로 그 33천이라는 주장을 펼친다. 일차로 30개의 동틀돌을 30천三十天으로 계산한 다음 천개석도 1천一天으로 파악한다. 그러고 나서 부족한 2천二天은 주실 입구를 지키는 쌍석주의 맨 위쪽 좌우 고임돌 2개를 지목한다. 그렇게 33이라는 숫자를 맞추고서 신라인이 33천을 표현했다는 것이다.[6]

여기서 천개석과 동틀돌, 쌍석주 고임돌의 상징성과 역할이 제각각인 것은 별도의 설명을 요하지 않는다. 천개석은 태양, 본존불의 두광은 달, 그리고 동틀돌은 별무리를 나타낸다는 것은 많은 이들이 공감해온 부분이다. 그러나 남천우의 논리에 따르면 태양인 천개석이 그만 단순한 건축부재인 쌍석주의 고임돌과 동급으로 추락하고 만다(137쪽 도판 참조).

창과 방패의 논리들

우리 연구자들의 글에서는, 앞에서는 가)의 주장을 내세우다가 뒤에 가면 나)의 주장을 강조하는 경우도 빈번하다. 물론 가)와 나)는 상대적인 개념이다.

첫 번째 사례로 비도대문이란 게 있다. 비도 입구에 거대한 문짝이 달려 있었다는 것인데, 그러나 그들 대부분은 햇살 신화를 앞세워 전실전각과 홍예석을 없애고, 광창을 뚫어 법당에 빛살을 받아들여야 한다는 입장이다. 그런데 대문이라는 것을 달면 비도와 주실이 차단되면서 그 안의 불상들이 칠흑의 어둠 속에 갇히게 된다.

두 번째는 금시조와 아수라 두 상의 배치 방식에 관한 문제이다. 일제 때의 절곡형과 지금의 전개형이 서로 용납할 수 없는 대립관계에 있음은 두 말이 필요 없다. 누가 됐든 어느 한쪽을 선택할 수밖에 없는 상황인데, 우리 학계에는 절곡형도 옳고, 전개형도 옳다는 양시론兩是論이 있다.

일찍이 문명대는 전개형의 조화로움을 도면작업을 통해 간단히 실증한 적이 있다. 법당 전체를 아우르는 큰 원 안에 주실과 전실 위에 똑같은 직경의 작은 원 2개가 수렴되는 장면을 제시해 더 이상 절곡형의 조화 운운할 수 없게 만든 것이다.[7]

그는 훗날 자신의 석굴암 연구를 집대성한 『토함산석굴』(2000)에서 같은 입장을 다시 강조한다. 그런데 뒤이어 돌연 상반된 입장을 밝힌다.

> 끝의 2구(금시조와 아수라상-필자 주)가 구부려져도 전혀 이상할 것 같지 않고 오히려 인왕 즉 금강역사와 대칭되고, 연도(비도-필자 주)와도 조화될 뿐 아니라 일단 낮은 상위로 혹시 전실에 빛을 주는 광창을 낼 수도 있기 때문에 구부러지는 배치도 무척 흥미 있는 구도로 볼 수 있다.[8]

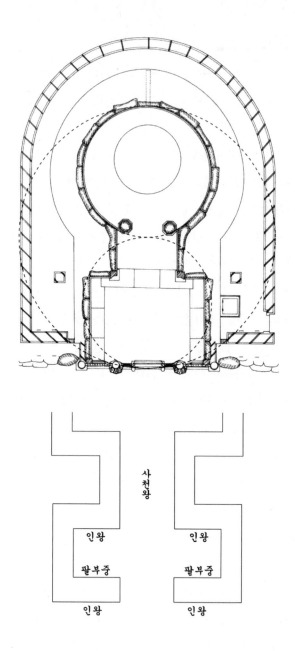

상) 전개형 평면 해석

하) 절곡형 약식 도면

절곡형이든 전개형이든 다 좋다는 것이다. 이럴 때의 양시론은 양비론 兩非論과 다를 바 없는데, 물론 전개형과 절곡형을 동시에 취할 수 있는 묘책이나 건축가는 이 세상에 없다.[9]

이런 난맥상의 압권은 우리 연구자들이 생각하는 석굴암과 총독부의 석굴암이 하나로 통한다는 사실이다.

그들은 총독부 공사가 잘되었다는 말은 하지 않는다. 일제 때로 돌아가자는 말도 하지 않는다. 단지 구한말의 '원형'으로 돌아가자고 말할 뿐이다. 전각을 철거하라는 것도, 두 신중상을 꺾어 세우라는 것도 구한말의 원형이 그랬다는 것이다. 하지만 그들의 말대로 전각을 철거하고 두 상을 꺾이놓으면, 그것이야말로 일제 때의 석굴암이다. 결과적으로 총독부의 전리품으로 회귀하게 되는 것이다.

지금 우리는 저들의 전리품으로 전락해 있던 일제 때의 석굴암을 칭송하는 반역사의 길목에 서 있다.

'기록'을 가공하다

신영훈은 2003년에 펴낸 『천상이 천하에 내려 깃든 석굴암』에서 「석굴암 수리 기록」이라는 제목 아래 다음과 같이 정리한다.

① 본존상이 있는 석실금당(주실-필자 주) 위로 목조한 건물이 있어 기와로 지붕을 이었고, 전실도 목조건물에 기와지붕을 구조하였었다.

② 석실금당에 지붕(전각-필자 주)을 씌운 예는 충북 중원군 상모면 계립령의 미륵대원 석실금당에서도 볼 수 있다.

③ '목조하고 기와 이은 지붕'(주실 전각-필자 주)은 대한제국 말엽까지

주변 인물들의 노력으로 중수되어오다가 1890년대에 상태가 나빠지고, 1907년경에는 목조건물은 사라지고 기와로만 석실의 지붕을 덮어 겨우 빗물을 막고 있었다.

④ 1913년부터 일본인들이 석굴에 주목하고 1914년에 해체공사를 시작한 이래 3차에 걸친 공사로, 적심과 목조건축물을 제외한 옛 모습은 거의 사라지고 오늘의 모습이 되었다.[10]

주실 지붕 위에도 전각이 덮여 있었으나 1907년경에 사라졌다는 게 요지이다.

「석굴암 수리 기록」이라는 말에 누구나 위 항목들이 당연히 문헌자료에서 뽑아낸 것이려니 싶을 것이다. 그러나 ①번 항목부터 어디에도 근거가 없으며, 나머지 항목들도 지어낸 것이거나 사실관계가 부정확하다.[11] 결국 스스로의 생각에다 '기록'이라는 역사성이 느껴지는 단어를 붙인 것이다.

이것이 끝이 아니다. 앞의 '수리 기록'을 뒷받침하기 위해 그가 끌어들인 것이 있다. 간송미술관에 소장되어 있는 겸재 정선의 〈골굴석굴도〉가 그것이다(309쪽 도판 참조). 거기에 묘사된 두 동의 전각 가운데 왼쪽 것을 석굴암의 주실 지붕을 덮은 전각이라면서 주실 지붕의 전각설을 강조해온 것이다.[12]

〈골굴석굴도〉에 대해서는 3부 5장 「전각 실재의 증거들」에서 다루겠지만, 그림 속의 왼쪽 전각이 주실 지붕 위에 세운 전각이라는 증거는 어디에도 없다. 누차 나왔듯이 조선조 선비들의 기록에 석굴암을 고분 형상으로 일관되게 묘사하고 있기 때문이다. 무엇보다 구한말 사진들에 보이는 주실 지붕의 붕긋한 봉토에는 어떤 형태의 목조 건축도 세울 수가 없다. 결국 스스로 가공해낸 '기록'에다 엉뚱한 자료를 이어붙인, 곧 견강부회의 현장이 되고 만 것이다.

하지만 신영훈의 예보다 더 심각한 경우도 있다.

지난 2011년 부산외국어대학교 교수 김문길(한일문화연구소장)은 일본 교토대학교 도서관에서 총독부가 발행한『석굴암수리공사보고서』를 발견 했다면서 충격적인 주장을 내놓는다.[13] 홍예석에 대해, 데라우치 총독이 일본 신사 입구의 '도리이' 모양으로 만들도록 지시했다는 내용이 그 책에 나 온다는 것이다.

그는 또 석굴암의 원래 이름이『삼국유사』에 '석굴사石窟寺'로 나와 있는 데, 총독부가 멋대로 '석굴암'으로 바꾸었다면서 '석굴사'라는 이름을 되 찾아야 한다고 개탄한다.

그러나『삼국유사』에는 '석굴사'가 아닌 '석불사'로 나와 있다. 김문길 이『삼국유사』를 들춰본 적이 있었는지 의문이다. 또한 '석굴암'은 조선 후 기부터 사용된 이름이다. 아무 데나 일제를 끌어들이는 건 우리 지식계에 팽배한 반일 마케팅의 한 단면을 보는 것 같아 씁쓸하기 짝이 없다.

진지한 성찰이 필요하다

학문의 세계에서 비윤리적인 과정을 거쳐 태어난 가설은 학문적 진정 성을 갖지 못하며, 신뢰를 보내기도 어렵다.

지금까지 몇몇 사례에서 확인되었듯이 지난 수십 년 동안 이어져온 원 형논쟁은 학문윤리의 측면에서 납득하기 어려운 문제점을 노정하고 있다. 학문적 진정성과는 거리가 먼 주장들로 1960년대 공사의 역사적 의의와 성과를 부인하고, 대중의 석굴암 인식에 심대한 혼란을 가져온 것이다. 비 판을 위한 비판이라는 평가를 피할 길이 없는데, 일제 때의 석굴암으로 회 귀하자는 점에서는 몰역사적沒歷史的이기까지 하다.

진지한 성찰이 요구되는 시간이다.

9

오독의
예들

학문의 세계에서 오독은 늘 경계의 대상이지만, 그것이 개인 차원을 넘어 집단화될 때는 심각성이 배가된다. 교정되거나 보완될 기회가 그만큼 적어지기 때문이다.

석굴암 논쟁에서도 오독에서 출발한 즉흥적인 가설들이 적잖이 눈에 띄는데, 비도 입구에 대문이 달려 있었다거나 혹은 전실 초입의 아수라상이 조선 후기에 이미 파손되었다는 등의 주장이 이에 속한다.

비도대문설

석굴암은 네모난 전실과 좁은 골목길, 그리고 안쪽의 둥그런 주실로 이루어진 한 폭의 화엄법계華嚴法界이다. 각 공간마다 위계에 따라 순차적으로 배열된 다양한 성중聖衆은 석실법당을 절대 조화의 나라로 이끈다. 이로 인해 전실 앞에 선 참배자는 전실의 팔부신중과 두 인왕, 비도의 사천왕이 좌우에서 옹위하는 가운데, 저만큼 쌍석주와 홍예석이 만들어낸 내접선 한복판에 떠오르는 본존불의 자비위용 앞에 저절로 몸과 마음을 낮추게 된다(91쪽 도판 참조).

그런데 우리 학계에는 석실법당의 그런 '특별한' 공간 구성을 위태롭게 하는 견해가 있다. 비도 초입에 육중한 문짝이 달려 있었다는 주장이 그것이다.

이 비도대문설의 출발점은 정시한의 『산중일기』에 나오는 '석문石門'이라는 단어이다.

> ① '석문'밖 양쪽에 불상을 새겼으니'石門'外兩邊皆刻佛像… ② '석문'은 돌을 다스려 흡사 무지개 같은데'石門'攻石如虹[1]

바로 이 '석문'을 여러 연구자가 우리가 말하는 '대문'의 뜻으로 풀이해온 것이다.

예를 들어 유홍준은 "비도 앞에 무지개 형상의 돌문이 있었음을 알 수 있다."고 말하는가 하면,[2] 배진달은 "17세기 후반 정시한이 여행했을 때(1688년-필자 주)에는 석문이 달려 있었으며"라고 단정한다.[3] 이렇듯이 여러 연구자가 석문을 '돌문'으로 파악하는 가운데, 남천우와 신영훈은 총독부가 남긴 초기 도면 등에서 '목조대문'의 증거라는 것들을 찾아낸다.

하나는 총독부의 1차 공사 이전의 실측 평면도에 나타난, 비도 입구 양쪽의 네모난 도형이다. 그것들을 남천우는 출입문의 기둥을 받쳐주는 대석으로 설명하고, 신영훈은 ①번 번호를 붙인 그 안의 동그라미들이 문짝의 지도리 홈이라고 주석을 붙인다.[4]

또 하나는 구한말 사진들이다. 좌우의 인왕상 위쪽으로 얼기설기 얹혀 있는 석재들에서 두공斗拱, 곧 우리 전통 한옥의 공포栱包 흔적이 엿보인다는 것이다.[5]

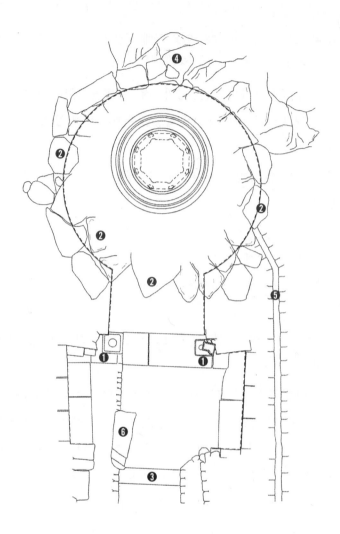

총독부 1차 공사 전의 실측평면도

신영훈은 ①번으로 표시된 네모난 도형을 '비도대문'의 지도리 홈으로 설명한다. 아울러 ②번은 바닥 밑에 깔려 있는 돌덩이들, ③번은 전실전각의 문지방이 있던 고막이돌, ④번은 법당 뒤쪽의 샘물, ⑤번은 일본인들이 낸 배수로, ⑥번은 팔부신중상 윗부분의 동틀돌로 보고 있다. 그러나 ①번의 도형은 비도의 좌우 기둥, 곧 문설주의 대석으로 보는 것이 온당하다. 또한 ⑤번의 배수로는 총독부의 공사 이전부터 있던 것이며, ⑥번의 석재는 돔 지붕의 동틀돌이다. 팔부신중의 판석 위에는 동틀돌이 없었다.

상) 구한말 비도 입구 상단

비도 입구의 상부 좌우 석재들 중에서 두공은 눈에 띄지 않는다. 원 부재들이 탈락하거나 옮
겨온 데서 석재들을 쌓아 두었을 뿐이다. 사진은 111쪽 도판의 부분 확대이다.

하) 분황사 석탑

분황사 석탑 1층 탑신 4면에 감실이 있고, 인왕이 지키는 감실 입구 안쪽으로 석판이 달려 있다.

여기에 신영훈이 새롭게 추가한 것이 경주 분황사 모전석탑이다. 맨 아래층 탑신부 사면의 작은 방(감실)들 입구 안쪽으로 매달려 있는 석판石板들이 석굴암의 목조대문으로 진화했다는 것이다.

결국 두 사람은 제각기 대문의 가상도까지 공개한다.

그들만이 아니다. 1960년대 공사를 이끈 황수영도 문짝의 존재를 인정하고 있다.

> 전실과 석굴 사이의 아치 입구에는 또 나무 문짝이 마련돼 있어 이중으로 석굴 내부를 보호하도록 돼 있었다는 사실도 밝혀져, 옛 사람의 주도한 용의는 우리로 하여금 깊은 감명을 느끼게 한다.[6]

마치 당시 공사에서 대문을 시공하지 않은 것을 뒤늦게 자책이라도 하는 투이다. 그렇지만 이는 안이한 인식으로밖에 보이지 않는다. 그곳의 구조가 '나무 문짝'을 달 만한지, 또 그것을 달았을 때의 역기능은 없는지 등을 분별하지 않고 공연한 감격에 사로잡혔기 때문이다.

이하에서는 석조든 목조든 대문이라는 것이 처음부터 없었으며, 달 수도 없다는 점을 확인하기로 한다.

법당을 두 토막 내다

원론적인 입장에서 볼 때, 법당 한복판에 문짝이 달렸다는 발상부터가 난센스이다. 석굴암이라는 우주적 침묵의 성소에서 삐거덕거릴 거대한 문짝을 연상하는 것만으로도 두려운데, 그로 인한 결과를 상상하면 더더욱 곤혹스럽다.

첫째, 목조든 석조든 그곳에 대문이 걸리면, 예컨대 부석사 무량수전

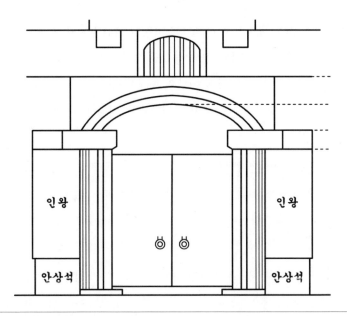

상) 남천우의 비도대문 가상도

총독부 1차 공사 이후의 비도 입구를 정상적인 것으로 간주하고, 목조대문을 단 그림이다. 그림 위쪽으로 광창이 표시되어 있다.

하) 신영훈의 비도대문 가상도

대문을 젖히면 좌우 팔부신중의 판석들에 충돌한다. 상단의 반달형 마감재 안쪽으로 부챗살 모양의 도형이 광창이다.

의 아미타불 앞을 장벽으로 가로막는 것처럼 석실법당이 두 토막 나고 만다. 그때 그 안쪽 비도와 본존불의 성소인 주실 전체가 암흑천지로 변하리라는 것은 정해진 이치다. 햇살 신화와 광창설 등을 앞세워 그토록 개방형과 실내 조도를 중시해온 그동안의 입장과는 이율배반적인 상황이 발생하는 것이다.

이 문제는 좀 더 생각할 필요가 있다. 대문을 달자는 이들 대부분이 전실전각을 못마땅해한다는 것을 다 아는 사실이다. 그중에서도 남천우는 전각 때문에 석실법당이 감옥으로 바뀌었다고 개탄한 적이 있다.

> 사실 석굴의 부처들은 현재 감옥에 갇혀 있는 것과 같다고 말할 수
> 있다. 일본인들은 본존불의 얼굴만을 가려놓았으나 우리들은 1963
> 년 목조 암자 공사를 통해 부처들을 완전히 가두어버렸다. 우리는 부
> 처님들을 항상 그렇게 가두어 두어도 좋은 것일까?[7]

그의 논리대로라면 법당에 모셔진 세상의 모든 부처님은 감옥에 갇혀 있는 폭이 된다. 그렇지 않기 위해서는 대웅전이든 미륵전이든 전부 뜯어내 부처님을 한천寒天에 드러내야 하는 것이다.

더욱이 밀폐가 문제라면 전각보다 비도대문이 훨씬 더 심각하다. 전각을 덮어도 전실과 주실은 하나의 공간으로 통하지만, 대문은 양쪽 공간을 단절시켜 그 너머의 부처님은 꼼짝없이 수인囚人의 신세가 되기 때문이다.

둘째, 비도대문은 석실법당을 통일적인 공간으로 설계한 신라 건축가의 기획 의도를 정면으로 부정한다.[8] 문짝을 닫으면 비도 및 주실 전체가 안 보이고, 젖히면 좌우의 인왕 및 그 옆의 판석 신중들이 가려지는 때문이다. 그리고 그것은 또한 각각의 특징 있는 조상들을 순차적으로 배열함으로써 점진적으로 상승하는 석굴암 전체의 미적 흐름에 갑작스러운 단절을

일으킨다. 불국정토가 우리 눈앞에서 사라져 통일적인 미감과 종교적 법열은 기대할 수 없게 됨은 물론이다.

이런 점들만으로도 비도대문이란 것이 얼마나 부질없는 것인지 알 수 있는데, 실제로 문짝이 없었음을 뒷받침하는 명쾌한 증언이 있다.

'정얼'이 없다

임필대의 『강와집』에는 다음과 같은 문장이 나온다.

> '정얼根臬'이 없이 바위로써 문을 삼았다. 無'根臬'之限 以因岩以爲門[9]

아치형의 비도 입구에 대한 설명으로, '정얼'이라는 것이 없는 문이라는 뜻이다.

'정얼'은 『예기禮記』를 비롯해 여러 비문과 시문에 종종 나오는 단어로, '정根'은 문설주를 가리키고, '얼臬'(문지방 얼闑과 같은 글자)은 문짝이 젖혀지지 않도록 출입구 바닥의 경계선 중간에 세워놓은 작은 돌이나 말뚝 따위를 뜻한다.

따라서 "'정얼'이 없이"라는 문장의 의미는 자명하다. 문짝을 달자면 당연히 문설주와 말뚝이 있어야 하나, 그것들이 없다는 것은, 곧 어떠한 형태의 문짝도 달려 있지 않았다는 것을 의미한다.

사실인즉슨, 아무리 문짝을 달고 싶어도 현실적으로 불가한 이유가 한둘이 아니다.

첫째, 조각상들의 피해이다. 비도의 폭은 12당척(≒3.6미터)이고, 양쪽 문기둥의 높이도 안상석(3당척)에 판석(9당척)을 더해 똑같은 12당척이다. 대문 문설주의 너비(굵기)를 30센티 정도로 줄여 잡아도 한 짝의 폭이 1.5

미터에 이르고, 높이는 3.6미터에 달한다. 문짝을 젖히면 양쪽 팔부신중의 훼손이 불가피한 것이다.

둘째, 그렇다고 마음대로 여닫을 수 있는 것도 아니다. 앞의 '원형' 문제에서 잠깐 언급했던 전실 한복판의 두 개의 돌기둥은 비도 입구에서 앞쪽으로 대략 4당척(1.2미터) 되는 지점에 서 있었다. 한쪽의 폭이 2미터에 이르는 문짝은 양쪽 모두 바로 그 돌기둥들에 걸리고 만다.

셋째, 무게 문제도 가볍게 생각할 수 없다. 목조의 경우도 그렇지만 석조일 경우에는 한 짝의 무게가 수 톤을 상회할 것이고, 그런 정도라면 항우장사라도 다루기가 쉽지 않을 것이다.

이와 같이 비도대문이라는 것은 석실법당의 기본구조가 허용하지 않는다. 비도 입구에는 목조든 석조든 문짝 비슷한 그 어떤 것도 달려 있지 않았으며, 전실과 주실이 처음부터 하나의 통일적인 공간으로 기획되었다는 것은 의심의 여지가 없다.

그렇다면 『강와집』의 위 문장에 나오는 '석문'은 어떻게 된 것일까. 차제에 그것의 본뜻을 명확히 해두는 것이 좋을 것이다.

'석문'의 정확한 의미

문門이라는 한자는 통상 두 가지 정도의 뜻으로 쓰인다. 문짝門扉과 출입구入口이다. 문맥에 따라 달리 새기는데, 문짝이 있든 없든 사람이 드나드는 곳은 모두 문이라고 부른다.

굳이 예를 들 일도 아니지만 이 땅 어느 사찰을 가더라도 일주문에는 문비가 달려 있지 않다. 왕릉 앞의 홍살문도, 열녀문도 마찬가지다. 심지어 바위를 '경(冂)' 자 모양으로 다듬어 덩그마니 세워놓은 서울 창덕궁 후원의 불로문不老門도 문짝은 없다. 하지만 우리는 그 모두를 문이라고 부르기

서울 창덕궁 불로문
연경당 입구를 지키는 불로문은 단순한
대로 고졸하다. 상단부에 '불로문'이라
는 전서체의 글씨가 음각되어 있다. 돌
쩌귀 흔적이 남아 있어 목조문짝이 달
려 있었다고 추정하기도 한다.

를 주저하지 않는다.

　그러므로 문제의 석문은 단순한 입구의 뜻으로 보는 게 온당하다. 곧 비도의 아치형(∩) 입구로 풀어야 앞에서 인용했던 정시한의 『산중일기』 중의 "석문은 돌을 다스려 흡사 무지개 같은데"라는 구절을 해치지 않는다.

　알다시피 우리의 성문이나 절 앞의 다리, 혹은 석빙고 등은 많은 경우 홍예 구조를 취하고 있다. 그때는 석재들을 부챗살처럼 짜 맞추는 방식으로 무지개 모양을 내는 게 일반적이다.

　반면 석굴암 비도 입구 쪽 반달 모양의 마감재는 통석通石이다(137쪽 도판 참조). 안쪽 폭만 해도 12당척(3.6미터)에 이르는데, 양쪽 다리 부분을 정확히 비도 입구 기둥에 맞물리도록 걸쳐놓은 형국이다. 급하면서도 유연하게 굽어드는 맵시가 단순하면서도 아름답고, 팽팽하게 당겨진 활처럼 탄력이 넘쳐 물질적 에너지를 뿜어낸다. 정시한은 딴 데서는 보기 힘든 이 멋쟁이 돌을 보고 경탄한 것이다.

　마지막으로 살펴야 하는 것이 우리 연구자들이 '석문'의 증거로 생각하는 것들이다. 그것들을 검토해보면 비도대문설의 토대가 얼마나 취약한지를 알 수 있을 것이다.

'석문'의 증거라는 것들

먼저 남천우와 신영훈은 구한말의 사진들에 두공의 흔적이 남아 있다고 호언했지만(201쪽 상단 도판 참조) 당시 사진에서 그 부분을 아무리 꼼꼼하게 살펴도 두공 비슷한 것도 눈에 띄지 않는다. 양쪽 인왕 판석들의 위쪽을 보면 석재들이 뒤죽박죽으로 어지럽게 쌓여 있을 뿐이다. 두공이니 뭐니 하는 것이 있을 수 없는 상황인 것이다.

다음으로 1913년 이전의 실측도상에 나타난 비도 입구 양쪽의 네모난 도형도 마찬가지다(200쪽 도판 참조). 그것은 대문 문설주의 대석이 아니라 현재의 비도 좌우 돌기둥 자체의 대석으로 보는 게 상식에 맞다. 또 문짝의 지도리 홈이라는 동그라미도 그 돌기둥들의 아래쪽 돌출부 자리를 표시했을 가능성이 높다.

마지막으로 분황사탑의 감실 석판들을 연결 짓는 것도 무리다. 분황사탑의 감실은 중국의 고층 전탑 내부에 꾸며진 방들을 약식으로 처리한 것으로, 실생활을 위한 거주공간이 아니다. 다시 말해 그곳에는 정식 문짝門扉이 필요치 않다. 다만 눈비를 막기 위한 약식 문짝을 달아놓았을 뿐이다. 따라서 그런 것을 가지고 석굴암의 비도대문 운운하는 것은 비약 중의 비약이다.

이와 같이 우리 연구자들이 비도대문의 증거로 지목한 것들 모두가 설득력을 갖지 못한다. 정시한의 『산중일기』에 언급된 '석문'을 오독하고, 어울리지 않는 자료들까지 끌어와 자신들의 지론과는 모순되는 무리한 주장으로 나아간 것이다.

뒤이어 살펴볼 아수라상이 파손되어 있었다는 주장 역시 마찬가지다.

오독에서 나왔을 뿐 아니라 우리의 관용적 어법을 놓친 즉흥적인 발상의 결과물이라 할 수 있다.

아수라상은 버림받은 적이 없다.

전실 팔부신중 가운데 아수라상이 17세기 말 파손이 심해 버림을 받았다는 견해도 앞서 본 정시한의 『산중일기』 중의 기록이 문제가 된다.

> 석문 밖의 양변에는 모두 큰 바위에 불상을 새겼는데 '각 너덧좀四五'이다. 기이하고 교묘함이 하늘이 이룬 것이다.[10]

정시한이 전실에 들어서자마자 눈앞에 전개된 장관에 감탄하는 장면인데, 다름 아닌 "각 너덧"을 두고 혼란이 빚어진다. 남천우와 유홍준의 풀이를 차례로 인용한다.

> '양변불상각사오兩邊佛像各四五'라고 말하고 있으므로 그때에도 이미 좌측 제1상(아수라상-필자 주)은 제자리에 있지 않았음을 알 수 있다. 곧 제1상은 이미 깨어져서 다른 곳에 옮겨져 있었음을 알 수 있다.[11]

> 석문 밖 양변엔 큰 돌에 각각 4, 5명의 불상을 조각하였는데… 금강역사상(인왕상-필자 주) 양옆으로 팔부중상(신중)이 늘어서 있는데, 그 중 하나는 깨져버렸고….[12]

원문의 "각사오좀四五"를 한쪽은 4상, 다른 쪽은 5상으로 분리해 접근한 것이다.

그 결과 왼쪽은 아수라상이 결락되어 신중 3상에 아 인왕을 더해 4상 뿐이었고, 오른쪽은 신중 4상과 흠 인왕을 포함해 5상이 온전했다는 논리가 나온 것이다. 문명대도 같은 생각인데,[13] 총독부의 1차 공사 때 발견된 아수라상이 여러 조각으로 깨져 있었던 사실도 그들의 그러한 논리를 뒷받침하는 데 동원된다.

그러나 그러한 해석은 '너덧'이라는 숫자를 곧이곧대로 믿어 빚어진 오해이다.

사람들은 일반적으로 사람이나 물건의 숫자를 꼽을 때 두엇, 서넛, 너덧, 대여섯 하는 식으로 대강 말하는 버릇이 있다. 예컨대 군대 점호 같이 특수한 상황이 아닌 한 구태여 숫자를 꼭 집어 밝히지 않는다. "거기 몇 명 있었어?"라고 물으면, "우리 너덧밖에 없었어." 하는 식이다.

시간 개념도 마찬가지다. 2, 3일 걸린다고 하면 2일이나 3일 걸린다는 뜻이지 2일에 3일을 더해 5일이 걸린다는 뜻이 아니다. 3, 4시라고 할 때도 대강 서너 시쯤을 가리킬 뿐, 3시와 4시를 분리해서 말하는 게 아니다.

요컨대 '각 너덧'은 좌우가 다르게 한쪽은 4상, 다른 한쪽은 5상이 아니라 양쪽에 똑같이 '너덧' 상이 있다는 뜻이다. 만약 어느 1상이라도 온전치 못했다면, 정시한이 "기이하고 교묘함이 하늘이 이룬 것이다."라고 경탄할 까닭이 없으며, 오히려 "한 상이 망가져 자리가 비어 있다."라는 식의 탄식이 따랐을 것이다.

박제가朴齊家, 1750~1805의 『북학의北學議』 「수레」 편에도 같은 경우가 보인다. "가마 좌우에는 호위하는 사람이 각각 서너 명이 붙어 있고 나머지 사람들은 걸어서 따라간다."라는 문장이다.[14] 이때의 '서너 사람'은 한쪽에는 3명, 반대쪽에는 4명이라는 뜻이 아니다. 양쪽이 똑같이 3명 내지 4명이 시종한다는 뜻이다.

단언컨대 아수라는 정시한이 방문한 1688년 시점에 아무 무탈 없이 제

자리를 지키고 있었다. 또한 『토함산석굴중수상동문』에 조각상의 훼손과 관련한 일체의 진술이 보이지 않는 걸 보면 19세기 후반까지도 무사했음을 알 수 있다. 결국 아수라는 조순상의 중창이 있던 1891년 이후 언젠가 석실법당이 반파될 때 함께 화를 입었다고 보는 게 자연스럽다.

10

철거지상주의

우리 연구자들의 또 하나의 공통점은 무모하다는 데에서 찾을 수 있다. 어떤 결과를 초래할지 최소한의 고민이나 검증 없이 주장부터 앞세우는 일이 다반사로 벌어진다.

그들이 애용하는 단어 중에 '철거'가 있다. 봉토층의 제거나 전각과 홍예석 외에도 전실 초입의 유리벽, 비도 지붕의 앞쪽 반달형 마감재, 심지어 금시조와 아수라 두 신중상과 주실 돔 지붕의 천개석을 철거하고, 여기에 시멘트 두겁도 무조건 철거가 옳다는 게 그들의 입장이다.

유리벽을 철거하자?

1960년대 공사 이후인 1971년에 증축한 전각 내의 전실 유리벽을 시공한 경위를 살펴본 바 있지만(171쪽 도판 참조), 그것에 대해서도 우리 연구자들은 결과만 놓고 이야기한다. 예를 들어 유홍준은 "우리는 석굴의 본존불을 죄수 면회하는 것보다 더 먼 거리에서 볼 수 있을 뿐이며 그분의 권속은 그림자도 볼 수 없게 되었다."라고 비판한다. 얼마 전에도 한 방송에 나와 같은 이야기를 한 바 있는데,[2] 대중의 불만을 등에 업은 이러한 지적이야말로 무책임의 극치이다.

공주의 백제 무령왕릉이 단적인 경우이다. 무령왕릉은 1971년도의 졸속 발굴에다 개방의 후유증이 겹치면서 1997년에 영구 폐쇄되는데, 2003년부터 모형관으로나마 아쉬움을 달래고 있다.

저 유명한 스페인의 알타미라 동굴도 같은 길을 걸었다. 전 세계에서 몰려드는 관람객들로 말미암아 벽화가 훼손될 지경에 이르자 1977년에 닫았다가 1982년부터 연 8,500명으로 관람객의 숫자를 제한하는 한편, 2011년부터 복제관을 운영 중이다.

석굴암이라고 해서 다를 수는 없다. 유리벽을 설치하기 전에는 아침마다 수백수천 명씩 신발을 신은 채 몰려들어 법당이 난장판으로 변했다. 어제든 오늘이든 무수한 발길에서 날릴 흙먼지, 진동, 소란, 무차별적인 촬영, 호흡 시의 가스도 좁은 면적의 법당으로서는 감당할 길이 없는 것이다.

이 문제에 관해 이미 다음과 같은 보고서가 있다.

> 이산화탄소는 습기와 결합하여 약산인 탄산(H_2CO_3)으로서 석재 표면에 영향을 줄 수 있으므로 석굴 내부로의 사람 출입을 최대한 억제하는 것이 바람직하다. 또한 사람의 출입은 먼지, 미생물 등의 오염물질이 유입될 수 있으며, 석재 표면에 직접적인 접촉으로 인위적인 손상의 원인이 될 수 있다.[3]

또, 1975년 우리 정부에서 초청한 베르나르 필리프 그로슬리에Bernard Philippe Groslier라는 전문가가 석굴암을 답사한 후 장문의 글로 당시 공사의 정당성을 확인한 적이 있다. 그중에서 석굴암의 보호를 위해서는 관람객

의 통제가 불가피하다면서 유리벽 시공을 높게 평가한다.[4]

더 요령부득인 것은 유리벽의 철거를 요구하는 목소리가 비도대문설을 주장하는 이들을 중심으로 나온다는 사실이다. 앞에서 본 유홍준 등이 대표적인데, 거기에 대형 문짝이 달려 있으면 어떻게 될까. 유리벽을 통해서는 그나마 '죄수 면회'라도 가능하지만, 그조차도 여의치 않다.

그러나 감상과 교육의 장으로 기능해야 하는 역사유산의 존재 의의를 생각할 때, 관람객 통제는 분명 풀어야 할 숙제 중 하나이다. 따라서 유리벽을 철거해야 한다면 그에 앞서 관람객을 제한하거나 아주 받지 않겠다는 뼈아픈 결단이 선행되어야 한다. 소수의 수행자가 머물면서 이따금 내방객을 맞던 그 옛날의 한적한 산중사찰로 돌아가는 것이다.

석굴암은 우리 세대만의 것이 아니다. 출입통제는 더없이 아쉬운 노릇이나 후대에 전해주기 위한 불가피한 조치로 받아들이는 도량이 필요하다. 역사유산의 무책임한 개방이 가져오는 참극은 국보 1호 숭례문의 소실로 족하지 않은가.

비도 입구 반달형 개석 철거론

앞 장의 비도대문설 부분에서 비도 입구의 반달 모양 마감재를 간단히 언급한 바 있다(91쪽 도판 참조). 비도의 양쪽 문설주와 굳건하게 맞물려 있어 한 몸처럼 보이는데, 직각으로 가파르게 휘어진 부분의 물매는 난숙한 경지에 닿아 있고, 거기에 외연을 따라 3단으로 층급지게 몰딩을 가해 우아한 기품까지 갖추고 있다. 이런 수준의 곡률曲律은 작도作圖가 자유자재일 때만 가능하다. 신라인의 손은 가히 기하학의 손이라 불러도 과하지 않다.

그런데 남천우와 신영훈은 이 멋쟁이 돌의 양쪽 다리 부분을 잘라버려야 한다는 생각을 갖고 있다.[5] 그중에서도 신영훈은 그것이 총독부 1차

공사 때 멋대로 얹은 것이라면서 "문화후진국의 천박한 토목시술자의 좁
은 식견에서 비롯되었을 가능성을 배제할 수 없다."[6]라는 추측을 보탠다.

 두 사람이 그렇게 주장하는 까닭은 다른 데 있지 않다. 비도 입구에 대
문이 걸려 있었다는 자신들의 생각을 살리기 위해서이다. 그들의 대문 가
상도를 보면 좌우 인왕의 판석 위에서 각각 안쪽으로 뿔처럼 내뻗은 수평
석재가 있다(203쪽 도판 참조). 그 석재들이 반달형 마감재의 양쪽 다리에
걸리는 것이다.

 우선 구한말 사진에는 전 문제의 마감재가 추락한 듯 보이지 않았다
(201쪽 상단 도판 참조). 그런데 총독부의 1차 공사에서는 그 자리를 비워둔
채 2매의 개석들을 덮는 것으로 끝난다(상단 도판 참조). 결과적으로 앞쪽
지붕 개석의 단면이 노출되고, 양쪽 인왕 판석 위의 장대석들이 뻗듯이 비

1930년대 전실에서 바라본 비도 입구
비도 좌우 기둥 위에 가로질렀던 양쪽 장대석을 잘라내고, 반달 모양의 마감재를 새로 덮은 사실을 알 수 있다.

도의 좌우 기둥 위를 가로질러 돌출된다.

그러던 중 3차 수리공사(1920~1923) 때 파편이 수습되어 새로 제작해 얹었다는 기록이 있고,[7] 물론 이후의 사진에는 예외 없이 등장한다(상단 도판 참조).

이상의 기록과 자료를 종합하면 1차 공사 때는 자리를 비워두었다가 3차 공사 때 그 파편이 발견되자 그대로 치석해 복원한 것으로 봐야 한다. 따라서 어울리지 않는 대문을 달자고 그것을 없애자는 것은 책임 있는 발언이 못된다.

군말을 더하자면, 당시 일본이 문화후진국이었는지도 의문이고, 또 공사 책임자들이 천박하고 좁은 식견의 소유자였는지도 의문이다. 1차 공사 때 시공한 석재를 뜯어내고 새것을 깎아 얹는 복잡한 과정을 생각하면 3차 공사 때의 일본인 기사가 도리어 사려 깊게 느껴질 정도이다. 가령 그것의 파편을 발견하고서도 눈을 감아버렸다면, 지금껏 비도 입구는 1차 공사 후의 모습처럼 앞쪽 개석의 단면이 노출된 그대로였을 것이다.

금시조와 아수라상을 폐기하자

전실 초입의 금시조와 아수라상은 늘 말썽의 대상이었다. 1960년대 공사에서 펼친 이후 도로 꺾어 세워야 한다는 견해가 대표적인데, 그 와중에 강우방은 훗날 석굴암을 중창할 때는 아예 두 상을 세우지 말자는 주장까지 내놓는다. 주실 조각상에 비해 도상도 유치하고 솜씨도 조악하다는 것이 이유였다.[8]

하지만 조악하다는 평가도 동의하기 어렵지만, 어떤 이유가 되었든 두 신중상을 폐기하면 바로 그 순간 석굴암은 불완전한 공간으로 전락하고 마는 것이 문제이다.

석굴암의 판석 조각상은 모두 29상으로, 주실과 비도를 포함한 전실로 나누면 각각 15상과 14상으로 불일치를 보인다. 그러나 본존불과 똑같이 주실과 전실의 공통 존재인 십일면관음보살을 빼면 주실도 14상, 전실도 14상으로 일치한다. 창건주 김대성은 처음부터 양쪽 공간의 조각상 숫자를 대등하게 설정한 것이다(161쪽 도판 참조).

그런데 거기서 두 신중상이 빠지면 주실 대 전실의 주벽 조각상 숫자가 14:12로 바뀌면서 균형이 무너진다. 이러한 불균형은 결코 창건주가 바라는 바가 아닐 것이다.

아울러 한 가지 더 지적할 사항이 있다. 알다시피 석굴암의 정원은 원래 40상이었다. 하지만 1909년 4월 말경 조선통감부 소네 아라스케 부통감의 탐방이 있은 후 주실의 감실 중에서 제일 앞쪽 2상이 사라져 지금껏 38상이라는 온전치 못한 상태에 있다. 여기서 다시 두 신중상을 보류 내지 폐기하면 36상으로 또 줄어줄게 된다.

이렇듯 도굴의 상처가 여전한 상황에서 아무리 못났기로 우리 손으로 두 신중상을 내칠 수는 없다. 강우방의 주장은 주실과 전실의 대등성을 허물어뜨리는 위험한 발상이자 학문의 자유를 넘어선 반문화적 사고로밖에 보이지 않는다.

천개석은 날림공사의 표본인가

주실 돔 지붕의 정점에는 연꽃 문양이 화려한 원반 모양의 커다란 석재가 박혀 있다. 우리가 흔히 천개석이라고 부르는 것인데, 기이하게도 세 조각으로 갈라져 있어 석굴암에서 가장 큰 의문점 가운데 하나로 꼽히고 있다. 그런 불량한 부재가 어떻게 부처님 정수리를 지키고 있는지 상식적으로 납득이 안 되기 때문이다. 다만 『삼국유사』에 그것과 관련된 짤막한 이야기가 실려 있어 흥미를 돋운다. 간단히 소개하면 그것을 다듬는 과정에 홀연 깨졌고, 김대성이 망연자실하고 있던 차에 천신天神이 나타나 붙여놓고 사라졌다는 것이다.

헌데 그것을 두고도 부실공사의 산물로 보거나 아예 새것으로 교체하자는 목소리가 비등하다.

그것을 처음 날림공사로 지목한 연구자는 유홍준이다. 일에 지친 석공들이 김대성이 잠든 틈을 타 깨진 것을 몰래 얹었다는 것이다.

> 나는 김대성이 잠든 틈을 타 석공들이 완성시켜 놓았다고 해석하고 싶다. (…) 석공들은 그들의 고집대로 또는 밑져야 본전인 셈으로 후딱 해치웠는데 김대성의 꿈에는 그들이 천신으로 현몽했던 것이리라.[9]

서울 보문사 석굴암 천개석 상량식 장면

그러나 학술적 요건을 갖춘 가설이라기보다 개인의 조야한 상상일 뿐이다.

우선 신라가 성골聖骨이니 진골眞骨이니 뼛속까지 골품제骨品制로 묶여 있던 철저한 신분사회라는 것은 긴 설명이 필요치 않다. 석공 집단이 돔 천정의 주인공 격인 태양을 상징하는 부재를 멋대로 얹었다면 목숨이나 부지할 수 있을지 의문이다.

다음으로 현실적으로도 20톤짜리 바윗돌을 다루는 작업은 만만치 않다.

1970년대 초에 건립된 서울의 보문사 석굴암은 토함산 석굴암의 모작模作으로, 역시 주실 지붕을 돔 양식으로 꾸미고 정점에는 천개석을 덮었다. 그때도 천개석 시공은 가장 고난도의 위험한 작업이었다. 1971년 7월 24일(음력)의 낙성식에서는 20세기 후반의 설비와 기술을 총동원하고서도 지지목支持木이 부러지고 동아줄이 끊어지는 등 마지막 순간까지 아찔한 장면이 연출되었다.[10]

하물며 세 조각난 천개석을 오직 인력으로 돔 꼭대기까지 끌어올리고, 아귀를 맞춰 앉히자면 줄잡아도 며칠은 소요되었을 것이다. 그동안 김대성이 잠만 잔 것이 아니라면 석공들이 그의 눈을 피해 시공한다는 것은 어불성설이다.

무엇보다 천개석 시공은 목조건축의 상량식에 해당하는 중요한 의식 절차이다. 예전 농촌에서 초가삼간을 지어도 대들보를 올리는 날은 주민들이 모여 고사를 지냈다. 보문사 석굴암의 천개석을 앉힌 날도 마찬가지였다.

석굴암의 경우에도 천개석을 시공하는 날에 서라벌의 진골귀족은 물론 여러 교단의 승려들이 무리 지어 토함산을 찾았을 것이고, 사대부중의 독경 속에 작업이 개시되고 천개석이 무사히 안착될 때까지 예불이 끊이지 않았을 것이다.

따라서 그토록 상징성이 큰 공정을 석공 집단이 멋대로 행한다는 것은 난센스 중의 난센스이다.

그런가 하면 이종호는 유홍준의 해석이 비현실적이라고 비판한 후 자기 나름의 해석을 가한다. 공기에 쫓긴 김대성이 천신이 현몽했다고 석공들을 속여 그 상태로 얹었다는 것이다.

> 김대성이 만든 변명은 간단하다. 자신의 꿈에 천신이 나타나 깨진 덮개석으로 천장을 마무리해주는 것을 볼 때 새로운 돌로 덮개석을 만들지 않아도 될 것이라고 석공들에게 설명하는 것이다. 김대성이 깨어진 돌이지만 석굴암 천장 덮개석을 그대로 쓰자고 오히려 석공들을 다독거렸을 것이라는 뜻이다.[11]

김대성은 졸지에 거짓말쟁이가 되고, 그 거짓 이야기를 곧이곧대로 『삼국유사』에 옮겨 놓은 일연 스님도 생각 없는 사람이 된 것이다.

한편 최완수는 한 방송의 문화강좌에서 한국인의 '유구한 적당주의'를 원인으로 꼽는다.

> 우리나라 사람들이 기본 감성 중에 이 적당주의가 있습니다. 그래서
> 뭘 완벽하게 하는 데 상당히 서툴러요. 그러니까 깨지니까 그냥 올
> 려놓은 거예요.[12]

신라인뿐 아니라 현대인 역시 뭐든지 얼렁뚱땅한다는 것이다.

이러한 시각이 우리의 민족성을 폄하하느라 바빴던 일본의 관학파 학자들의 시각과 어떻게 다른지 알 수가 없다.

바로 이 부실공사설의 압권이 남천우의 교체설이다. 보기에 흉하다는 것이 이유인데, 그는 장차 석굴암을 정식으로 중수하게 되면 "어차피 많은 천정석(면석-필자 주)을 교체하여야 되는 공사이므로, 덮개(천개석)도 새로 만들어서 교체함이 어떨까 여겨진다."[13]라고 제안한다. 지금의 면석들을 왜 교체해야 하는지 그 이유를 알 수 없거니와, 김대성 생전에 올라가 장장 1,300년간 돔 지붕의 정상을 지켜온 천개석을 철거하자는 것이다.

그는 멀쩡한 석재들을 교체했다고 총독부 1차 공사를 비판한 바 있다. 또, 1960년대 공사에서 십일면관음보살을 보정한 것도 원형파괴로 규정하기도 했다. 그랬던 그가 정작 자신은 많은 천정석을 교체하고, 천개석도 새로 만들어 얹자는 것이다.

만의 하나 총독부 공사 때 일본인 기사들이 남천우와 같은 생각에서 천개석을 교체했다면 어찌 되었을까. 오늘의 우리는 『삼국유사』의 설화가 무슨 뜻인지 헤아릴 수도 없었을 것이고, 세 조각이 났다는 그 분열의 구체적인 양상도 알 수 없었을 것이다. 바로 역사의 한 장을 잃어버리는 것이다.

총독부 공사 때 주실 지붕의 비계목 설치 장면

상단 왼쪽으로 뒷부분이 뭉툭한 석재가 쐐기돌이다. 20개의 쐐기돌이 천개석을 따라 바퀴살처럼 돌아갔다. 면석 및 동틀돌과의 사이에는 토석이 채워졌다. 성균관대학교 박물관 소장.

천개석의 균열은 석굴암의 일부이자 역사의 일부이다. 깨진 기와 한 조각, 퇴색한 글씨 한 획도 소중히 싸안고 가야 하듯이 삼분된 천개석에 역사성을 부여하고, 거기에 담긴 의미를 찾는 것이 우리의 역할일 것이다.

마지막으로 다시 생각할 문제가 있다. 천개석 시공은 결코 부실공사가 아니라는 사실이다.

천개석, 부실공사가 아니다

상식적으로 생각할 때, 부처님의 영광을 드러내는 장엄 장치인 천개에 불량한 부재를 사용한다는 것은 용납이 안 된다. 당연히 새로 치석해 온전한 천개석을 얹는 게 사리에 맞다. 공정상으로도 불규칙하게 갈라진 세 조각의 이가 맞물리도록 시공하는 것보다 한결 수월하다. 훗날에라도 외부 충격이든 자체 하중이든 틈이 벌어져 추락할 가능성을 배제할 수 없기에 더더욱 그러하다.

그럼에도 창건 집단은 그대로 공사를 강행했다. 정확한 이유를 헤아리기는 쉽지 않지만, 적어도 그것이 얼마나 불안한 일인지는 그들이 더 잘 알고 있었을 것이다. 그래서 더욱 심력을 쏟았을 터인데, 결과는 대단히 긍정적이었던 것으로 판단된다. 이는 구한말 절체절명의 위기 상황에서도 끝끝내 추락하지 않은 것으로 입증된 사실이다.

잠시 그 시절로 돌아가 보면, 그때는 천개석 바로 앞의 면석들까지 모두 쏟아져 내려 천정 내부가 훤히 들여다보였다. 그럼에도 불구하고 천개석은 허공에 매달린 채 떨어지지 않았다. 부실공사였다면 그때 천개석은 탈락했을 것이고, 바로 밑의 본존불 역시 대파를 면치 못했을 것이다.

그런 점에서 눈에 띄는 장치가 있다. 천개석 주위를 원을 그리면서 촘촘히 박혀 있는 고른 크기의 쐐기돌들이다. 모두 20개인데, 총독부 공사 때 천개석과 본존불에 비계목을 설치하는 장면 사진에서 그것들의 구체적인 생김새를 확인할 수 있다. 천개석의 턱에 바로 잇닿아 뒤로 뻗은 기다란 석재인데, 어쩌면 그것들이 창건 집단이 찾아낸 묘책이었는지도 모른다. 돔 지붕의 마지막 5단 면석과 동틀돌이 짓는 둥그런 허공에 천개석의 세 조각을 차례차례 내리면서 서로 아귀를 맞추는 까다로운 작업에서 바로 쐐기돌의 역할이 컸을 것이다.

이렇게 보면 삼분된 천개석은 부실공사의 흔적이 아니라 도리어 창건 집단의 고심과 진정성을 말해주는 징표로 읽어도 무방하다.

필자는 『삼국유사』의 위 설화를 신화 해석학의 입장에서 풀이한 바 있다. 삼한통일 후 신라 백성과 여제 유민 사이의 갈등이 증폭되는 상황에서 삼한민의 진정한 통합을 추구한 김대성 등 신라 지식인들의 고뇌와 비원

이 삼분된 천개석으로 표현되었을 개연성을 짚어본 것이다.[14]

천개석의 균열과 관련해 덧붙일 사항이 하나 있다. 처음에는 온전한 것을 얹었으나 훗날 깨진 것이라는 견해가 있는데, 현실성이 희박하다. 지름 3미터에 두께가 1미터가 넘고 무게가 20톤에 달하는 통석이 깨질 정도의 강력한 외부 충격이라면, 그보다 훨씬 작은 면석과 동틀돌은 더 쉽게 부서졌을 것이다. 그럴 경우 돔 지붕 전체가 주저앉아 흔적도 남아 있지 않았을 것이다.

진정한 의미의 '보존의 원칙과 철학'

1960년대 공사에서 1차 시멘트 두겁을 그대로 둔 채 다시 콘크리트 돔을 시공하게 된 경위는 앞서 본 그대로인데, 그것도 비판의 대상이 된다. 다음은 1960년대 공사 전반을 개탄하는 강우방의 글이다.

> 1960년대에 우리나라 모든 미술사가들이 관여해 석굴암의 '복원'이 아니라 '보수'가 이뤄졌다. 부분적으로 복원되고 부분적으로 보수됐으니, 석굴암 보존의 원칙과 철학은 애초부터 결여돼 있었다. 석굴암 내부에서 일어나는 여러 가지 문제의 원인은 시멘트 콘크리트에 있으므로 그 원인을 제거하면 문제들을 해결할 수 있는 것은 뻔한 일이었다. 그런데 그것을 제거하지 않고 오히려 1미터의 공간을 두고 거대한 콘크리트 층으로 석굴암 전체를 덮어 버렸으니 도대체 무엇을 위한 작업이었던가. 게다가 이중二重의 전실 같은 건물로 앞을 가렸으니 지금 석굴암의 모습은 참담하기 이를 데 없다. (…) 석굴암은 개인 것이 아니고 민족의 것이다. 한국의 것이 아니고 세계의 것이다. 석굴암의 상징을 파악하면 그 유산을 아끼고 사랑하는 마음이 생긴다.

상) 경주 남산 삼릉골의 석불좌상
불두(佛頭)가 사라지고, 오른팔을 덮었던 가사 부분이
벗겨진 상태이다.

하) 비도 안쪽의 서방 광목천상
떨어진 두상을 다시 끼워 맞추었다. 마치 판석 뒤편에
선 채 구멍으로 얼굴을 내민 듯한 형상이다.

그러니 아무런 행동도 취하지 않는 것은 석굴암을 인식하려는 마음
도, 사랑하는 마음도 없다는 것을 뜻한다. (…) 지혜로운 조상이 만든
세계적 걸작을 각기 어리석은 개인의 조그만 명리로 그르친다면 그
죄가 참으로 크다 할 것이다.[15]

그러나 당시의 '우리나라 모든 미술사가들'은 어리석지도 않았고, 명리
에 사로잡히지도 않았다. 또한 시멘트의 해악을 몰랐던 건 더더욱 아니었
다.『석굴암수리공사보고서』에는 다음과 같은 글이 보인다.

콘크리트 층을 일단 통과한 물은 콘크리트가 갖고 있는 가용성可溶性
생석회분을 용해하여 생석회수로 변한다. 생석회수가 화강암에 접
촉하게 되면 화학작용을 일으켜 돌의 세포분자를 파괴하여 버리는
과정을 겪게 된다. (…) 이러한 침식 작용은 자연에서 오는 풍화작용
보다 월등하게 빠른 결과를 가져오는 것이므로 시급한 방지책은 침
투작용의 근원이 되는 수분의 공급을 단절하는 데 있다는 것이다.[16]

하지만 철거가 능사는 아니다. 그들에게는 그보다 몇 배, 몇 십 배 중요
한 절대 유일의 명제가 있었다. 다름 아닌 조각상들의 안전이다.

석조 예술품은 정에 의한 충격으로 조각된 표면이 안쪽의 몸체로부터
미세한 간격을 두고 떠 있게 된다. 일종의 박리剝離, exfoliation 상태인데,[17] 석
굴암 조각상들도 겉보기에는 멀쩡하지만, 표면이 판석의 본체에서 틈이
벌어져 허공에 떠 있다고 봐야 한다. 무엇보다 석실 본체와 한 덩어리로 응
고된 1차 두겁을 떼어내자면 엄청난 충격이 가해져야 한다. 그때의 충격은
쿵쿵 울리면서 석조 본체로 전달될 수밖에 없는데, 판석 부조상이 무사하
리라는 보장은 누구도 하지 못한다. 잘못 건드렸다간 경주 남산의 불상들

처럼 표면이 반점처럼 뚝뚝 떨어져 나갈 게 명약관화하다.

이 같은 우려를 보여주는 것이 비도 좌측의 서방 광목천이다.

석굴암의 판석 조각상들은 신체에 비해 얼굴 부위를 더 도드라지게 고부조로 새기는데, 십일면관음보살상이나 두 인왕의 두상이 대표적이다. 그럴 경우 얼굴의 테두리 부위가 취약할 수밖에 없고, 그만큼 외부의 충격에 탈락할 위험성이 크다. 그런데 구한말 시점의 광목천은 판석에서 얼굴 부위가 분리된 채 겨우 끼워져 있었다. 그 직전 주실 돔 지붕의 앞부분이 뚫리는 강한 충격 때 떨어졌던 것을 다시 맞춘 것으로 보인다.

이러한 상황에서 시멘트 두겁만 철거하면 된다는 식의 주장은 조각상이 깨지든 말든 상관없다는 무책임한 논리이다.

선배 학자들의 무능을 탓하고 있으므로, 1960년대 우리 학계의 인재풀이 얼마나 열악했는지 간단히 살펴보기로 하자.

당시는 전문가라고 해봐야 김재원, 김상기, 홍사준, 진홍섭, 이홍직, 황수영, 김원룡, 최순우, 맹인재 등 열 손가락도 채우지 못할 정도였고, 그것도 30대 후반 내지 40대 초반의 소장이었다. 또한, 해방 후 그때까지 석굴암 공사 같은 대규모 문화재 수리사업은 한 건도 없었다. 제대로 된 유적발굴도 1959년의 감은사지感恩寺址 발굴이 최초였고, 그 결과물인 『감은사지 발굴조사보고서』도 정식 발굴보고서로는 최초였다.[18]

이렇듯 당시의 공사는 경험도 일천했고 전문가도 마땅치 않은 불모지에서의 작업으로, 시대적 한계를 극복하고 석굴암을 정상화시킨 것은 오로지 그들의 공功이라고 해도 틀린 말이 아니다.

그때의 미술사가들이야말로 진정한 의미의 '보존의 원칙과 철학'에 투철했다고 할 수 있다. 후학으로서 선배들을 근거 없이 경멸하는 것도 가벼운 죄는 아닐 것이다.

위험한 상상력

지금까지 살펴보았듯이 우리 연구자들은 자신들 눈에 거슬리는 것은 모두 철거하자는 입장이다. 그들의 뜻에 따라 하나하나 철거하면 과연 어떤 모습의 석굴암이 될까.

먼저 전실전각을 철거하고, 주실 쌍석주 위의 홍예석과 비도 입구의 반달형 마감재도 철거해야 한다. 그런 연후에 천개석을 교체하고, 이중의 콘크리트 두겁을 벗겨낸 후 아무것도 덮지 말아야 한다. 이뿐 아니라 주실 돔지붕 앞에 광창을 뚫어놓고, 금시조와 아수라 두 신중상도 최소한 딴 데로 옮겨두어야 한다. 마지막으로 비도 입구에는 대형 문짝을 달아야 한다.

만약 이대로 진행된다면, 어느 누구도 생각하지 못한 망측한 구조물이 토함산 중턱에 서 있게 되는 것이다.

안전의 측면에서 보면 더 암담하다. 총독부가 수리한 석굴암보다 훨씬 더 부실하고 위험할 것이기 때문이다. 총독부의 석굴암에서 시멘트 두겁을 벗겨내 석조 본체를 드러내고, 광창을 뚫어놓는다면 그때는 최소한의 안전도 기대하기 어려워진다.

우리 연구자들의 무책임한 주장을 보고 있자면 총독부의 일본인 철도 기사들이 낫다는 생각을 금할 수 없다. 저들은 금시조와 아수라 두 신중상을 보존했고, 주실 입구의 홍예석을 되살렸으며, 보탑 일부와 인왕 두상과 귀면와 등을 발굴하고, 『토함산석굴중수상동문』의 편액을 찾아냈다.

그러나 우리 연구자들은 새로운 자료 발굴에 나서지도 않았고, 있는 것도 없애자는 입장을 반복하는 실정이다. 석굴암을 전리품이자 박제된 고대 유적으로 변조한 총독부 공사를 비판할 자격을 우리 스스로 반납한 것이다.

11

희생양
메커니즘

문화재관리국의 중창 50년, 그리고 남천우
가 「석굴암 원형보존의 위기」를 발표한 1969년을 기점으로 40년이 넘어
선 현재, 학계와 언론계, 문화예술계 어디를 둘러보아도 1960년대 공사를
비판하는 소리뿐이다. 당시 공사의 당위와 성과를 변호하는 목소리는 들리
지 않는다. 거기에는 보수와 진보의 구별도 없고, 학맥이나 전공의 차이도
없다. 당시 공사를 비난하는 것이 하나의 사회적 현상으로 고착된 것이다.

이렇듯이 우리 모두는 그때의 공사가 어느 것 하나 제대로 된 것이 없다
고 믿고 있다. 혹여 그때의 공사가 성공적이었다고 말하는 이가 있다면 이
단아로 비칠 만한 상황이 반세기 동안 펼쳐진 것이다.

그런데 이러한 집단적 비판의 흐름은 과연 정당한 것일까.

독재자 콤플렉스

우리 연구자들의 글에는 한 가지 공통점이 있다. 총독부 공사보다 1960

년대 공사를 더 비난한다는 사실이다. 이성규의 평가이다.

> 일제의 1910년대의 대공사는 실패작이다. 그러나 해방 후 우리의
> 손에 의해서 이루어진 보수공사는 필자가 보기에는 더욱 치명적인
> 타격을 석굴암에 가하는 결과를 가져왔다.[1]

이러한 비판은 확인이 필요하다. 총독부 공사로부터 1960년대 공사까지의 50년 동안보다 그 이후 지금까지의 50년 동안에 석굴암이 "더욱 치명적인 타격"을 입었다는 사실을 입증하는 일이다.

그러나 야차상의 예에서 보듯 조각상들은 앞의 50년 동안 형언키 어려운 손상을 입었지만, 뒤의 50년은 상당히 안정적인 상태에 있다. 그들의 주장대로라면 지금쯤 조각상들은 남아 있지도 않을 것 같은데, 1960년대 공사 시점에 비해 별다른 차이를 보이지 않는다. 감실 유희보살을 예로 들면, 일제강점기에는 추할 정도로 지저분한 상태였지만 현재 교태로울 정도의 아름다움을 한껏 뽐내고 있다.

실상이 이럴진대, 1960년대 공사가 총독부 공사보다 개악이었다는 주장이 어떻게 가능한 것일까. 또, 당시 공사를 성공적으로 이끈 황수영을 겨냥한 비판은 어떻게 반세기 동안이나 이어질 수 있었을까.

필자는 이전 글에서 학계의 패권주의, 학자들 특유의 공명심이나 라이벌 의식 등에서 그 이유를 찾은 적이 있었다.[2] 전공 분야를 막론하고, 우리 근대 학문 100년사를 통틀어 학자 1인을 상대로 집단 괴롭힘 수준의 야유와 지탄이 세대를 넘어 전방위적으로 집요하게 이어진 예가 달리 없기 때문이다.

그러한 생각은 지금도 변함이 없는데, 여기에 새롭게 추가된 것이 있다. 다름 아닌 독재자 콤플렉스이다. 논란 과정에서 우리 사회 저변에 흐르는

전각을 덮기 전에는 풍우에 직접 노출되지 않은 주실 조각상들도 수난의 시간을 보낸다. 유희보살 역시 이끼와 곰팡이에 시달렸다. 그러나 1960년대 공사 후 미태를 뽐내게 된다.

좌) 1920년대의 유희보살
우) 현재의 유희보살 ⓒ안장헌

독재자에 대한 반감을 끊임없이 환기시킨 것이다.

　앞서 살펴본 대로 1960년대 공사는 자유당 정권과 민주당 정권 시절에 토대를 닦고, 5·16군사정변 이후 급진전된다. 특히 박정희는 수차례 석굴암을 방문할 정도로 관심이 높았다. 그런 정황을 들어 그때의 공사가 박정희의 의지가 반영된 것이라는 시각이 강하게 대두된다. 다음은 남천우의 글이다.

　　그의 행적을 살펴볼 때에, 만주 주둔 일본군의 친일장교로도 있었던
　　그는 민족의 앞날이나 또는 민족의 유산을 자신의 사소한 이익보다
　　도 중요시한 사람은 아니었다. 욕심이 과하였던 그는 김대성이 지은
　　석굴 앞에서 마침내 스스로의 속마음을 드러내고 말았다.[3]

당시 공사에 대한 세밀한 분석과 공정한 평가는 뒷전으로 밀리고, 그때 공사가 단지 박정희의 야심을 채우기 위해 추진되었다는 식이다.

그런 시각에 따라 황수영에 대해서도 독재자의 뜻에 따라 전각을 씌워 '목굴암'으로 만들었다는 시각이 고착되기에 이른다. 유홍준이 대표적이다.

> 석굴전실에 목조건축을 세운다는 것은 황수영 박사의 일관된 주장
> 이었으며 한편으로는 박정희의 생각이기도 했던 것이다. (…) 그는
> 10월유신헌법을 통하여 영구집권의 길을 열고 그의 소원대로 죽을
> 때까지 대통령직에 있었던 분이다. (…) 독재자들이 문화재와 토목사
> 업에 두는 관심은 자기능력의 과시와 대국민 선전효과에 있어왔다.
> 데라우치 총독이 콘크리트 벽으로 멋있게 석굴을 보수한 것이나 박
> 정희 대통령이 석굴의 전실에 번듯한 목조건축이 세워지도록 유도
> 한 것이나 같은 맥락에 있는 것이었다.[4]

이와 같은 관점에서 일제 때의 석굴암이 저들의 전리품이었다면, 문화재관리국 공사 이후의 석굴암에는 우리의 불교성전이라는 역사적 진실 '따위'가 자리할 틈이 없었다.

그러나 전각 신축은 황수영의 사사로운 생각도 아니었고, 박정희의 지시는 더더욱 아니었다.

『석굴암석굴의 현황과 보존대책(안)』

뒤의 3부에서 상세하게 다루겠지만, 해방 이전부터 고유섭은 물론 일본의 학자들도 전각 부재를 가장 큰 문제점으로 지적해왔는데, 총독부에서 펴낸 『조선고적도보』5권과 『불국사와 석굴암』에도 '목조부속건물'이

존재했음을 인정한 바 있다.[5] 그리고 해방 후 조각상들의 피해가 물의를 빚으면서 전각 복원은 일종의 사회적 합의였고, 무엇보다 민주당 정권 때 확정된 사안이었다.

그 증거가 앞서 짧게 언급한 바 있는『석굴암석굴의 현황과 보존대책(안)』이라는 책자이다. 5·16군사정변보다 3개월 앞선 1960년 2월에 당시 주무부처인 문교부에서 펴낸 것으로, 여기에 실린 결정사항 가운데 첫 번째 항목이 "전실 우에 한식 기와로서 지붕을 덮고 문을 달어 한기寒氣, 습기, 풍우 등의 침입을 막는다."[6]로 되어 있다. 이 같은 결정은 자유당 시절부터 잇달아 파견한 조사단의 현지답사를 기반으로 나온 것이었다.

요컨대 황수영이 아니었어도, 박정희가 등장하지 않았어도 전각은 시공될 수밖에 없었다. 설령 이들을 비판하는 자들이 공사를 맡았다 하더라도 역시 지붕을 덮고 문을 달았을 터인데, 이들에게도 전각을 배제한 다른 어떤 묘책은 없기 때문이다.

만약 박정희가 방문은커녕 관심조차 기울이지 않았다면, 어떤 반응

상) 1920년대 공사 후의 불국사
하) 1970년대 공사 후의 불국사

이 나왔을까. 문화·예술에 무지한 독재자가 민족의 역사유산을 방치했다는 비난이 쏟아졌을 것이다. 혹은 박정희가 『석굴암석굴의 현황과 보존대책(안)』이 민주당정권 때의 것이라는 이유로 폐기하고, 전각을 세우지 않았다면 어떻게 되었을까. 역시 친일파는 어쩔 수 없다는 등의 야유가 그에게로 향했을 것이다.

이와 비슷한 예가 1970년대의 불국사 복원공사에 대한 세간의 거친 시선이다.

구한말의 불국사도 석굴암과 똑같이 황폐를 극한 상태에 있었다(109쪽, 110쪽 도판 참조). 총독부가 1920년대에 공사를 벌여 청운교와 백운교를 포함해 대석단 등을 복원하여 일단은 위기에서 벗어났지만, 난간이나 회랑까지는 살리지 못했다. 결국 벌거벗은 듯한 모습으로 해방을 맞이했고, 불교사찰의 위엄과 면모를 갖추려면 하루 빨리 그것들을 수복해야 했었다.

그러나 30년 가까이 손을 쓰지 못하다가 1970년대에 이르러서야 관음전과 무설전 등의 전각과 더불어 난간과 회랑을 대부분 복원할 수 있었다.

그런데 당시 공사를 두고도 백안시하는 시각이 퍼져 있다. 유신 독재자가 권력을 이용해 강제로 추진했다는 것이다.[7] 하지만 이러한 비판 이면에는 상식 밖의 모순이 숨어 있다. 독재자는 역사유산이 아무리 쓰러지고 무너지더라도 손을 대지 말고 내버려두었어야 옳은가 하는 반문이 성립되는 탓이다.

또 하나, 그때 복원된 회랑이나 무설전, 관음전 등을 놓고도 신라 양식이 아니라는 혐의가 따라다닌다. 석굴암의 경우처럼 원형을 되살리지 못했다는 것이다. 그러나 그러한 지적 역시 온당치 못하다.

주지하듯이 이 땅 최고最古의 목조건축물은 봉정사 극락전이나 부석사 무량수전 등 고려 말엽의 것들로, 그 이상으로 거슬러 올라가는 것이 없다.

다시 말해 신라 양식은 남은 것도 없고 고증된 바도 없다. 황룡사 구층탑의 경우 여러 학자들이 도면을 작성했지만, 어느 것 하나 실증된 것이 없다.

사실인즉슨 구한말 겨우 남아 있던 대웅전이나 자하문, 범영루 등도 신라 적 것이 아니다. 불국사가 임진왜란 때 전소되어 조선 후기에 중창된 사실은 다 아는 일인데, 그것들도 그때 지어진 조선 후기 양식이다. 이렇듯 신라 당대의 양식이 오리무중인 상황에서 신라 양식 운운하는 것은 지나친 비판이다.

석굴암 앞에 겸손했다

차제에 분명히 해둘 사항이 있다. 1960년대 공사를 책임진 이들이 군사정권에 비굴했거나 무조건 휘둘린 건 아니라는 사실이다.

당시 군사정권은 공사가 속전속결로 이루어지기를 희망했다. 그러나 책임자들의 생각은 달랐다. 그때의 사정은 황수영의 회고담에서 읽을 수 있다.

> 석굴암을 어떻게 하면 좋으냐 당국에서 회의를 열어 상의를 했는데, 우리는 그 기한을 3년으로 잡았습니다. 당국에서는 왜 3년씩이나 걸리느냐 그래서, 우리가 석굴암에 대해서 아는 것이 없고 아는 사람이 없다. 그러니까 3년이라도 긴 세월이 아닌데 1년 반은 연구하고 위원회도 열고 각종 전문가를 초빙해서 대책 및 진상을 파악하고 거기서 얻은 설계도가 완성되면 그것에 의해서 공사를 2년 동안 하면 된다고 답했습니다.[8]

공사 책임자들은 석굴암 앞에 겸손했고, 역사 앞에 정직했다. 결코 경솔

하지 않았으며 만용을 부리지도 않았다. 자유당과 민주당 때의 자료와 계획안이 있었음에도 불구하고, 그때부터 공사기간이 늘어나 3년이 걸린 것은 책임자들의 소명의식이 그만큼 강했기 때문이다.

이 같은 소명의식이 거둔 결실 중 하나가 다름 아닌 금시조와 아수라 두 상을 펼친 일이다. 절곡 상태의 석실법당이 균형과 조화가 맞지 않음을 직감하고, 평면 구성을 꼼꼼히 살펴 전체 공간의 모든 것이 치밀한 숫자의 그물망에 덮여 있음을 발견한 것이다.

> 본존 대좌 지대석의 직경(12.0당척)의 2배가 굴의 직경(24당척)이고,
> 이 굴 직경의 2배가 굴과 전실의 전체 길이(48당척)이며, 비도의 폭,
> 즉 홍예기둥의 거리가 굴 반경의 길이와 같고 홍예기둥 주심으로부
> 터 인왕상이 놓인 벽면의 길이는 굴 직경의 3분의 1과 같다.[9]

결국 두 상을 전개할 때 최적의 비례를 발생한다는 '건축적 진실'을 인지했고, 두 상을 펼칠 수 있었던 것이다.

결론을 맺자. 1960년대 복원공사의 공은 자유당 정권, 민주당 정권, 박정희 정권이 나누어 갖는 게 온당하다. 자유당 말기에 예비조사 등 사전작업이 치밀하게 행해지고, 민주당 정권에서 구체적인 계획이 성안되었으며, 그에 따라 박정희 정권에서 완공을 보았기 때문이다.

독재자에 대한 무조건적인 비판이 춘추필법은 아니다. 식민사관이든 독재 잔재든 그것들의 진정한 극복은 역사 정신과 '사실'에 투철한 객관적인 평가를 통해서만이 가능할 것이다. 그렇지 않는 한 어떠한 주장도 공감을 얻기 어려울 뿐 아니라 우리는 앞으로도 오래도록 식민사관과 독재자 콤플렉스에서 자유로울 수 없을 것이다.

여기에 덧붙여 생각한 것이 있다. 다름 아닌 희생양 메커니즘이다.

파르마코스

'희생양 메커니즘'이라는 것이 있다. 공동체의 안전, 혹은 성스럽고 고결한 무언가를 지키기 위해 희생양, 곧 파르마코스Pharmakos를 만드는 데 구성원이 암묵적으로 합세한다는 것이다.[10] 그리고 그때는 희생물에 가해지는 폭력을 성스러운 뭔가를 위한 양 정당화하는 과정이 수반된다는 것이다.

석굴암 원형논쟁에서도 이 희생양 메커니즘이 작동한다. 석굴암에 성스러운 이미지를 덧입히는 과정이 그러하다.

첫째, 원형이라는 개념을 동원한 일이다. 우리 연구자들은 원형의 절대적 이미지를 성스러움으로 치환했고, 당시 공사가 원형을 무시했다는 부정적 평가를 내린다.

둘째, 신비주의도 결정적인 역할을 한다. 동해의 아침 햇살이 부처님 백호에 비추는 환상적인 장면을 강조해 석굴암이 세상에 둘도 없는 성스러운 유산이라는 상징조작이 일어난 것이다.

셋째, 과학이란 단어도 빼놓을 수 없다. 그들은 석굴암을 '고도의 신라 과학'의 결정체라는 식으로 과장했고, 과학에 무지한 공사 책임자가 석굴암의 위기를 자초했다는 논리를 만들어낸다.

넷째, 황금비례의 조화로움도 있다. 그들은 각종 도면과 수학 기호를 동원해 1만분의 1의 오차도 없다면서 일제 때의 절곡 상태를 찬탄한다. 1960년대 공사에서 두 신중상을 펼쳐놓는 바람에 조화로 충만했던 공간구성이 깨졌다는 것이다.

요컨대, 원형과 과학과 신비주의로 포장되고, 황금비례로 강조된 석굴암보다 성스러운 것은 있을 수 없었다. 그 모든 '성스러운' 석굴암을 망가뜨린 인물로 황수영이 매도된 것은 정해진 결과였다.

독재자의 뜻을 받들어 석굴암을 버려놓은 사람….

모두가 한목소리로 그의 어용성을 지탄했고, 그의 비양심과 그의 무소신을 힐난했다. 거기에는 보수와 진보의 구별도, 전공의 차이도 없었고, 세대의 벽도 존재하지 않았다. 혹자는 "과거에 실수가 있었다고 하더라도 진실이 밝혀지면 실수를 고치는 성실성과 순수성이 있어야 하겠다."라고 반성을 촉구하는가 하면,[11] 석굴암을 망쳐놓고도 사과 한 번 없었다고 질책하는 이도 있었다.[12]

이 모두는 학문을 빙자한 집단폭력 이상도 이하도 아니었다. '마녀 사냥'이라는 말보다 더 적절한 표현이 찾아지지 않는데, 우리는 차마 해서는 안 될 짓을 그에게 한 것이다.

필자도 너무도 오랫동안 그를 어용학자로 믿어 의심치 않았다. 필자 역시 그를 희생양으로 삼았던 것이다. 우리 모두의 부끄러운 자화상이었던 것이다.

공사 이후 그의 생애 후반부는 학자로서의 생명이 끝나고 만다. 1967년 그가 참여한 신라오악조사단에서 동해구의 대왕암이 문무왕의 수중릉임을 밝힌 것도 독재자의 정치 야욕에 봉사한 '대국민 사기극'으로 매도되었으며,[13] 1981년 우리 범종의 이른바 음관(음통)이 문무왕의 만파식적 설화에 기원을 두고 있다는 우리 범종 연구사를 꿰뚫는 획기적인 견해를 발표했지만,[14] 학계는 싸늘하다 못해 무반응으로 일관했다.

한마디로 그는 고대그리스의 파르마코스였다.

책임의 순서

지난 반세기 동안의 석굴암 원형논쟁을 거치면서 괴담 수준의 조악한 언설들이 진실이 되고, 실존 석굴암은 원형을 잃은 가짜라는 인식이 우리의 뇌리에 깊이 각인된다. 당시 공사에 비판적인 이들의 상징조작이 성공한 것이다.

황수영 개인의 불명예나 굴욕이 중요한 게 아니다. 중요한 것은 그 모든 불명예와 굴욕이 석굴암으로 귀결되었다는 사실이다.

이는 그동안 석굴암에 붙여진 별명들이 잘 말해준다. 황수영이 주도했으므로 "황黃굴암", 목조전각을 덮었다고 하여 "목木굴암", 결로와 습기가 심해졌다면서 "수水굴암", 법당 안이 어두워졌다는 이유로 "암暗굴암", 전기 동력을 이용한다고 하여 "전電굴암" 등 하나같이 모욕적이고 조소 어린 단어들이다.[15]

사태가 이토록 악화된 책임은 당사자인 황수영도 나누어 져야 한다.

1969년 남천우의 비판이 제기된 이래 그는 자신의 저술 몇 군데서 가볍게 지적하는 수준의 소극적인 태도로 일관한다. 상식 이하의 가설들에 일일이 대응하는 것이 민망했겠지만, 또 언젠가는 진실이 가려지리라는 사필귀정에 대한 믿음도 있었는지 모르지만, 그런 '점잖은' 태도가 자신의 과오를 인정하는 듯한 상황으로 이어진 것이다. 드물지만 그 과정에서의 마음고생을 술회한 적은 있다.

> 석굴암 감독관으로서 받은 고충은 말로 표현할 수가 없을 정도였습니다. 다만 거기에 대해 감독관으로서 책임을 지든지 어떠한 핑계를 대서 성명서를 내든지 했어야 할 텐데, 저는 그러한 일은 전혀 하지 않았습니다. (…) 나는 석굴암에 대한 현실을 모르는 사람의 글을 일체 읽지를 않습니다. 모씨에 의하면 석굴암에 무슨 광창이 있다고 하여 역사학보에 긴 논문을 싣고 있기에 항의한 적이 있습니다. (…) 석굴암을 알고 진실로 염려해서 보다 석굴암에 도움이 되는 그런 노력의 흔적은 없고 세상을 어지럽게 하는 것은 바람직하지 않다 하겠습니다.[16]

다음으로는 1960년대 공사에 참여했거나 당초에는 남천우에게 반론을 펴던 이들의 책임도 가볍지 않다. 어느 시점인가부터 광창설, 절곡설, 샘물설 등을 받아들이는가 하면 자신들도 여러 가지 가설을 내세워 마치 당시 공사가 원천적으로 잘못된 듯한 분위기를 더 부추긴 것이다.

일종의 사회적 폭포 효과였다. 누군가 확신에 찬 목소리로 강력한 주장을 펼치면, 처음에는 긴가민가하던 사람들이 동조하기 시작하고, 그것이 더 넓게 번져나가는…. 반대편에 섰던 이들마저 남천우 측의 프레임에 갇혀버린 것이다.

마지막으로 언론의 책임을 지적하지 않을 수 없다. 비판적인 이들로부디 새로운 기설이 나올 때마다 옳든 그르든 지면을 장식했고, 방송에서는 다큐멘터리를 방영했다. 중립적 위치에서 신중하게 접근해야 할 사안들이 일방의 편향된 시각대로 시청자들에게 여과 없이 수유되는 상황이 계속된 것이다.

대표적인 것으로 '석굴암 위기론'이 있다. 잊을 만하면 결로가 심해지고 균열이 진행된다는 식의 보도가 나왔는데, 지금까지 나온 기사대로라면 석굴암은 진작 붕괴되었을 것이다. 지난해(2013) 11월에도 본존불의 좌대가 위험하다는 보도가 몇몇 언론을 탔다.[17] 또 한 번 불신과 우려가 일어났는데, 그러나 그때 지적된 균열 부위는 새로운 것이 아니라 이전부터 인지하고 있던 것이다.[18] 지금의 상태가 100퍼센트 완벽하고 만족스럽다는 것이 아니라 공명심에 들뜬 학자들에 휘둘려 실체 이상으로 부풀려지는 일은 없어야 한다는 것이다.

마지막으로 지적하면 종교성전에 지붕을 덮었다고 죄가 되는 나라는 우리밖에 없을 것이다. 또한, 소위 전공학자들이 성전의 지붕을 뜯어내자고 집단적으로 시위하는 나라도 달리 예를 찾기 힘들 것이다.

오늘도 대중은 석굴암을 찾아 탄식에 잠긴다. 비가 퍼붓는 날 우산을 받처 들고, 혹은 눈 덮인 법당 앞을 서성이면서 마치 마법에라도 걸린 양 "저 집을 뜯어내야 결로가 안 생긴다는데…", 혹은 "동해 아침 햇살을 받아들이는 광창을 뚫어야 하는데…"라고 읊조린다.

3

석굴암,
역사의
법정에
서다

집이라는 것은 기초를 다진 후 기둥과 벽을 세우고 문짝을 달고 지붕을 덮는다. 그렇게 할 때 수명이 오래갈 뿐 아니라 변덕스러운 날씨와 동물, 벌레 등 외부의 위협으로부터 안심하고 생왕의 낙을 누릴 수 있다. 이는 선사시대 이래 지표 위에 세워진 모든 건축물에 해당하는 불변의 상식이자 진리이다.

하지만 이 만고불변의 상식과 진리가 석굴암에는 통하지 않는다. 이 땅의 많은 연구자들이 상상하는 석굴암에는 옥개도 없으며 문짝도 달려 있지 않다. 뿐 아니라 물줄기 위에 지어졌다는 게 그들의 한결 같은 생각이다. 신라인은 인류역사상 어디에도 있어 본 적이 없는 기상천외한 집을 지은 것이다.

앞) 석굴암 본존불 뒷모습 ⓒ 박정훈

1

과학이 과학을
배반하다

과학은 인류의 삶과 죽음을 지배해온 온갖 미신과 우상, 도그마, 그리고 신비주의와 싸워왔다. 경우에 따라서는 시대를 움직이는 이데올로기와의 불화不和도 마다하지 않았다. 신비주의와 이데올로기의 한복판에 홀로 선 채 그 거대한 성채에 균열을 내어 불편한 진실을 적출해내는 게 과학의 본령인 셈이다.

하지만 과학이 늘 과학적이며, 모든 과학자가 과학적 사고를 한다고는 단언하기 어렵다. 또한 과학 스스로 신비주의에 빠지거나 우상을 창조하는 일도 없으며, 이데올로기화되는 일도 없다고 장담하지 못한다. 과학을 앞세워 대중을 미혹시키는 일이 비일비재하기 때문이다.

석굴암과 관련해서도 과학 원리에 비춰 해석해보려는 시도가 끊이지 않았고, 그때마다 언론과 대중의 이목이 집중되곤 했다. 하지만 그런 노력이 모두 과학적 사유에 기반하고 있으며 과학적 진실을 담보하는지 역시 의문이다.

이 장에서는 그동안 과학전공의 연구자들이 제출한 석굴암 담론들 가운데 남천우의 '광 속의 옷장론'과 카이스트 이진기·송태호 교수팀의 모형실험 등을 살펴보고자 한다. 특히, 이태녕의 '샘물 위 축조설'은 우리의 석굴암 인식에 드리운 그늘이 짙었던 만큼 다음 장에서 따로 조명하기로 한다.

광 속의 옷장론

우리 연구자들은 그동안 고도의 신라 과학을 예찬해왔다. 그리고 이러한 예찬은 이후 신라인은 최고의 과학 원리를 이용해 석굴암을 지었건만 과학에 무지한 현대의 공사 책임자들이 망쳐놓았다는 논리로 이어졌다.

남천우는 신라인이 '대담한 개방구조'로 석굴암을 설계했다면서 다음과 같은 생활 상식을 들려준다.

> 장마철에 방 안의 공기가 밖의 공기보다 훨씬 더 건조하게 느껴지는 것은 방 안 공기에 들어 있는 습기의 분량이 실제로 적어서 그런 것이 아니고 방 안의 온도가 밖의 온도보다 더 높으므로 방 안의 상대습도가 낮기 때문에 그렇게 느껴질 따름인 것이다. 가령 옷장에도 문이 있고 광에도 문이 달려 있다고 하여 여름철에 옷장을 광 속에 넣어두고 안심할 사람은 아무도 없을 것이다. 그것은 여름철에 광 속이 언제나 습하다는 것을 누구나 잘 알고 있기 때문이며, 광 속이 습한 것을 다소라도 건조하게 해주기 위해서는 대낮에 광문을 열어두는 것이 가장 효과적이라는 것은 주부들도 알고 있는 상식인 것이다.[1]

물론 예전 농가에서는 흔히 장마가 그친 뒤 광의 문짝을 활짝 열어 습기를 날리곤 했다. 문제는 그때의 광이 결코 '대담한 개방구조'가 아니라는 사실이다. 이 세상에 지붕 없는 광은 존재하지 않기 때문이다. 지붕이 없다면 광도 아니지만, 설령 있다손 쳐도 그런 데다 옷장이든 쌀독이든 넣어두고 안심하는 '어리석은' 아낙네는 없을 것이다. 그랬다가는 한 달씩 쏟아지는 장맛비에 옷장 자체가 남아나지 않을 것이고, 그 안의 옷가지가 썩어버린다는 것쯤은 다들 알고 있을 터이기 때문이다.

무엇보다 남천우의 비유가 성립하려면 전각을 짓기 전에는 석실법당이 피해가 발생하지 않았다는 사실이 전제되어야 한다. 하지만 일제강점기 때부터 1960년대 공사 때까지 석굴암이 습기뿐 아니라 온갖 병폐에 시달린 것은 2부에서 누누이 살펴본 사실이다.

이러함에도 유홍준은 남천우의 글을 토씨 하나 빠뜨리지 않고 인용한 후 1970년대 초에 석굴 내에 설치한 항온항습 장치를 겨냥해 뜻밖의 총평을 내놓는다.

> 이 과정에서 나는 참으로 재미있고 중요하고 무서운 사실을 하나 알게 되었다. 이태녕 박사나 남천우 박사 같은 이학박사, 즉 과학자들은 신라인들의 과학성을 믿고 있었고 그들의 과학성이란 20세기의 기계장치를 연상케 하는 과학이 아니라 자연의 순리를 응용하는 또 다른 고도의 과학임을 염두에 두고 있었다. 그래서 과학자들은 석굴 보존과 관련한 여러 문제점을 해결하기 위해서는 석굴을 신라시대의 원형으로 돌려놓아야 한다는 주장을 하고 있는 것이다. 그러나 과학을 제대로 모르는 미술사가, 고고학자, 행정가들은 그저 무슨 과학적인 방법으로, 과학이 낳은 유식한 기계에 의하여 보존할 궁리를 하였다는 사실이다.[2]

신라인은 한없이 위대했지만 현대의 공사 책임자들은 엉터리라는, 신라 과학에 대한 맹신과 현대과학에 대한 거부감이 이보다 더 명증할 수가 없다.

그런데 옛 조상은 훌륭했으나 지금의 우리는 형편없다는 식의 어법은 어디선가 많이 들어본 익숙한 논리이다. 바로 일제의 식민사관이다.

일제는 우리 역사를 늘 이분법으로 접근했다. 과거의 역사와 현재의 역사로 토막낸 다음 통일신라 때 문화와 예술이 정점을 찍고 거기서부터 고려를 거쳐 조선에 이르는 1,000년은 내리막길을 걸었다고 설명한다. 중국을 동경하는 사대事大에 찌들어 고사枯死의 길로 접어들었다는 것이다. 신라인은 훌륭하고 현대의 우리는 못났다는 우리 학자들의 논리와 흡사하지 않은가.

현대가 과거보다 무조건 발전했다는 식의 단순한 세계관도 문제지만 과거가 현대보다 무척이나 신비롭다는 식의 복고적 세계관도 그 이상으로 어리석다. 어느 시대든 문제가 생겼을 때, 혹은 불편을 덜기 위해 발달된 기계장비를 활용하는 것은 부끄러운 일이 아니며, 잘못된 일도 아니다. 석굴암이 신라 당대로서는 최선의 합법칙을 적용시킨 인공 축조물이라면, 오늘날 석굴암의 난제를 해결하기 위한 기계장치들 역시 이 시대의 과학을 최대한 선용善用한 것이다.

문제는 이런 반反과학의 논리가 계속 증폭되어왔다는 사실이다. 다음은 이성규의 글이다.

20세기의 현대인과 현대과학은 강제로 석굴암을 거대한 유리관(콘크리트 외벽과 이중 돔) 속에 눕혀 놓고, 산소호흡기(냉온도습도조절기)를 끼워놓았다. 석굴암에게 이 무슨 재난인가. 오만한 현대인이 현대과학이라는 서투른 치료법으로 석굴암을 엉뚱하게도 중환자 취급을 하여 병상에 눕혀 놓은 것이다. 기계가 쉬지 않고 내뿜는 소음과 진

동에 석굴암은 앞으로 얼마나 견딜 것인가.[3]

각각의 시대인은 당대에서 가장 진전된 합법칙을 삶에 응용하려 애쓰며 살아간다. 신라인은 그들 나름의 과학 원리를 이용해 살았고, 우리는 우리대로 새로운 과학 정보와 지식, 원리를 응용하면서 살아간다. 삼복더위에 부채가 아닌 선풍기와 에어컨을 돌리고, 수레나 말 대신 자동차와 기차, 비행기를 타고 여행하는 것을 떠올리면 납득 못할 일도 아니다.

또한 이공계 학자들도 지혜롭겠지만, 공사 책임자들도 최소한 그만큼은 지혜롭다는 것을 잊으면 안 된다. 하지만 진짜 '재미있고, 중요하고, 무서운 사실'은 과학 전공자들에게서 신기한(!) 주장이 나오면 앞뒤 가리지 않고 뒤를 쫓아가는 미술사 전공자들의 누추한 모습이다.

모형실험의 반과학성

앞서 제1부 6장 「햇살 신화의 사생아, 광창」에서 언급했듯이, 1997년 KBS에서 방영된 〈원형탐구 석굴암〉에서는 석굴암 모형실험을 보여준 적이 있다. 그로부터 2년이 지난 1999년에도 비슷한 실험이 행해지는데, 카이스트 이진기·송태호 교수팀의 「원형 석굴암 상부구조의 장마철 결로 및 열전달 현상의 실험적 연구」가 그것이다.[4]

두 연구자는 구멍이 숭숭 뚫린 구조물(다공성 구조물)과 구멍이 없이 꽉 막힌 구조물(콘크리트 구조물)의 모형 2개를 제작해 앞의 것은 '개방형', 뒤의 것은 '밀폐형'으로 이름 붙인다. 그러고는 두 모형을 항온항습실 Temperture/humidity-controlled room: THC room에 넣고 동일한 양의 습기를 주입한 뒤, '개방형'에서는 대류對流작용 등에 의해 습기가 빠져나가는 반면, '밀폐형'에서는 그렇지 않았다며 실험의 결과를 설명한다. 요컨대 전각이 덮인 현재의 밀폐구조하에서는 습기문제를 해결할 수 없으며, 전각을 제거해 개방구조로 만들어야만 석굴 안의 결로현상을 해결할 수 있다는 결론을 내린 것이다.

이 논문은 그해 '열역학에너지학회'에서 우수논문으로 선정되었고, 언론에 대서특필되어 다시 한 번 개방구조의 정당성을 뒷받침한다. 요컨대 한시 바삐 전실전각을 들어내야 한다는 분위기가 또다시 조성된 것이다.

그러나 두 사람의 작업에는 허술한 대목이 한두 가지가 아니다.

일차로 지적되어야 할 것은 실험이 예단에서 출발하고 있다는 사실이다. 학계가 석굴암의 원형을 두고 밀폐형이냐, 개방형이냐로 양분되어 가치를 다투는 상황에서 '열린 구조'가 옳다는 전제를 깔고 실험에 임한 것이다. 두 연구자는 중립적 입장을 취하지 않은 채, 개방형의 손을 들어주었던 것이다.

다음으로, 그들이 논문의 앞머리에서 밝혔듯이 "석굴암에서 풍화의 제일 원인인 결로현상"(590쪽)이라고 단정 내린 것 역시 납득이 되지 않는다. 자세한 내용은 이후에 다루겠지만, 석굴암에 위해를 입히는 각종 요인 가운데 결로는 후순위에 불과하기 때문이다. 장마철에는 결로보다 당장의 폭우가 더 화급하고, 동절기에는 결빙과 동파가 더 심각하다.

과학실험이라면 응당 선입견을 배제하고 임해야 하지만, 결론을 내려놓고 진행되다 보니 실험의 수행과정 역시 신뢰를 저버리고 만 것이다.

감히 지적하자면 무릇 실험이란 실험대상이 처한 상황과 동일한 조건을 부여하고 수행할 때에야 도출된 추론이 객관성을 가질 수 있다. 그렇다면 이진기·송태호 교수팀의 실험은 응당 빗물과 흙먼지, 동해에서 치받아 올라오는 소금바람과 안개, 동절기의 낮은 기온 등 석굴암을 괴롭히는 최악의 조건을 가정하고 임했어야 한다. 최소한 실험실 앞마당에서 수도꼭지를 열어 모형들을 흠뻑 적셔놓고 냉동실에 집어넣는 과정이라도 거쳐야 했던 것이다. 안락한 '항온항습실'에서 습기만을 주입하는 선에서 끝난 것은 실험수칙을 지켰다고 보기 어렵다.

사실 꽉 막힌 물건은 공기든 연기든 빠져나가지 못하고, 열린 물건은 잘 빠져나간다는 것쯤은 누구나 아는 상식이다. 이런 수준의 정보를 얻기 위해 시간과 경비를 들여 실험까지 할 필요가 있었을까 싶을 정도이다. 실험의 목적과 의의를 스스로 실종시킨 과학의 '오남용'이라고밖에 생각되지 않는다.

과학의 본분은 우상파괴에 있다

앞서, 과학의 본령은 우상파괴, 신비주의, 혹은 이데올로기와의 투쟁임을 밝힌 바 있다. 그러나 석굴암 원형논쟁에서만큼은 과학사가 신비주의와의 지난한 투쟁사라는 상식이 자리할 틈이 없다.

이상에서 살펴본 대로, 일부 과학전공자들은 석굴암을 온통 '신비의 덩어리'로 격상시키는 데 진력해왔다. 신비주의를 논파하는 데 힘을 쏟아야 할 입장임에도 거꾸로 석굴암을 신화의 차원으로 밀어올린 것이다.

하지만 이러한 흐름의 결정판은 역시 신라인이 고도의 과학적 지혜를 발휘해 샘물 위에 석실법당을 지었다는 이야기라 할 수 있다.

2

물 위에는
집을 짓지 않는다

과학 연구에 있어 '가설假設'이 진리로 공인받기 위해서는, 무엇보다 그 가설을 일반화·보편화시킬 수 있어야 한다. 다시 말해 실험의 전 과정을 백 번, 천 번 반복해도 동일한 결론이 나올 때에만 가설이 과학적 진실로 인정받을 수 있는 것이다. 아무리 멋진 이론이라도 반복된 실험에서 한 번이라도 다른 값이 나오면, 그때는 다시 한 번 의심해봐야 하는 것이다.

이른바 '샘물 위 축조설'이야말로 과학 연구의 가설에서 일반화·보편화가 얼마나 중요한가를 보여주는 생생한 예라 할 수 있다. '샘물 위 축조설'은 석굴 뒤편에서 솟는 샘물의 냉기를 이용해 바닥을 식히면 굴 내에 있는 공기 중의 수분이 아래로 가라앉아 이슬이 바닥 표면에만 맺히고 주벽 등에는 맺히지 않는다는 논리이다.

이것이 사실이라면, 그러고도 석굴암이 1,000여 년 동안 온전했다면, 이러한 과학적 지혜는 석굴암 하나에서 그칠 일이 아닐 것이다. 바닥 밑으로 물이 흐르는 건축물이 무수히 전해져왔어야 공인된 진리라 할 수 있을 것이다. 하지만 세상천지 어디에도 이와 조금이라도 비슷한 건축물이 없는 것은 무슨 까닭일까.

감로수와 요내정

석굴암에 가면 요사채 앞마당에 파이프를 타고 돌확으로 쏟아지는 시원한 물줄기가 관광객을 맞아준다. 요즘은 감로수甘露水라고 부르지만, 『토함산석굴중수상동문』에는 '팔법공수八法功水'로 표현되어 있다.[1]

1960년대 공사 때 이 샘물이 돌연 핵심쟁점의 하나로 떠오른다. 물줄기가 법당 밑을 관통해 석실 내의 결로를 방지했다는 주장이 제기된 것이다. 당시 서울대학교 화학교육과 교수였던 이태녕의 지론으로, 그는 1991년 창립된 한국문화재보존과학회의 초대회장을 역임하는 등 보존과학 분야의 권위자로 자신의 이론을 설파하는 데 평생을 바쳐왔다.

> 결로현상이 집중적으로 일어나는 여름, 차가운 샘물이 석굴 밑의 석재 아래로 흐르면 바닥면의 온도가 낮아진다. 벽면이나 석불의 외면에 비해 바닥면의 온도가 낮으면 이슬은 바닥면에서만 생긴다. 이러한 원리를 석굴암을 만든 신라의 석공들이 터득했기 때문에 일 년 내내 샘물이 콸콸 쏟아지는 샘물 바로 옆에 석굴을 짓고 그 밑바닥으로 샘물을 흘려보냈던 것이다.[2]

물론 아주 허무맹랑한 이야기는 아니었다. 『경주읍지』에는 "암자 아래에 있는 우물은 이른바 약수라, 그 맛이 맑고 시원하다. 굴 안의 석불대좌 아래로부터 솟구쳐 굴 밖으로 나오는데, 이름이 요내정遙乃井이다."[3]라는 대목이 나오기 때문이다. 또한 1910년대 공사를 맡은 일본인 기사들의 보고

서에도 물이 법당 바닥을 '관통'한다는 등의 진술이 보이고, 오사카 로쿠손大阪六村의 『경주의 전설慶州の傳說』에도 법당 밑으로 물이 흐른다고 기술되어 있다.[4] 이렇듯 오해할 만한 근거들이 충분했던 것이다.

신라인의 과학 정신을 만천하에 알린 샘물 이야기는 남천우의 광창설 이상으로 대중의 환호를 이끌어냈고, 여러 연구자에 의해 널리 퍼진다.

유홍준은 1960년대 공사 책임자들이 이태녕의 탁견을 무시해 신라인의 과학적 지혜가 묻혔다고 질책하면서 다음과 같이 설명한다.

> 실내에 스며든 수분은 섭씨 0.1°의 온도 차이만 있어도 차가운 쪽에서는 물분자 이동이 저하되어 결로현상이 일어난다는 사실을 신라 사람들은 알고 있었다. 그래서 밑으로 샘물이 흐르는 암반은 섭씨 4~10°를 유지하므로 결로현상은 바닥에만 생기고 석굴 자체는 조금도 손상시키지 않는다는 슬기를 갖고 있었다.[5]

그는 3년 전에도 한 TV 프로그램에 출연해 이 이야기를 가지고 석굴암의 신비에 대해 말한 적이 있다.[6]

대한건축학회장을 지낸 윤장섭 역시 이태녕의 주장을 절대적으로 신봉한다.

> 1963년 수리공사 때는 굴 외주外周의 다른 곳에서도 몇 개의 샘을 발견하였다. 그러나 역시 냉각된 지하수의 물리적 작용을 이해하지 못하고 굴 외주에 돌아가며 보다 더 깊고 넓은 수구를 굴착하여 모든 샘물을 완전히 배수하여 고갈하게 만들었으며, 결과적으로는 굴 내 벽면의 결로현상을 초래하였다.[7]

그는 총독부 및 우리나라 문화재관리국의 두 차례에 걸친 공사에서 배수로를 확장한 것을 어리석은 짓으로 진단한 것이다.

여기에 더해 신영훈은 1913년 공사 이전에 일본인이 남긴 석굴암의 실측 평면도를 새롭게 해석해낸다(200쪽 도판 참조). 도면상에 ④번으로 표기된 자리가 원래의 샘이며, ⑤번으로 표기된, 주실 옆구리에서 아래쪽으로 내리뻗은 도랑을 일본인이 만든 배수로라고 지목한 것이다.[8]

그런가 하면 종교적인 관점의 의미 부여도 있었다. 전 동국대학교 교수 장충식은 다음과 같이 풀이한다.

> 이는 아마도 추측컨대 신성을 요구하는 종교적 히에로파니의 현현으로는 볼 수 없을까 하는 것이다. 종교학에서 물이 갖는 의미는 지대하다. 석굴바닥을 흘러 성화된 물은 바로 감로수가 되는 것이고, 동시에 그 물을 통한 석조물로서의 석굴 불상 역시 히에로파니되는 것으로 생각된다.[9]

샘물로 말미암아 본존불 등의 조각상들이 더욱 성스러운 존재가 된다는 것이다.

강우방 역시 자신의 지론인 영기론靈氣論에 입각한 신비주의적인 단상들을 자신의 사이트에 올려놓고 있다.[10]

과연 석실법당이 물줄기 위에 지어진 것은 사실일까.

'집'은 물과 상극이다

인류의 건축사는 물과의 끝없는 갈등과 충돌의 연대기라 해도 과언이 아니다. 방수防水와 차수遮水는 최첨단의 공법을 자랑하는 현대건축에서도

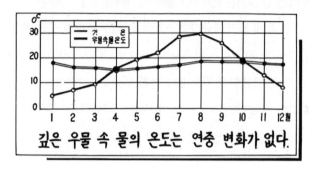

우물 속 물과 기온의 1년간의 변화

깊은 우물 속 물의 온도는 연중 변화가 없다.

우물 속의 물과 대기온도의 1년간 변화 추이를 나타낸 도표
초등학교 4학년 자연 학습자료.

가장 큰 과제에 속한다. 옛날 사찰이나 궁궐 건물에서 건물 아래에 숯이나 소금을 묻어두던 것 역시 제습을 위한 지혜의 산물이라 할 수 있다.

이와 같이 건축과 물은 기본적으로 상극관계에 있다. 석굴암 홀로 이러한 물리법칙에서 벗어난 예외적인 건축물일 수는 없다. 요컨대 샘물 위 축조설은 차수와 방수라는 건축의 기본적인 과제를 무시한 허황된 논리이다.

우선 대류작용에 대한 그들의 설명부터 정교하지 못하다.

대류현상이 발생하기 위해서는 샘물 온도가 대기 온도보다 낮아야 한다. 그러나 이 땅에는 춘하추동이 엄연해 기온의 변화 폭이 상당하다. 반면, 샘물이든 우물물이든 지하수는 거의 일정한 온도를 유지한다. 겨울철의 샘물이 따뜻하던 지난날의 기억도 있지만 초등학교 학습 자료에도 1월, 2월, 3월, 4월 및 10월, 11월, 12월에는 우물물의 온도가 대기보다 높게 나타나 있다. 10월부터 다음해 4월까지의 7개월 동안은 이태녕이 말하는 식의 대류작용이 발생할 수 없을뿐더러, 실내공기 중의 수분이 바닥에 맺히는 일 역시 기대할 수 없다.

이뿐 아니라 개방된 공간에서는 대류작용이 일어나기 어렵다. 대류작용을 활성화시키자면 석실법당이 봉인된 병처럼 밀폐되어 있어야 한다. 하지만 이태녕과 그를 지지하는 연구자 대부분은 전각을 철거해 석실법당을 개방구조로 되돌려야 한다는 입장이다. 양립이 불가한 개방구조설과 샘물 위 축조설을 동시에 주장하고 있는 것이다.

이번에는 토목적인 측면에서 따져보기로 하자.

첫 번째, 초가든 기와집이든 기초가 부실하면 안전을 장담하지 못한다. 수백 개의 석재와 잡석, 흙과 기와 등으로 이루어진 석굴암의 경우는 더 말할 나위가 없다. 석실 밑으로 물을 관류시키자면 부득불 감은사의 구들 구조와 비슷해질 터인데, 과연 그런 취약한 구조로 석실 본체의 하중을 감내할 수 있을지 의문이다.

두 번째, 수로 관리의 어려움도 무시하기 어렵다. 아무리 청정한 석간수石間水라도 세월이 가면 모래가 쌓이고 오물로 막힌다. 산촌이든 어촌이든 우물이나 샘을 주기적으로 치던 지난날의 습속을 떠올리면 이해 못할 일도 아니다. 진짜 수로가 법당 밑을 관통한다면, 1,000여 년 동안 이끼가 차오르고 모래가 퇴적되어 폐색閉塞되는 일이 빈발했을 것이다. 막힌 부위를 뚫어주지 않으면, 물이 법당 전체로 범람했을 거라는 점에서 정기적인 청소는 필수이다. 하지만 주실에서 전실을 지나 진입로에 이르는 바닥 전체를 뜯어내는 대공사가 있지 않고서는 이것이 불가능하다. 설사 대공사를 감행한다손 치더라도, 석굴암은 번번이 공사판으로 변하고, 그때마다 모든 기능이 정지되어야 하는 걸 감수해야 한다.

세 번째, 수로를 제대로 관리하자면 샘물이 용출하는 암벽의 균열부를 확장하든지 해서 대형 저수조(물탱크)를 만들어놓았어야 사리에 맞는다.

거기에 일차로 물을 넉넉하게 가두었다가 건기나 우기에 따라 수량을 조절하는 것이 훨씬 안전하고 효율적이기 때문이다. 또한 관리자가 자유롭게 드나들 수 있는 공간과 통로도 필히 마련되어야 한다. 물론 구한말 석실법당과 암벽 사이에는 엄청난 양의 적심석과 흙이 쌓여 외벽을 이루고 있었고, 저수조나 통로의 흔적 같은 것은 발견된 바 없다.

이런 점들만으로도 '샘물 위 축조설'이 얼마나 공허한 이야기인지 알 수 있는데, 현장을 점검해보면 그것이 더 명확해진다. 석실법당 밑으로 물줄기가 지나갔다는 최소한의 흔적도 남아 있지 않기 때문이다.

법당 밑은 암반이다

총독부의 1차 공사는 천개석과 본존불을 고정시킨 상태로 진행되어 본존불 좌대의 바닥 하부만큼은 변형이 없었다. 거기에 주목해 1960년대 공사에서 주실 및 전실 바닥을 시굴했지만 인공수로는 물론 누수처와 용수처 같은 것은 없었다. 석실법당이 거대한 암반岩盤 위에 지어진 사실만 확인된 것이다.

> 굴 내 바닥에 깔려 있던 흙을 제거하였더니 요석腰石(안상석) 하단에서 5촌寸 가량 내려간 부위에서 암석이 노출되었으며, 암석과 암석 사이에는 간석間石을 끼워서 불규칙적으로 나열되어 있었다. (…) 큰 암석이 깔려 있는 부분을 피해서 간석 부위를 이용하여 11월 27일부터 굴내 본존불 좌우 각 1개 처에 3척각 길이 3척으로 굴하 조사작업을 하기로 했다. 이 작업의 과정을 상술하면 굴내 지반에서 약 1.5척 파내려 갔더니 원토인 진사토층이 나왔으며, 기其 부위가 약간 젖어 있었을 뿐이며 기 이하 부위에는 누수漏水 또는 용수湧水처가 없음

을 확인했다.[11]

이와 같이 '현장'에서는 샘물설을 뒷받침할 만한 어떠한 물증도 확인된 바 없다. 단국대학교 박물관장 정영호의 따끔한 지적도 있었지만,[12] 샘물 위 축조설은 현장을 찾은 적이 없는 이들의 상상 속에서 태어난 허구인 것이다.

지금까지의 모든 비판은 거주자의 입장에서 생각할 때 공감의 폭이 한층 더 넓어진다.

일반 가옥에서도 안방이든 건넌방이든 방바닥에 물기가 있으면 사람이 살지 못한다. 석굴암도 주실이든 전실이든 바닥 표면이 눅눅하거나 물방울이 맺히면, 방석 한 장 깔지 못할뿐더러 버선발로 다니지도 못한다. 물론 가부좌를 틀고 참선에 들 수도 없으며, 오체투지도 올리기 어렵다. 한마디로 법당 기능이 마비되는 것이다.

거주자의 건강문제도 가볍게 넘길 수 없다. 하루라도 물을 마시지 못하면 견디기 힘든 인체의 메커니즘과는 별개로, 인간의 거주환경에서 물은 독毒이나 마찬가지다. 사람이 까닭 없이 아프거나 하면 혹여 집 밑으로 수맥水脈이 흐르지 않나 의심하는 것도 이런 이유이다.

여기에 그들의 지론대로 전각마저 없으면, 밖에서 날아드는 낙엽과 흙먼지 등이 물기와 뒤엉켜 바닥이 늘 진흙으로 얼룩지는 사태를 각오해야 한다. 또한 습한 곳에는 벌레가 들끓고, 곰팡이와 세균이 폭발적으로 번식한다. 석굴암처럼 조립식 건축물의 틈새는 그것들이 창궐하기에 더더욱 안성맞춤이다.

그렇다면 『경주읍지』의 기록이나 암벽의 용출수 등은 어떻게 보아야 할까.

『경주읍지』와 용출수의 진실

다음은 총독부 공사 때 샘물과 관련해 작성된 보고서들이다.

① 1914년 8월 20일 구니에다 기사에게 보낸 보고

재래의 기초는 석비례眞砂와 흙 위에 초석을 놓았다. 그러나 석굴 배후 암석의 균열된 짬에서 출수出水(직경 1인치 파이프 정도의 수량)가 있어 석굴 밑을 '관통'하고 있으며 굴 외에서는 암거暗渠를 만들어 배수하게 되어 있으므로 기초 시공 방법에 관하여 반드시 검사 판단하여 주기 바란다.

② 1914년 9월 15일~30일 제9회 공정보고

석굴 배후에 있는 암석의 균열된 짬에서 용수湧水가 있어 종래는 석굴 기초 밑을 '관통'하고 있었으나 이것을 석굴 우측으로 연관鉛管을 사용해 배수토록 시공 중이다.

③ 1914년 11월 21일, 1914년 공사 완성 부분 보고

기초공사 부분, 석굴 배후 부분에 있는 암석 균열 부분에서 용수가 있어 암석 일부를 제거하고 여기에 연관을 매설하여 물을 굴 외로 유도하고 굴 외에는 다시 배수 암거暗渠를 만들어 배수했다.[13]

①번 보고문은 샘물을 발견한 뒤 난감해서 처리방법을 묻는 것이고, ②번 보고문은 샘물을 빼돌리기 위해 구리파이프를 시공 중이라는 것이며, ③번 보고문은 구리파이프를 완전히 묻어 굴 밖으로 물을 유도한 다음 그것에 잇대어 이전의 배수로(암거)를 더 확장했다는 것이다.

만약 암벽이 갈라지고 물이 솟구쳤다면 창건자인 김대성은 현재의 자

리를 택하지 않았을 것이다. 분명 물 한 방울 나지 않는 입지를 확보하기 위해 신중을 기했을 터인데, 천연의 바위벼랑이 병풍처럼 둘러서고, 밑은 거대한 암반인 현 위치를 금상첨화로 판단해 최종 낙점했을 것이다.

따라서 정확한 시점과 이유는 모르지만 뒤쪽 암벽에 균열이 발생하고, 석간수가 터져 굴 내 습도가 높아지고 이끼가 서리는 등 부정적인 현상이 관측되었을 것이다. 그때의 사람들은 당혹감 속에 부심했을 터인데, 결국 장마철 농가 마당에 물이 나면 도랑을 파 유도하듯 석굴 옆구리에 낙차落差를 두고 배수로를 신설해 용출수를 빼돌린 것으로 추정할 수 있다. 겉에서는 보이지 않게 토석층을 원래대로 덮었을 터인데, 일본인 기사들은 그것을 암거暗渠라고 표현한 것이다. 앞서 2부 9장 「오독의 예들」에 제시한 신영훈의 1913년 이전의 실측도면(200쪽 도판 참조)에 ⑤번으로 표기된 도랑이 그것이다.

이렇게 보면 문제의 ⑤번 배수로는 거꾸로 샘물 위 축조설의 허구성을 입증한다. 이태녕의 주장대로라면 그것은 주실 후벽에서 석실법당의 중심축 선을 따라 전실까지 이어져야 정상인 탓이다.

지금까지의 추론을 뒷받침하는 구한말 사진이 있다. 사진 하단의 돌계단 끝자락에 기왓장으로 둘러싼 웅덩이가 있고, 언덕에서부터 내리뻗은 구불구불한 도랑이 보인다. 바로 그 도랑은 법당 우측에서 시작된 배수로에 연결되어 있었다. 이는 1960년대 공사에서 배수로를 뒤져 확인한 사실이다.

이와 비슷한 경우가 서산 마애삼존불로 올라가는 길목에 자리한 요사채이다. 우연하게도 석굴암의 배수로와 똑같이 뒤쪽 계곡에서 흐르는 물을 요사채 옆으로 우회시키는 도랑이 길게 나 있다. 만약 이 도랑물이 요사채 바닥 아래로 흘러든다면 요사체가 어찌될 것인지는 명약관화하다.

한편, 신영훈은 ⑤번 배수로를 일본인의 소행으로 간주했지만, 주실 봉

구한말 동절기의 석굴암 원경
수광전에서 석실법당으로 올라가는 언덕길을 따라 도랑이 구불구불 이어지고 있다. 법당 뒤편의 용출수를 빼돌리기 위한 배수로와 연결된 것이다.

토층을 일제의 소행으로 몰아간 남천우와 마찬가지로 어불성설이다. 도면 자체가 총독부의 공사 착수 이전에 작성된, 곧 저들이 손을 대기 전의 것이다.

여기서 한 가지 구분해야 할 사항이 있다. 현재 법당 앞마당의 감로수와 논란의 용출수는 별개라는 사실이다. 감로수는 석굴암 창건 이전부터 있

서산마애삼존불 요사채 옆의 도랑
햇빛에 노출된 도랑임에도 이끼가 엉겨 있다. 음지인 석실법당 바닥 밑의 도랑이라면 이끼의 번식은 걷잡을 수 없을 것이다.

였던 요내정이고, 용출수는 후대에 석실법당 뒤편 암벽에서 터져 나온 것이다. 그동안 이 둘을 혼동해온 것이다.

광창설과 오십보백보

샘물 위 축조설은 겉으로는 꽤나 과학적인 시각처럼 보이지만 허술하기 짝이 없는 반과학적인 신비주의적 발상에 지나지 않는다. 자연 원리의 응용을 말하고, 신라인의 지혜를 찬탄하고는 있지만, 샘물 위에 집을 짓는 것이야말로 자연 원리에 위배되는, 어리석음 이상의 어리석음이다.

법당 밑으로는 수로를 뚫어놓을 수도 없으며, 뚫어놓아서도 안 된다. 만의 하나 물길 위에 자리한다면, 이 점 때문에라도 석실법당의 수명이 단축

되리라는 것은 정해진 이치이다. 습할 때 건축 부재의 내구성에 문제가 생긴다는 것은 경험적 진리가 아니던가.

그럼에도 불구하고 이 공허한 이야기는 일반 독자를 겨냥한 답사기나 교양과학 서적 등에 거의 빠짐없이 소개되어왔다.[14] 아동 도서의 경우는 더 심각하다. 문명대는 석굴암이 세계문화유산으로 등재된 이유가 샘물 때문이라는 식으로 쓰고 있고,[15] 한국과학문화재단이 선정한 '한국의 20대 과학유산'을 만화로 그려낸 양창규의 『한국과학유산 베스트 10』(2002) 중 「석굴암」 편은 그 이야기가 핵심주제이다.[16] 미래세대에게까지 허황된 역사 지식과 비과학적인 세계관을 심어주고 있는 셈이다.

우리 근대 학문 100년사에서 이렇듯 부실하고 불성실한 주장이 이처럼 각광을 받은 예도 드물 터인데, 이는 광창설과 오십보백보라 할 수 있다.

3

종교성전의 절대조건
-전각의 당위성

　　서양 중세의 한 수도원에서 벌어진 한 편의 소담이 전해온다. 말의 이빨이 몇 개인가를 놓고 고명한 신학자들 간에 논쟁이 벌어진다. 『성경』에 말의 이 개수가 나와 있지 않은 게 화근이었다. 서로 신의 이름까지 들먹이면서 소모적인 논쟁으로 일관하던 어느 날, 한 소년이 말을 끌고 나타난다. 그가 신학자들 앞에서 말의 입을 벌려 이 개수를 확인시키자 논란은 끝이 난다.

　　앞서 2부 7장 「원형과 개방구조」에서는 개방구조라는 것이 총독부의 '선물'임을 짚어본 바 있다. 또한 종교성전은 기본적으로 밀폐를 지향하며, 그럴 때에야 비로소 성전 내부에 고요한 침묵과 유현한 어둠이 확보되고, 비균질적인 공간으로 존립한다는 점도 알아보았다.

　　그런데 이러한 점들 말고도 전각을 절대 양보할 수 없는 현실적인 이유가 있다. 다름 아닌 석실법당과 조각상들의 안전이다.

토함산의 365일

석굴암은 진공관 속에 있는 것이 아니다. 석굴암을 품고 있는 토함산에도 춘하추동이 바뀌고, 태풍이 찾아오고, 눈비가 쏟아진다. 바닷가 산기슭이라는 엄혹한 환경이야말로 석굴암의 실존적 조건이다. 이 같은 사실을 놓치거나 외면한 어떠한 주장도 공소해지리라는 것은 불을 보듯 뻔하다.

지금부터는 그동안 축적된 토함산의 기상자료를 통해 석굴암이 처한 상황을 구체적으로 확인하기로 하자.

문화재관리국에서는 1957년부터 토함산의 기상을 관측해 자료를 남겼는데, 이를 보면 매 해마다 멀쩡한 날이 3분의 1도 되지 않았다. 1963년의 경우 안개가 123일 끼고, 비와 눈은 각각 134일과 40일 내렸으며, 결빙된 날은 110일이었다. 같은 해 서울 등의 다른 도시들의 기상과 비교하면 그 정도를 실감할 수 있는데, 이런 상황에서 석굴암에 어떤 일이 일어날지는 환한 노릇이다.

다음은 위 기간의 일지日誌 중에서 일부 내용을 가려 한자투 표현을 다듬은 것이다.

○ 1957년 10월 10일: 전실 우측 팔부신중 가운데 불상(조각-야차)은 과거부터 석질이 딴 불상보다 변질이 심하고, 표면에 석회질 같은 흰 가루가 덮여 (…) 이는 금년의 오랜 장마로 더욱 심하다. 굴내 제석천帝釋天도 희게 되어 있다

○ 1961년 11월 11일: 깊은 운무와 세우細雨가 연일 계속되니 노천인 전실은 전면이 물에 젖고 굴내도 습기가 100%였다. 유입하여 온 습기는 굴 내에서 냉각되는지, 곧 물방울水滴로 변하여 11면관음상과 나한상에는 유수流水의 현상이 일어나고 천개天蓋 최정부最頂部 일각에서는 물방울이 심하게 떨어지기 시작하였다.

	서울	부산	대구	포항	울산	석굴암
안개일수	39	23	16	14	27	123일
강우일수	109	88	88	94	77	134일
결빙일수	112	64	102	85	93	110일
눈온날	37	10	19	9	11	40일
강수량	986	1,235	874	872	1,092	1,371mm
평균기온	11.5	13.9	13.0	13.3	13.1	8.9도
최고기온	35.0	30.9	36.7	35.9	34.6	28.8도
최저기온	-11.5	-6.1	-10.2	-7.4	-8.1	-17.6도
평균습도	69	65	65	65	69	97%
최다풍향	서북서	북서	서	남서	북	동남동
평균풍속	2.2	2.2	3.4	3.9	2.7	1.6 m/s

석굴암 및 제 도시의 기상조건 대조표
1962년도 기상자료.[1]

○ 1961년 11월 22일: 가랑비가 내리고 있는데도 일인들이 굴 입구 상부에 쌓은 석축 사이로는 상당량의 물이 흘러내리고 있다. 강우 시 저수되었던 것이 천천히 배수되는 모양이다. 전실 팔부중상과 인왕상은 석축과 봉토로부터 살살 흘러내려오는 진흙물에 금시 더럽혀지고 있다.[2]

같은 책에 실린, 석굴 내의 상황에 대한 총평도 마찬가지다. 오탁, 착색, 퍼렇한 이끼, 안개, 물방울, 흙모래, 수분, 흙먼지, 액체, 누수, 긴 장마, 강풍, 침수, 진흙, 변질된 공기, 이슬점, 결빙, 지열, 지하수, 동해凍害, 풍우, 화학적인 피해 등등의 단어들이 끊임없이 등장한다.[3]

이러한 사정은 그 이전에도 다르지 않았다. 1933년 8월 16일자로 경북지사가 총독부 학무국장 앞으로 보낸 「석굴암 석불 및 주위 불상의 보존에

	1월	2월	3월	4월	5월	6월	7월	8월	9월	10월	11월	12월
1998년					15	15	19	21	19	14		1
1999년	-2	0	4	10	15	18	19	20	18	12	6	-1
2000년	-2	-3	4	9	15	18	22	22	16	12	5	0
2001년	-4	-1	3	10	15	18	21	20	17	12	5	-2
2002년	-2	0	5	10	13	17	20	20	16	11	2	0
평균	-3	-1	4	10	15	17	20	21	17	12	5	0

1998년 5월~2002년 12월 석굴암 주변 월평균 온도 자료

관한 건」이라는 문서는 장마철의 사정을 생생하게 전해준다.

이번 여름에 들어 특히 장기 강우로 말미암아 청태靑苔(이끼)가 격증
하여 본래의 미관을 해칠 뿐 아니라 습기가 굴 내에 충만하고 또 천
정부터 물방울이 끊이지 않고 낙하하여 미술품의 보존상 유감된 점
이 적지 않아 이대로 방임할 때에는 부식작용을 일으킬 염려가 있으
므로써…[4]

동해와 동파

여름철도 문제지만 역시 가장 심각한 피해는 겨울철에 발생한다. 영하
의 기온 자체가 석재에 치명적인 탓이다.

물이 얼어 얼음이 되면 그 부피가 약 9퍼센트 증가하는데, 이때 밖
으로 미는 압력의 크기는 -22℃에서 약 2,000기압이 된다. 여기서
2,000기압이라 하면 1제곱센티미터에 약 2톤의 무게를 올려놓을

때 받는 압력과 같다. 물의 결빙작용frost action으로 떨어져 나가는 풍
화는 물이 많이 침투되고 외부의 기온변화에 민감한, 돌 표면에 가까
운 부분이 내부보다 심하게 일어나는 것은 물론이고, 이 현상의 정도
는 돌의 공극률에 크게 영향을 받는다.[5]

다시 말해, 동해凍害와 동파凍破야말로 제일 큰 골칫거리인 셈이다.

그런데 국립문화재연구소의 자료에 따르면 토함산의 동절기 사정은 우
리의 예상을 훨씬 웃돈다.[6]

1998년 5월부터 2002년 12월까지 4년 반 동안의 월평균 온도가 11
월은 5℃, 12월은 0℃, 1월은 -3℃, 2월은 -1℃, 3월은 4℃로 나타나 있
다. 평균온도인 만큼 11월부터 이듬해 3월까지 석굴암이 혹한에 시달린다
고 해도 과언이 아니다.

이 같은 여건은 항상적인 것으로, 신라 때든 일제 때든, 혹은 오늘날이
든 하등 차이가 없다. 그래서 1963년 공사에 착수하기 전에는 전실에 짚단
을 덮고, 난로를 피우는 등의 소동이 벌어지기도 했다.

  ○ 1960년 12월 23일: 굴 외부 전실 전체를 짚으로 세 겹 덮어서 전
    실 여러 불상의 동해凍害를 방지하고자 하였다.
  ○ 1961년 12월 12일: 오후 5시 기온은 급강하하여 영하 7도의 외
    기이고 오후 7시에는 영하 10도로 내려가므로 밤 10시부터 난로
    에 불을 피웠다. 익일(이튿날) 새벽 2시의 외기 온도는 영하 14도
    인데 굴 내는 영상 7도였다.[7]

여기에 덧붙여 생각해야 할 것이 화학 작용이다. 그중의 하나가 햇빛의
영향인데, 윤장섭·윤재신은 전실을 대기 중에 노출시켜야 한다면서 햇빛

문제를 거론한 바 있다.

> 그렇게 함으로써 석불사가 밝은 햇빛이 충만하게 조사照射되며 통풍
> 이 잘 되는 자연적인 환경을 회복할 수 있다. 특히 석재는 햇빛이 조
> 사되지 않는 환경에서 더 많이 풍화가 촉진된다는 사실을 명심해
> 야 한다.[8]

그러나 햇빛이라는 물리적 에너지에서도 일면만을 앞세운 단견이다.
우리 눈에는 보이지 않지만 햇빛 중에는 자외선과 적외선, 가시광선, 그리
고 대기 중의 염분이나 이산화황SO_2, 이산화질소NO_2 등이 섞여 있다. 그리
고 그것들이 석재에 악영향을 미친다는 것은 보존과학의 상식이다.[9]

서울의 보문사 석굴암

기상 문제 외에도 산악사찰로서의 석굴암은 또 다른 난제들을 안고
있다.

산악사찰은 도심이나 평지사찰과는 조건 자체가 다르다. 산짐승과 날
짐승 말고도 산중에 서식하는 모든 생명체가 석실법당에 위해요인이 된
다. 구차한 일이지만 구체적으로 지적하자면 구렁이나 독사, 도마뱀 같은
파충류, 개구리나 두꺼비 같은 양서류, 다람쥐나 고슴도치, 두더지, 쥐 같
은 설치류, 지네나 노래기 같은 다족류 등이 모두 여기에 속한다. 또한 우
리가 흔히 길조로 여기는 까치, 애절한 울음의 소쩍새, 진달래나 철쭉, 울
긋불긋한 단풍, 매미와 잠자리, 나비와 벌 등도 현실적인 측면에서는 재앙
일 뿐이다.

적절한 예가 있다. 서울 보문동에 위치한 보문사 석굴암의 경우, 1970

상) 창건 당시 보문사의 '석굴암' 외관

1972년 6월 16일 준공 시점에는 입구를 열어두었고, 옥개는 없었다.

하) 현 보문사의 '석굴암' 현관 모습

새들의 침입과 불순한 날씨로부터 법당을 보호하기 위해 전면에 기둥을 세워 지붕을 덮었으며, 출입구마다 유리벽을 달고, 철조망을 둘렀다.

년대 초에 창건될 당시에는 현관에 지붕은 덮었지만 출입구는 문짝 없이 열어두었다.[10] 그러나 무시로 날아드는 새의 오물과 깃털 등이 불상을 더럽혀 결국 입구에 문짝을 달고 철조망까지 설치한다. 또 현관을 만들고, 콘크리트 지붕을 앞으로 돌출되게 시설해서 눈비를 막고 있다. 우리 연구자들의 관점에서 보면, 개방구조로 출발해 밀폐구조로 돌아간 격인데, 그때부터 안도하고 있음은 긴 설명이 필요치 않다.

도심 한복판의 법당도 이럴진대 하물며 해발 575미터 산중의 석굴암은 더 말할 나위가 없다.

지금까지 살펴본 이 모든 불리한 조건이 석굴암의 거역할 수 없는 숙명이다. 그러나 우리 연구자들은 여름철 습기가 석굴암을 망치는 원인의 전부인 양 소개한다.

결로라는 것의 허구성

다음은 남천우가 제시한 '석굴의 기상조건'이다.

> 1963년 중에서 기온이 가장 높았던 날은 7월 22일이었고, 그날의 최고 온도는 28.8℃였으며 최저온도는 22℃였다. 최고온도 때의 상대습도는 67퍼센트였으므로, 이것을 환산하면 22℃의 벽면에서 이슬이 맺혀지는 조건에 해당한다. 그런데 석굴 배후부의 온도는 일 년 중 거의 변함없이 15℃ 내외의 온도를 유지하고 있다. 이것은 배후부가 깊은 땅속에 해당하기 때문이다. 그러므로 여름철에 있어서 벽면의 온도는 대기의 노점온도보다 7℃ 정도가 낮으며, 결국 이 온도차이 때문에 이슬이 맺혀지게 된다.[11]

훨씬 심각하고 변덕스러운 요인들은 제쳐두고 오직 '이슬' 하나만을 지목하고 있는 것이다.

그러나 유홍준은 남천우의 작업을 높게 평가하면서 비판의 날을 세운다.

> 석굴의 습기 문제에 대하여 누구보다도 열정적으로 연구해온 남천우 박사의 견해에 따르면 석굴의 습기는 물이 스며드는 누수현상이 아니라 '결로현상'에 있다는 것이다. 즉 외부와 내부의 공기 온도차가 심하여 이슬점露點에 다다르면 자연히 이슬방울이 생긴다는 것이다. 따라서 공사방침은 공기의 유입을 막는다는 것인데 이는 반대로 공기가 원활하게 유동할 수 있도록 개방해야 하며 그것이 석굴의 원형이라고 주장하였다. 그러나 남천우 박사는 당시 문화재위원에 위촉되어 있지 않았고 그의 주장은 받아들여지지 않았다.[12]

남천우의 과장과 허구를 탓하지 않고 공사 책임자들이 마치 기득권을 지키려고 그를 문화재위원에 발탁하지 않은 양 부정적으로 묘사한 것이다.

샘물 위 축조설의 당사자인 이태녕 또한 결로를 유일의 원인으로 파악하고 있다.

> 지난 100년 석굴암의 복원 과정은 결로와의 전쟁이기도 했다. 결로라는 것은 위에서도 언급했듯 고온다습한 공기가 차가운 벽을 만나서 물방울이 생기는 현상으로 장마철이 끝난 후에 특히 많이 생기는 현상이다.[13]

눈 덮인 석굴암 전각
1989년 3월 6일자 사진으로 전실전각과 산자락에 눈이 덮여 있다.

지난 20세기에 행해진 수차례의 공사가 마치 결로 하나만을 해결하기 위한 것처럼 오도한 것이다.

심지어 이성규는 "석굴암은 갖가지 비책에 의거하면서 산정 가까운 공기 맑은 대자연 속에서 신선과 같이 호흡하면서 1,200년의 긴 세월을 살아왔다."라고 한가롭게 도道를 닦는 '신선神仙'에 비유한 적도 있다.[14]

그러나 석굴암은 1,300년 동안 한시도 평안을 누린 적이 없다. 토함산의 악조건 속에서 눈물겹게 버텨 끝내 살아남은 게 오늘의 석굴암이다.

그들이 얼마나 무신경한지를 한눈에 보여주는 사진이 있다. 남천우가 자신의 책『석불사』에 실어놓은 것으로 산자락과 나뭇가지, 전각 지붕, 마당에 눈이 덮여 있는 사진이다. 전각 철거를 공론화해온 당사자가 춘풍이 감도는 3월임에도 눈에 갇힌 석굴암 사진을 실은 것부터 아이러니가 아닐 수 없다.

그들은 태풍이 몰아쳐 온 산이 들썩일 때 혹여 전각의 기왓장이 날아가지 않을까 가슴 졸이거나 한겨울 토함산 골짜기를 뒤흔드는 설해목雪害木의 비명소리를 들어본 기억이 없는 것이다.

전각, 충심의 발로

지금까지 살펴본 그대로 우리 연구자들은 석굴암의 현실을 가려왔다. 더 심각한 요인들은 감추고 장마가 끝난 후의 결로 하나만을 침소봉대해 온 것이다.

결국 그들은 1960년대 공사의 가장 큰 성과인 신축 전각의 의의를 한 치도 인정하지 않는다. 김원용을 예로 들면, 『한국미술사』에서 전각의 정당성을 뒤늦게 인정한 바 있는 그는 논란이 격화되던 1991년, 또 다시 입장을 바꾼다.

> 전실 자체가 반드시 목조건물을 가지고 있었다는 것은, 그런 생각은 현대적인 생각이지 신라 당시로 돌아가면 그것은 문제가 있지 않나 그런 생각입니다. (…) 지금 석굴암은 개인 것이 아닙니다. 이것은 석굴암이 되어야지 황黃굴암이 되어서는 안 된다, 이것은 결국 세계의 석굴암이 되어야 한다…[15]

어떤 식으로든 공감하기 어려운 논리이다. 사찰의 전각이 어떻게 현대적인 생각인지, 왜 신라시대에는 전각이 없었다고 생각하는 것인지 반문하지 않을 수 없다.

석굴암은 석굴암일 뿐이다. 종교성전으로서의 석굴암의 정체성은 그렇게 쉽게 굴절되지 않는다. 황수영이 손을 댔다고 황굴암이 되는 게 아니며, 김원용이 맡았다고 김굴암이 되는 건 더더욱 아니다. 무엇보다 전각을 철거하면 '세계의 석굴암'은 고사하고 수백 년도 못 가 지상에서 사라질 것이 뻔하다.

한편, 남천우는 전각이 습한 공기만을 대상으로 지은 것인 양 왜곡하면서 그 역할과 효과를 깎아내린다.

전정부(전실) 상부에는 목조의 기와지붕을 씌웠으므로, 현재에는 목조 암자 모양으로 되어 있다. 이것은 습한 공기의 유입을 막기 위한 목적으로 1961년 공사 때 한 것이지만, 이것은 오히려 습기 문제의 원인이 되고 있다. 왜냐하면, 이것은 석굴 내부의 표면온도 상승만을 막아주고 있기 때문이다.[16]

공사 책임자가 전각으로 인해 습기가 더 심해질 사태를 예견조차 못했다는 것이다.

그러나 전각이 '겨우' 습기 하나만을 위한 것이 아니라는 사실은 긴 설명이 필요하지 않다. 전각이 설치되기 전에는 장마철의 폭우가 주실까지 들이쳤고 실비만 내려도 안이 눅눅했으며, 염분 섞인 안개가 골짜기를 타고 올라와 전실과 주실의 구별 없이 석벽을 축축하게 적시기 일쑤였다. 뿐 아니라 겨울에 접어들 때는 조각상에 서리와 성에가 허옇게 엉기는 것이 일상적인 풍경이었다.

무엇보다 그들이 그토록 우려하는 습기 문제만 놓고 보더라도 전각의 성과는 의심의 여지가 없다.

1998년 국립문화재연구소에서는 5월부터 자동기상관측장비(Model : RainWise S-10RM, 미국)를 설치해 기상을 측정해왔다. 그중 2002년 12월 까지의 4년 8개월 동안의 기록을 보면, 석굴 바깥의 습도가 5월부터 10월

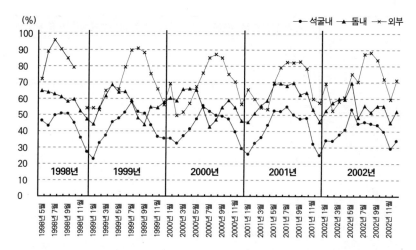

석굴암 석굴 및 주변 월평균 습도 변화
맨 위쪽의 −×−곡선은 석굴 바깥의 습도 변화를, 중간의 −▲−곡선은 1차 시멘트 두겁과 2차 시멘트 두겁 사이
의 공간의 습도 변화를, 맨 아래쪽의 −●−곡선은 법당 내부의 습도 변화를 각각 나타낸다.

까지는 70퍼센트 이상이었으며, 특히 6월~9월에는 90퍼센트 이상인 날
이 많았다. 반면 석굴 안은 봄에는 36~54퍼센트, 여름에는 44~58퍼센트,
가을에는 29~41퍼센트, 겨울에는 25~39퍼센트로 훨씬 낮게 나타났다.[17]

전각이 습기를 차단하고 있음을 확신할 수 있는데, 전각이 아니면 석굴
내부의 습도 역시 봄가을에는 70퍼센트, 여름에는 90퍼센트로 솟구치리
라는 것은 불문가지다.

요컨대 전각은 토함산의 이 모든 악조건을 극복하려는 충심의 발로였
다. 이슬을 핑계로 전각을 철거하자는 것은 새로 입주한 아파트 내벽에 이
슬이 맺힌다고 하여 아파트 지붕을 뜯어내자는 것과 다를 바 없다.

이 문제에 관한 한 황수영의 항변보다 더 절절한 증언은 없을 것이다.

보수하기 전에는 석굴암 내부에 발목까지 물이 찼습니다. 흙먼지가
벽면 불상에 덕지덕지 붙어 정기적으로 물청소를 해야 했어요. 전실

		전각 신축 이전(개방구조 시)	전각 신축 이후(밀폐구조 시)
1	온도	온도 변화가 심했다. 가열(加熱), 전도(傳導)가 빨랐다. 석면(石面)과 굴 내의 온도차가 심했다.	온도 변화가 약화되었다. 가열 전도가 늦었다. 석면과 굴 내의 온도차가 서서히 일어났다.
2	습도	변화가 심하므로 상대온도가 급상승했다.	온도 상승이 늦었다.
3	노점(露點)	외부의 노점 상승 시 굴 내 석면온 도와의 차이가 심했다.	전실전각으로 인해 일단 노점이 방지되었다.
4	결로(結露)	석면과 노점차가 심하므로 결로가 빠르게 진행되었다. 비도의 사천왕상 부근이 가장 결로가 발생했다.	결로 발생이 늦다. 굴내 저온부(低溫部)인 후면(後面) 에서부터 결로가 퍼져 나갔다.
5	건조	노점온도의 급(上)승에서 건조되었고, 환기(換氣)를 통해 건조되는 일은 없었다.	노점온도의 급상승에서 건조될 때는 전실의 유무로 인한 차이는 없었다.
6	환기(換氣)	외부와의 거리관계 등으로 약간씩 대류현상이 일어났다.	전실전각이 있으므로 굴 내의 기류는 정체 상태에 가까웠다.
7	보온	보온이 불가능하고, 겨울철(冬季)의 굴 내는 결빙 상태가 계속되었다.	전실전각의 폐문(閉門)과 이중 돔의 영향으로 빙점(氷點) 이하로 떨어지지 않았다.
8	풍해(風害)	편동풍을 따라 굴 내까지 우로(雨露), 풍설(風雪), 진개(塵芥) 등이 직접 들어왔다.	전실전각 문의 폐쇄로 편동풍에 편승한 여러 가지 피해가 방지되었다.
9	동해(凍害)	불상 조각면이 결빙되었다가 해빙되면 피해를 입었다.	굴 내 보온으로 석면 결빙이 방지되고, 돌가루(石粉)의 탈락이 중지되었다.
10	일광(日光)	직사광선이 굴 내까지 비추어 조류(藻類) 생장(生葬)의 비료가 되며 조각상 풍화를 촉진시켰다.	반사광선이 굴 내에 들어옴으로 직사광선의 피해를 방지할 수 있었다.
11	운무(雲霧)	운무, 세우(細雨)가 거침없이 굴 내에 스며들었다.	전실전각 문의 폐쇄로, 노천일 때 풍우상설(風雨霜雪)의 피해가 방지되었다.

전각 신축 이전과 이후의 실내 상황 비교
『석굴암수리공사보고서』, 문화재관리국, 1967, 59쪽의 원도표에서 문맥을 다듬은 것이다.

(목조전각-필자 주)이 없으면 흙먼지와 동해의 소금기 있는 바람을 어떻게 막을 겁니까?[18]

차제에 전각 신축으로 인한 석실법당 내의 긍정적 변화를 소개한다. 280쪽의 '전각 신축 이전과 이후의 실내 상황 비교표'는 1960년대 공사에서 전각을 세우기 이전과 이후의 상황을 세부 항목별로 비교한 것이다.

지금까지 현실적인 측면에서 전실전각의 당위성을 확인했다. 전실전각이야말로 석굴암 보존을 위한 절대유일의 방안이라는 점, 그리고 논의의 대상이 될 수 없다는 점 등을 정리한 것이다.

그럼에도 불구하고 많은 연구자들은 증거 능력이 의심스러운 자료들을 앞세워 극구 전각을 뜯어내자는 입장이므로, 4장에서는 그것들을 하나하나 검증하여 개방구조설의 기반이 얼마나 허약한지를 살펴보고자 한다.

4

곡해된
자료들

그동안 개방구조를 당연시한 우리 연구자들은 다양한 자료를 근거로 제시해왔다. 20세기 초의 사진, 조선조 선비들의 시문, 고지도 등에서는 전각의 존재가 확인되지 않는다고 주장한 것이다. 또한 유네스코 문화재보존연구소장 플랜덜라이스의 '의견서'를 첨부하기도 했다.

하지만 지붕과 출입문이 없는 집은 '집'이 아니라는 평범한 상식에 비춰보면, 그들이 내민 증거들을 액면 그대로 수용하는 것이 쉽지 않다. 즉 그것들을 검증하는 것이 전각의 정당성을 밝히는 또 하나의 시금석이 될 것이다.

옛 사진들이 말하는 것

1909년 4월 말 조선통감부의 소네 아라스케 부통감 일행이 탐방한 이래, 석굴암에는 일본인의 발길이 잦아진다. 그 대열에는 사진작가도 포함되어 있었는데, 총독부의 1차 공사가 개시된 1913년까지 엽서와 사진첩 등 석굴암 사진이 다량 유포된다.[1] 바로 그것들을 우리 연구자들이 절대시 해왔다.

> 우리는 석굴암에 대한 최초의 대대적인 보수작업이 20세기에 들어
> 와서 일제에 의해서 행해지기 직전의 사진들을 가지고 있다. 과거의
> 석굴암의 모습을 볼 수 있는 최초의 증거인 바, 때문에 우리는 좋든
> 싫든 이때 사진에 나타난 석굴암을 원형으로 삼는 것이 역사를 존중
> 하는 최선의 자세일 것이다.[2]

가장 신뢰할 만한 당시 사진들에서 목조건축물의 모습을 볼 수 없으니 원래부터 전각이 없었다는 것이다.

그러나 그 무렵 사진에 안 보인다고 하여 창건주가 전각을 건립하지 않았다거나 창사 이래 1,200년 동안 전각이 없었다는 것은 어불성설이다. 그때 사진들은 1909년 4월 말에서 총독부 공사가 시작된 1913년까지의 특정 기간에만 보호각의 부재 상태를 증언할 뿐이다.

구한말의 불국사 사진이 좋은 예이다. 세키노 다다시가 1902년 답사 때 남긴 사진들에는 자하문과 범영루를 잇는 회랑만이 위태롭게 걸려 있었다. 그러나 8년이 지난 1910년경에 이르면 그것마저 보이지 않는다. 따라서 1920년 사진을 기준으로 삼으면 신라인은 자하문과 범영루 사이에만 회랑을 세웠다는 말이 되고, 1910년경 사진을 놓고 보면 불국사는 창건 때부터 일체의 회랑이 없었다는 이야기가 된다. 구한말의 석굴암 사진이 전실전각의 유무 여부를 판정하는 자료일 수 없는 것도 같은 이유이다. 가령 1891년 조순상의 중창 직전에 사진을 촬영했다면 전각이 안 보일 것이고, 중창 직후라면 전각이 포착되었을 것이다.

상) 1902년의 불국사 원경

1902년 당시 불국사는 퇴락의 길을 걷고 있었다. 자하문(오른쪽 전각)과 범영루(왼쪽 전각) 사이의 회랑만이 위태롭게 걸려 있고, 나머지 회랑은 망실된 상태였다.

하) 1910년대의 불국사 원경

상단 사진으로부터 8년 가량이 지난 1910년 전후에는 자하문과 범영루를 이어주던 회랑도 보이지 않는다.

여기에 사진이라는 근대적 시각 매체의 한계도 고려해야 한다.

알다시피 초기의 카메라는 운무나 우천 등의 악천후 및 야간에는 피사체를 포착하지 못했다. 더 근본적으로는 계절에 따라 판이한 온도나 습도의 변화, 주야의 일교차, 햇볕의 자외선과 복사열 등도 담아낼 수 없었다. 그러나 석굴암의 훼손은 깜깜한 오밤중과 악천후 아래서 주로 발생한다. 즉 대낮이나 좋은 날씨에서는 피해가 거의 발생하지 않는다. 사진이라는 매체에는 처음부터 토함산의 불순한 일기와 야간의 실상이 담길 여지가 없었던 것이다.

마지막으로 사진예술가의 욕망이라는 변수도 중요하다. 아름다운 작품을 얻기 위해, 혹은 피사체의 진면목을 드러내기 위해 그들은 광도 조절이 어려운 시간대를 피했다. 옛 사진 가운데 눈비가 퍼붓거나 어둠에 덮인 토함산 자락을 다룬 것이 발견되지 않는 까닭이 여기에 있다.

모름지기 사려 깊은 연구자라면 당시 사진들에 담기지 못한 '또 다른 진실'을 역추적하는 자세가 더 절실하다. 겉으로 드러난 것들에 대한 맹신은 진실을 왜곡시킬 소지가 다분하며, '역사를 존중하는 최선의 자세'도 아니다.

우리에게는 20세기 초의 석굴암 사진을 통해 신라예술가의 미학과 세계관을 유추해내는 과제가 주어져 있을 뿐이다.

기계적인 해석들

석굴암에 관한 문자 기록으로는 고려 말 일연 스님의 『삼국유사』 「효선」 편의 〈대성효이세부모大城孝二世父母〉 조가 가장 이르다. 조선조에 와서도 임진왜란 이전의 문헌은 전하지 않으며, 조선 후기에 와서야 『불국사화엄사사적』(1708), 『불국사고금창기』(1740), 그리고 구한말의 『토함산석

굴중수상동문』(1891) 정도가 있을 뿐이다.[3]

그 외에 시인묵객이 남긴 기행문과 영탄조의 시문 몇 편이 전하는데, 그 중에서 가장 빈번하게 인용된 것이 정시한의 『산중일기』이다. 특히 전각 문제와 관련해서는 다음 문장이 절대적인 근거가 된다.

> 석굴암에 이르니 승 명해明海가 나와 맞이했다. ① 잠시 들어가 앉아 있다가 석굴로 올라갔다. [Ⓐ] ②모두 인공으로 된 것이다.[4]

우리 연구자들은 바로 이 문장을 가지고 전각철거론의 불을 지펴왔다. 예를 들어 ①번 문장과 ②번 문장 사이의 [Ⓐ]란에 전각에 대한 서술이 없으니 전각이 없었다고 확대해석하는 식이다.[5] 하지만 이 같은 풀이는 기계적인 직역에 따른 섣부른 결론이다.

고금을 막론하고 글 쓰는 이들은 압축과 생략, 강조 등의 다양한 수법을 동원한다. 박물관을 다녀와 감상문을 쓴다고 할 때, 가장 인상적이거나 감동을 선사한 작품을 중심으로 내용을 전개한다. 박물관의 출입문이 어떻게 생겼다거나, 열고 들어갔다거나 하는 시시콜콜한 부분까지 서술하면 주제가 흐트러지기 때문이다.

예를 들어 ①번 문장에서 "잠시 들어가 앉아 있다가入坐小時"라는 구절도 정시한이 어디로 들어간 것인지, 잠시 앉아 쉬던 장소는 구체적으로 어디를 뜻하는지 나와 있지 않다. 그러나 독자는 그곳이 승려가 기거하는 '요사채'라는 사실쯤은 눈치껏 알아차린다.

남천우도 그 부분만큼은 정확하게 접근하고 있다. "명해라는 스님이 맞아들이므로 '석굴암(승방을 말함-필자 주)에 들어가서' 잠시 앉아 있다가…"라고 원문에도 없는 '석굴암에 들어가서'라는 구절을 추가해 풀이한 것이다.[6] 마찬가지로 위 인용문의 [Ⓐ]란은 전각이 늘 보는 '흔한' 것이라 정시한이 생략한 것으로 봐야 한다.

　결국 앞의 인용문은 정시한이 승려 명해의 안내를 받아 요사채에서 휴식을 취한 후, 석실법당으로 올라갔으며 전각의 문을 통해 입실한 상태에서 난생 처음 보는 내부 정경에 놀라 그 감회를 밝힌 것이다. 더욱이 ②번 문장은 석실 내부의 모습에 대한 총평으로, 바로 뒤에는 그때 석굴암이 매우 양호한 상태였다는 것을 묘사하는 내용이 이어진다.

　　그 속에 있는 커다란 석불은 엄연하기가 마치 살아 있는 것 같다. 대
　　좌에 앉아 있는 모습이 균형이 잡히고 기교하다. 굴 위의 개석(천개석)
　　과 여러 천장돌은 기울어진 것이 하나도 없다. 배열되어 있는 불상들
　　은 마치 살아 있는 듯하고 기괴하여 무어라 말할 수 없을 지경이다.[7]

　이끼나 곰팡이, 습기, 착색着色 같은 일체의 부정적인 묘사가 보이지 않는데, 이는 당시 석실법당이 전각에 의해 잘 보호되고 있었다는 반증에 다름 아니다. 혹여 법당 내부가 지저분하거나 청태 등에 덮여 있었다면 그 점을 지적하고 개탄하는 글이 되었을 것이다.

　따라서 정시한의 글에 단순히 전각에 관한 직접적인 기술이 없다는 이유로 신라인이 전각을 세우지 않았다는 것은 올바른 접근이라고 보기 어렵다.

　그런데 글쓰기의 일반적인 관행을 무시한 기계적인 직역의 폐단은 끊이지 않는다. 그중 하나가 18세기 초의 중수 사실을 소개한 『불국사화엄사사적』에 나오는 다음의 문장에 대한 풀이이다.

　　석불사를 시창하면서 '흙과 나무를 사용하지 않고以不假土木' 전부 다
　　듬은 돌로 석감石龕을 짜 맞추었구나.[8]

곧 전각의 정당성을 부정하는 연구자들은 바로 이 '흙과 나무를 사용하지 않고'라는 구절을 두고 목조전각이 없었다는 증거로 내세운다.

그러나 앞의 인용문은 순전히 돌덩어리로만 꾸며진 석실 본체(석감)에 해당하는 진술로 보는 것이 옳다.[9] 이 땅의 건축물이 목조 기둥과 서까래, 대들보, 그리고 흙벽으로 이루어지는 데 반해 희유하게도 석재를 조립하는 방식으로 이룩된 석실 본체를 접하고 그 비상한 정보를 전한 것이다.

임필대의 『강와집』에 나오는 문장에 대해서도 같은 풀이가 이어진다.

> 정오부터 석굴을 보기 시작한 바, 곧 '대들보 없는 집의 형식無棟宇之制'으로 돌을 첩첩이 쌓아 굴을 이룩했더라.[10]

이 문장은 명백히 주실 공간을 대상으로 쓰인 것이다. 목조건축의 대들보 같은 것을 사용하지 않고 돌덩이만으로 돔 천정 등을 완벽하게 실현한 신라의 토목기술에 대한 놀라움을 표현한 셈이다.

그러나 '대들보 없는 집의 형식'이라는 구절을 두고 역시 전실전각이 없다는 사실을 기술한 것이라는 풀이가 대세를 이루어왔으며, 이를 후학들도 그대로 따른다.[11] 그러나 임필대의 진의는 주실 돔 천정의 특이한 모습을 전달하려는 것이지 전각이 없다는 것을 말하려는 게 아니다.

우리는 사물의 특징 하나를 집어서 말하기를 좋아한다. '초가집'이라고 해서 풀로만 지은 것이 아니고, '기와집'이라고 해서 기와로만 지은 것이 아니다. '토담집'이나 '벽돌집'도 마찬가지고, '유리궁전'이나 '거울궁전'도 다르지 않다.

이와 같이 우리 연구자들은 석실법당이 돌로 이룩된 사실을 강조한 글을 두고도 전실전각이 없다는 쪽으로 확대해석해왔다. 전각이 없어야 한다는 편견에 갇혀 객관적 풀이가 실종된 것이다. 정녕 전각이 없었다면 바로 그 점이 특별한 정보이고, 위의 문사들도 당연히 그 점을 진술했을 것이나, 누구의 글에도 그런 내용은 없다.

거듭 강조하거니와 예나 지금이나 기계적인 직역만으로는 글의 원의가 살지 않는 경우가 많다. 전후 맥락에 비춰 생략된 부분은 드러내고 압축된 부분은 풀어 의역과 직역을 적절하게 배합해나갈 때 올바른 정보가 드러난다.

고지도의 진실

1996년 5월 몇몇 신문에 석굴암 관련 기사가 일제히 실린다. 서울대학교 규장각 한국학연구원에 소장되어 있는 18세기 지도책인 『해동지도』제5책에 해당하는 「영남전도」에서 석굴암 전실에 전각이 없었다는 결정적인 근거를 찾았다는 것이다.[12]

과연 「영남전도」에는 골굴암 자리에는 전각이 그려진 반면, 석굴암 자리는 말굽 모양으로 처리되어 있을 뿐 전각은 보이지 않는다.

그러나 지도는 사물의 형상을 있는 그대로 그려 넣지 않는다. 사물의 특징이나 속성을 간단한 기호나 도형으로 추상화시켜 '거기'에 '그것'이 있음을 '표기表記'할 뿐이다. 요즘의 지도에도 학교는 사각 도형에다 작은 깃발하나를 세우고, 교회는 십자가로 대신하며, 사찰은 '만卍' 자로 나타낸다.

이러한 원리는 옛 지도도 마찬가지였다. 관아나 사찰은 '엉성한' 집 한 채나 탑 한 기로, 큰 산은 '간단한' 봉우리로 '표기'하는 선에 그쳤다. 대상의 구체적인 모습보다는 그것이 어디에 있는지 '위치'가 지도의 생명인 셈이다.

따라서 「영남전도」의 의의는 전각의 유무 판정에 있는 게 아니라 법당을 돌로 지은, 특히 지붕을 둥그렇게 처리한 기이한 사찰이 토함산에 있다

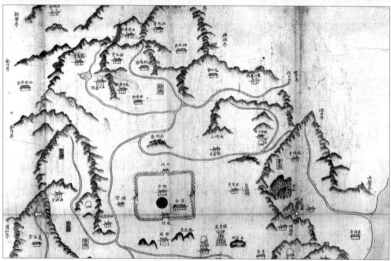

상) 지도첩 『해동지도』 중 「영남전도」의 부분 확대

우측에 세로로 구불구불하게 흐르는 산줄기가 함월산과 토함산이다. 석굴암은 중간 부분에 바위동굴처럼 그려져 있다. 오른쪽의 집은 요사채이다. 서울대학교 규장각 한국학연구원 소장.

하) 「경주도회좌통지도」의 부분 확대

오른쪽으로 석굴암이 말굽 모양으로 표시되어 있다. 그 왼쪽의 작은 산봉우리가 토함산이다. 서울대학교 규장각 한국학연구원 소장.

는 사실을 알려주는 정도에 머문다. 이는 「영남전도」와 더불어 인용되어온 「경주도회좌통지도」에도 해당되는 지적이다.

결론적으로 말굽 모양의 기호는 비도의 아치형 출입구가 아니라 주실 돔 지붕을 약화略畵로 처리한 것으로 봐야 한다. 외관에 불과한 전각만을 그려놓았다면, 석굴사원이라는 가장 핵심적인 정보가 수요자(수신자)에게 전달되지 않는다. 석굴암의 핵심인 주실 돔 지붕을 그리 '표기'한 것은 극히 자연스러운 일이다.

플랜덜라이스의 2차 보고서

박정희 군부 정권이 등장하고 두 달 만인 1961년 7월 17일, 이전의 민주당 정권 때 초청한 유네스코 문화재연구소장 플랜덜라이스H. Planderleith 박사가 내한한다. 같은 달 21일 경주에 도착해 석굴암을 답사한 그는 뜻밖의 행보를 보인다. 1차 보고서에서는 전각 건립을 지지하다가 2차 보고서에서는 정반대의 입장을 표명한 것이다.

> 내가 측정한 결과로서는 8월 중의 주간에 있어서의 날씨는 기온 섭씨 35도, 습도 95퍼센트에 달하는 덥고도 습한 것이므로, 기온이 섭씨 30도로 내려가는 야간에 있어서는 저온한 표면에 이슬이 맺히게 될 것이다. 따라서 젖는 것을 막을 수 있는 주요한 요인은 통풍이므로 석굴암을 밀폐하려고 시도하는 것은 중요한 과오를 저지르는 것이 될 것이다. 그러므로 나의 지난번 의견은 정정되지 않을 수 없게 되었으며, 심사숙고를 거듭한 결과로서의 나의 의견은 석굴암 전면부에 지붕을 얹거나 또 문을 해 다는 것에 '전적으로 반대all against' 한다.[13]

자신의 1차 견해를 뒤집은 셈인데, 이슬을 가장 심각한 문제점으로 지적하면서 전각 신축을 '전적으로 반대'한다는 것이다.

우리 연구자들은 그의 2차 보고서를 금과옥조로 삼고 있다. 남천우는 "(플랜덜라이스 씨의) 석굴암에 대한 사랑과 정성에는 누구나가 다 본받을 점이 있거니와… 그의 이러한 의견에는 뛰어난 전문적인 안목이 담겨져 있었던 것"이라고 극찬한다. 그런가 하면 유홍준은 앞의 글을 인용한 다음 "그러나 플랜덜라이스의 2차 의견서는 묵살되었다."라고 유감을 표한다. 마치 공사 책임자가 국제 전문가의 합리적인 자문을 거부한 양 독자들에게 소개한 것이다.[14]

하지만 국제적인 전문가라고 해서 오판하지 않는다는 법은 없다.

플랜덜라이스는 장마철이 끝나는 7월 하순, 삼복염천의 태양이 작열하기 시작한 때에 방한해 이 땅의 징그러운 장맛비를 경험하지 못했다. 또한 집중호우나 동절기의 혹한과 폭설, 짐승 등 토함산의 악조건을 관찰할 기회도 없었다. 곧 사계절이 순환하는 한반도에서 습도 문제가 전부는 아니라는 사실을 체감할 기회를 놓친 것이다. 그러다 보니 사안의 경중을 헤아리지 않고, 남의 나라 종교건물에 지붕도 문짝도 달지 말라는 어처구니없는 결정을 내린 것이다. 물론 눈보라나 태풍이 몰아칠 때 방문했다면, 그 역시 위와 같은 결론에는 이르지 않았을 것이다.

지나간 일이지만 그의 2차 보고서를 당시 우리 공사 책임자들이 채택하지 않은 것은 생각할수록 다행스러운 일이다. 만약 그의 의견에 따라 전각을 포기했다면 몇 년 안에 우리는 또 다시 석굴암의 훼손 소식을 접하고 개탄과 분노에 사로잡혔을지 모른다.

하나 더 보태자면, 우리 학자만을 최고라는 것도 문제지만, 국외자로서의 한계가 여실한 그의 주장을 절대시하는 태도는 우리 학문의 자주성에 상처를 입힐 뿐이다.

외국 석굴사원과의 대비

외국의 석굴사원 문제도 정리해야 한다. 학계 일각에서 외국의 많은 석굴사원에 전각이 없다는 점을 전각 부재의 방증으로 삼고 있기 때문이다.[15]

그러나 둔황 등의 석굴은 연중 비 한 방울 내리지 않고, 새 한 마리 살지 않는 사막지대에 있다. 또 인도의 아잔타나 엘롤라석굴처럼 사막지대가 아니더라도 천연 암벽을 파고들어가 내부공간을 마련해놓고 있어 석굴암과는 조건이 다르다. 태풍이나 폭우가 몰아쳐도 안의 불상이나 벽화는 별다른 피해를 입지 않는다.

무엇보다 굴착식 석굴사원은 암벽 자체와 분리되어 있지 않으며, 외부에 돌출된 불상들 역시 마애불이 주종을 이룬다. 비를 맞아도 금방 씻겨나가고, 햇빛이 나면 물기가 쉽게 날아간다. 경주 남산의 마애석불을 떠올리면 이해할 수 있는 일이다.

하지만 석굴암의 사정은 특수하다. 아무리 튼튼한 전각도 폭풍에 유실되거나 날아갈 수 있다. 여기에 수백 개의 석재가 맞물리는 틈새는 이끼류나 지의류, 관목류, 혹은 벌레가 생장하고 서식하기에 더없이 안성맞춤이다. 다른 석굴사원들의 예는 참고는 될지언정 절대시하는 것은 금물이다.

이상에서 본 바와 같이 전각철거론의 근거들은 그 본래의 정보나 취지가 과장되거나 굴절됨으로 인해 잘못 이해되어왔다. 우리 연구자들은 그것들이 들려주는 진실된 목소리에 귀를 닫고, 도리어 그것들에 자신들의 편견을 강요해온 셈이다.

5

전각 실재의
증거들

우리 연구자들은 전각의 증거가 없다면서 '개방구조'를 공론화해왔다. 하지만 정직한 태도도 아니었고 객관적이지도 않았다. 전각의 실재를 입증하는 자료들이 적지 않지만, 그것들이 갖는 정보와 함의를 반대 방향으로 유도해왔을 뿐이다. 조순상의 중창 기록인 『토함산석굴중수상동문』, 총독부 및 문화재관리국 공사 때 출토된 기와 및 대못 등의 유물, 겸재 정선의 〈골굴석굴도〉 등에 대한 풀이가 대표적이다.

이번 장에서는 그것들을 원점에서부터 검토하여 전각의 엄연함을 확인토록 한다.

『토함산석굴중수상동문』

『토함산석굴중수상동문』의 목조 편액은 총독부의 개축공사 도중에 처음 발견된다. 1891년과 1902년 사이에 일어난 지진 때 전각이 붕괴되면서 매몰되었을 것으로 짐작이 되는데, 이후 행방이 묘연해졌다가 1960년

대 공사 중에 다시 나타난 것이다. 톱질에 앞뒤가 잘려나가고 남은 가운
데 토막만이 해우소 문짝에 대못으로 박혀 있던 것을 황수영이 찾아낸 것
이다.

그나마 천행인 것은 일본의 불교미술학자인 오노 겐묘가 원문을 채록
해 『극동의 삼대예술』(1924)에 실어둔 일이다.¹ 그렇지 않았다면 1891년
중창에 대한 귀중한 정보가 없어지고 말았을 것이다.

이미 1부에서 그 「서문」 가운데 석굴암을 창건한 '어진 승상(현재賢宰)',
곧 김대성의 공덕을 찬탄한 부분을 소개한 바 있지만, 골자는 역시 그 놀라
운 사원이 전각의 붕괴로 밤마다 산짐승들의 소굴로 변해 울산병사 조순
상의 발원으로 계를 조직해 전각을 중수했다는 내용이다.

원문 가운데 관련 부분을 가려 옮긴다.

> (전략) 저 불국사의 석굴암佛國之石窟은 실로 신라시대의 가람이다.
> (중략)
> ① 짧고 긴 서까래短栭長椽는 전각구도殿構가 굉걸함을 보이고 붉고 푸
>   른 이끼는 돌의 모양새가 어긋져 가지런함을 알린다.
> ② 허나 이제금 세월이 흘러 오래 되었으니 풍우에 깎이고 흔들리는

것을 어찌하랴. 주루옥전은 매몰되어 개암나무 가시덤불의 무성한 터가 되고, 학 같은 도리와 무지개다리는 이리와 토끼의 자취로 얼룩졌구나. (중략)

③ 장인을 소집召匠하고 들보로 쓸 목재를 모아서募棟 신규新規를 쫓아 초창草創하여 채색 단장하니依'採畵' 蘆, 이제야 겨우 옛 모습에 비길 만하다. (중략)

④ 도끼질이요 톱질이요斧彼鋸彼, 대장大壯의 송頌에 맞추니 둥글고 빛나도다. (후략)[2]

①번 문장은 기존에 있던 전각에 대한 찬탄이고, ②번 문장은 그것이 망실된 뒤의 실태를 개탄하는 내용이며, ③번 문장은 새로 전각을 세우는 과정 및 그 결과에 대한 이야기이다. 특히 '채화'는 2부 7장「원형과 개방구조」에서 장엄 문제와 연결해 언급했듯이 전각에 단청을 올린 사실을 일러준다. 또한 ④번 문장도 목공작업의 현장을 생생하게 전해준다.

이어지는「육위가」는 상량식에서 부른 모두 6연으로 된 찬시 형식의 노동요로, 구성상 본문에 해당한다. 1부 2장「달을 품어 안은 산」에서 "아랑위 들보를 동쪽에 걸어라."라는 문장을 보았듯이 각 연은 모두 '들보'를 올리는 장면을 묘사한다. 특히 연의 앞머리를 장식한 '아랑위'는 우리말 '어영차'의 음차音借로, 대들보를 올리는 대중공사에 참여한 목도꾼들의 활달한 움직임을 전하기에 손색이 없다.

마지막의「추기」는 도량의 내일을 기약하고 손영기 자신의 실명을 적어두는 것으로 끝맺고 있다.

이와 같이『토함산석굴중수상동문』은 이전의 전각이 허물어진 것을 재건한 사실을 담고 있다.

하지만 그것은 정당하게 평가된 적이 없다. 별다른 정보가 없는 '시시

한' 자료라는 식으로 깎아내리거나(2부 8장 「원형논쟁과 학문윤리」 참조), 혹은
목조전각을 세운 내용을 석조와 관련된 것으로 왜곡하는 식이다.

남천우와 유홍준의 총평을 차례로 싣는다.

> 상동문에는 당시 석굴암이 황폐되어 있던 모습을 비교적 자세히 설
> 명하고 있음에도 불구하고, 전부가 석구조石構造에 관한 설명뿐이며,
> 즉 목구조木構造에 관한 설명은 전연 없으며…[3]

> 『석굴암중수상동문』에 의하면 1891년에 석굴암은 조씨 성을 가진
> 순상巡相(병마사)에 의해 크게 중수되었다고 하였는데, 그 중수의 내용
> 과 규모는 확실치 않고 다만 불국지석굴佛國之石窟이라고 한 것을 보아
> 이미 불국사의 말사로 되었음만은 확인할 수 있다.[4]

과연 원문은 읽어보았는지 의구심을 지울 수 없는데, 이들의 글을 접한
독자의 입장에서는 있으나마나 한 자료쯤으로 여길 것이다.

그런 가운데 위의 ③번 문장에 나오는 '채화'의 뜻이 곡해되기도 한다.
전실전각에 단청을 입혔다는 뜻인데, 윤장섭·윤재신은 뜻밖에도 불상 채
색의 증거로 풀이한다.

> 1891년 시행된 중수공사 때의 상동문에는 "예전대로 채화彩畵하였
> 다"라는 기록이 있으므로 그 이전부터 불상들 표면에 도색이 되어
> 있었던 것을 알 수 있다.[5]

본존불부터 전체 조각상에 칠을 입혀 장엄했다는 것이다.

그러나 채화와 개금은 엄연히 다르다. 불가에선 불상에 채색을 입히는

것을 흔히 '개금蓋金'이라고 칭한다. 호분이든 금분이든 불상에 입히는 것을 채화라고 표현한 용례는 찾기가 쉽지 않다. 더욱이 문제의 백색 호분은 재발견된 이후에 칠해진 것으로, 1909년 등의 초기 사진에는 보이지 않는다.

게다가 개금은 문맥상으로도 맞지 않는다. 위 ③번 문장은 엄연히 목수를 모으고 목재를 준비해 집을 새로 지었다는 내용이다. 본존불이든 다른 조각상이든 불상을 떠올릴 만한 구절은 없다.

『토함산석굴중수상동문』과 관련해 가장 유감스러운 태도는 원문이든 목조편액이든 그것에 대해 함구로 일관하는 일이다. 전각의 철거를 강조하는 글에 그것의 존재를 일절 거론하지 않고 넘어가는 게 다반사인데, 독자로서는 그런 자료가 있는 줄도 모르는 상황이 계속되어온 셈이다.

사실 이 목조편액의 존재만으로도 전실전각의 실재를 입증한다고 믿는다. 걸어놓을 전각이 없다면, 처음부터 글을 짓고 나무를 다듬어 글귀를 파고 새길 이유가 없기 때문이다.

쏟아져 나온 기와들

총독부 1차 공사에서는 다량의 기와 파편이 수습되고, 1960년대 공사에서도 적지 않은 양이 발굴된다. 신라시대부터 조선시대까지의 시차를 달리하는 것들이 골고루 섞여 있는데, 그중에서 눈길을 끈 것이 파와巴瓦나 귀면와, 통기와 등이었다. 전각이 부재했다면 나올 수 없는 것들이기 때문인데, 일본학자들의 견해도 같았다.[6]

설령 그것들이 아니더라도 전각은 1,300년 동안 십 수 차례 내지 그 이상 개축과 신축을 반복했을 것이다. 기와불사 역시 다른 한옥 기와집의 예를 감안할 때 20~30년 만에 한 번씩, 적어도 수십 차례를 상회할 것이다.

총독부 1차 공사에서 나온 귀면와 파편들

총독부의 1차 공사에서는 암키와와 수키와 외에도 통기와와 파와, 귀면와 등을 대량으로 수습한다. 신라시대부터 조선시대까지 골고루 섞여 있었다. 전실전각의 존재를 실증하는 것들이다.

하지만 그것을 놓고도 우리 연구자들은 전혀 다른 각도로 접근한다.

예를 들어 윤재신은 전각이 아닌 돔 지붕 상부의 봉토를 덮었던 것이라고 설명하고 있으며, 그가 제시한 기와 사진에는 어쩐 일인지 파와와 귀면와, 통기와 등이 모두 빠져 있다.[7] 심지어 배진달은 그것들의 출토 장소에 대해서조차 의문을 표한다. 그것들이 석실법당 아래 쪽 언덕에 자리한 현재의 수광전이나 요사채의 기와일 수도 있다는 식이다.[8]

그러나 발굴 작업을 권역별로 나누어 진행하는 건 고고학의 기본이다. 총독부 공사든 1960년대 공사든 석굴과 요사채를 구별 못해 그것들을 뒤섞어놓았을 리 만무하다. 1960년대의 발굴도 'A' 구역, 'B' 구역, 'C' 구역 등 명확히 세 구역으로 집행된 사실이 『석굴암수리공사보고서』에 기록되어 있다.[9]

또, 유홍준은 '석불사石佛寺'라는 글자가 새겨진 기와를 두고도 "목조건축의 기와인지, 봉토 위의 깨진 천장덮개돌로 물이 유입되는 것을 막기 위한 일부인지는 알 수 없는 것"[10]이라고 얼버무린다.

목조용 쇠못들

목조용 쇠못도 기왓장 못지않게 중요한 물증이다. 전각이 없었다면 쇠 못이 출토될 이유가 없기 때문이다.

목조용 못은 통상 잔못과 큰못(대못)으로 분류되는데, 큰못 중에서도 막 새기와에 쓰는 것은 '와정瓦釘', 서까래를 고정시키는 것은 '연정椽釘'이라 고 부른다. 그런데 총독부 공사 때 여러 점의 대못이 출토되었고, 뒤에서 인용하겠지만 그것들을 일본학자나 우리의 공사 책임자들은 당연히 목조 용으로 이해해왔다. 또, 『조선고적도보』5권에는 그것들의 사진을 목조용 정과 조각용 정으로 구분해 싣고 있으며, 『석굴암수리공사보고서』에도 재 차 구별해 실어둔다.[11]

다소 길지만 그것들 낱낱에 대한 진홍섭의 설명을 옮긴다.

> 모두 고식古式에 의한 사각 철정鐵釘이다. 크기와 형태는 대개 5종으로 구별된다. 길이가 특별히 길고 둥근 못대가리가 있다(1개). 길이는 그 다지 길지 않으나 못대가리가 유난히 넓적하다(1개). 길이는 짧은 편 이나 큰 못대가리가 있다(1개). 길이는 제법 길고 못대가리가 없다(1 개). 길이도 짧고 못대가리도 없다(6개). 어느 것이나 녹이 심하다. 이 외에 꺾쇠 종류는 발견되지 않았다. 이 철정의 발견으로 인하여 목조 가구木造架構가 있었던 것이 확실하며, 혹은 전실 천정을 덮었던 옥개 의 서까래 같은 데 사용하였던 것이 아니었던가 짐작된다.[12]

그러나 원형논쟁에 가세한 이들 중 누구도 그것들을 목조용 못으로 인 정하지 않는다.

① 석부조를 섬세하고 정교하게 다듬기 위해서는 연필 같이 가는 정

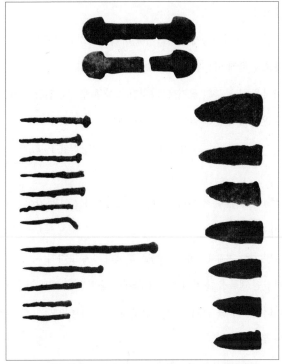

상) 총독부의 1차 공사에서 나온 대못과 조각용 정들

왼쪽의 가느다란 것들이 목조용 대못이고, 오른쪽의 굵은 것들이 조각용 정이다. 위쪽의 토막 난 쇠붙이는 석재들을 연결할 때 사용하는 인장들이다.

하) 〈조선 못 특별전〉에 나왔던 목조용 못들

상단 사진의 쇠못들과 생김새, 길이 등이 거의 같다. 서까래 같은 목재에 사용하기 위해 길이가 길다.

이 사용된다.

② 석면石面을 섬세하게 부조하기 위하여 사용하였던 정들을 초창기 목조 건물에 사용된 쇠못으로 잘못 생각하고,

③ 이것을 한 부분의 근거로 하여 전실 상부에 목조 건물을 만든 것은 온당하지 못한 일이었다고 생각한다.

— 윤장섭·윤재신, 『석불사』, 학천, 1998, 49~50쪽.

① 석石 부조浮彫를 정교하게 다듬기 위하여서는 연필 같이 가는 정이 필요하다.

② 석면(石麵: 면面의 오자-필자 주)을 섬세하게 부조하기 위하여 사용하였던 정들을 초창기 목조 건물에 사용된 쇠못으로 오인하고,

③ 이러한 이유를 근거로 전실 상부에 목조 건물을 만든 것은 온당치 못하다.

— 배진달, 『석굴암의 신연구』, 동국대신라문화연구소, 2000, 129쪽.

이와 같이 아무리 좋은 자료도 그들에게 이르면 무의미하거나 정반대의 자료로 뒤바뀌는 형국이다.

참고로, 지난 2001년 서울 혜화동의 짚풀생활사박물관에서 열렸던 〈조선 못 특별전〉에 출품된 못의 길이나 모양이 위의 못들과 비슷했었다는 것이 주목할 만하다.

전실 첨차석과 돌기둥

이참에 전실 양쪽 팔부신중의 판석들 위에 5개씩 놓인 첨차석에 관해서도 알아볼 필요가 있다.

광복 이전에는 그것들을 전각과 연결 짓는 것이 일반적이었다. 고유섭과 후지타 료사쿠藤田亮策의 경우 불국사에서 자하문으로 오르는 계단의 좌우 양쪽 옥개석을 짊어진 서까래 모양의 석재들을 석굴암 전실전각의 간접증거로 제시하기도 했다.

> 외굴(전실)은 천정이 낙실되었으나 불국사 석단에서 볼 수 있는 장방長方 주석肘石(첨차석-필자 주)이 놓인 점에서 평면 천정이 덮여 있었던 듯하다.[13]

> 전실의 조상을 새긴 돌 위에는 좌우 각 4개의 주목肘木 모양의 돌을 돌출시켜 본래 그 위에 지붕이 있던 것을 알 수 있다.[14]

여기서의 '주석'은 옥개석을 받치고 있는 서까래 모양의 첨차석들을 가리킨다. 바로 그 위쪽으로 자하문의 기둥이 선 것처럼, 석굴암 전실의 첨차석들이 떠받친 평평한 개석 위에도 전각의 기둥이 서 있었다고 본 것이다.

그러나 남천우를 포함해 오늘의 연구자들은 그것들 역시 전각 부재의 증거로 판단한다.

> 이와 동일한 구조는 불국사의 자하문 앞에 있는 청운교 돌계단 위쪽에도 있으므로 참고할 수 있다. 그런데 거기에 있는 추녀를 보면 평판 판석이 아니라 상면上面은 경사지게 다듬어놓았음을 알 수 있다. 물론 그곳도 노천인 외부이며 이러한 구조가 건물 내부를 장식하기 위한 구조가 아니라 건물 외부에서 빗물을 처리하기 위한 구조임은 의심의 여지가 없다. 따라서 팔부중이 있는 곳이 원래에는 천으로 된 마당이었음을 다시금 확인할 수 있다.[15]

불국사의 추녀가 외부에 노출되어 있으므로 석굴암 전실도 노천으로 봐야 한다는 것이다. 윤장섭·윤재신도 같은 생각이다.[16]

하지만 자하문의 첨차석 밑에는 보호하고 말고 할 성상들이 없으며, 단지 석축이 있을 뿐이다. 거기서는 예불이 행해지거나 수행자가 밤 새워 독경하는 일도 없고, 불자들이 오체투지하거나 본존불을 우러러볼 일도 없다. 말하자면 그곳은 경내에서 외정外庭에 해당하지만 석굴암의 전실은 사철 예불이 행해지는 실내공간으로, 전각이 아니면 일상적인 활동도 여의치 않다.

한편, 2부 7장 「원형과 개방구조」에서 원형 파괴의 예로 지목한, 전실 한복판의 쌍둥이 돌기둥도 예사로 넘길 수 없다(45쪽 도판 참조). 실물이 사라진 상태라 조심스럽지만, 여러 가지 가능성을 고려해볼 수 있다.

다른 사진들과 비교해볼 때 일단 높이는 대략 2미터가량 되고, 위치는 주실 입구의 쌍석주와 나란한 동서축과 전실 좌우의 안쪽 첫 번째 신중 판석을 잇는 남북축이 교차하는 지점임을 알 수 있다. 법당 한복판에 쓸모없는 돌기둥을 2개씩이나, 그것도 좌우대칭으로 나란히 세워둘 까닭이 없다는 점에서 분명 뭔가 특별한 역할을 감당하고 있었을 것이다.

이렇게 생각했을 때, 첫 번째로 참배 위치를 나타낸 표식일 수 있다. 그것들 중간에 서면 참배자의 시선과, 본존불의 얼굴 및 뒷벽의 두광이 일직선을 이루면서 가장 조화롭게 보이기 때문이다.[17]

두 번째로는 혹 우리 전통건축에서 천정을 안에서 지탱하는 내부 통주通柱일 가능성이다. 사찰의 대웅전 등 큰 건물의 경우 기둥들로 구성된 내진內陣을 볼 수 있는데, 그때의 기둥들은 천정 전체의 하중을 분담한다. 마찬가지로, 전실 복판의 쌍둥이 돌기둥들도 전실전각의 천정을 감당하는 내부 통주의 아랫부분일 개연성도 없지 않다. 다만 다른 통주들의 경우 대부분 나무기둥이지만, 석굴암의 성격상 하단부를 석주로 처리했을 수도

상) 석굴암 전실의 첨차석들

석굴암 전실의 첨차석은 대들보라고 불러도 될 만큼 육중하고 거칠다.

하) 불국사 자하문 아래 옥개석과 첨차석들

옥개석 아래의 석재들은 서까래 모양으로 곱게 다듬어져 있다.

상) 총독부 1차 공사 착수 시점의 석굴암 원경
돌계단 중간 지점에 원통형 부재 하나가 누워 있다. 성균관대학교 박물관 소장.

하) 상단 사진의 부분 확대
언덕길의 원통형 목재를 확인할 수 있다.

있다. 경회루 같은 누정樓亭 건축의 기둥에서 위는 목조로, 아래는 석조로 구성하는 방식을 떠올리면 이해가 빠를 것이다.

마침 총독부 1차 공사 착수 시점에 촬영된 사진에 목조기둥으로 추정할 만한 것이 있어 눈길을 끈다.

석실법당으로 올라가는 돌계단 중간에 거꾸로 누워 있는 원통형 부재가 그것이다. 구한말의 다른 사진들에서도 확인되는데, 전체적인 생김새와 질감이 주변의 돌덩이들과는 판이하다. 그것도 자연 원목이 아니라 인공의 손길을 거친 흔적이 역력한 것이 기둥에 가깝다. 물론 석굴암의 석조 본체에는 그런 모양의 목재가 사용될 만한 데가 없다. 결국 전각과의 연관성을 상정할 수밖에 없는데, 방금 말한 전실 한복판의 돌기둥들 위에 서 있던 것은 아닐지라도 전실전각의 기둥으로는 볼 수 있다는 것이다. 전각이 아니면 원통형으로 다듬은 목재가 그 자리에 뒹굴 만한 이유가 마땅히 떠오르지 않는다.

〈골굴석굴도〉의 증언

〈골굴석굴도〉는 겸재謙齋 정선鄭敾, 1676~1759이 청하靑河 현감 때 경상도 일원의 명승지를 찾아 그린 『교남명승첩嶠南名勝帖』(1733) 중의 하나이다. 1960년대 공사 당시 황수영이 찾아낸 것으로, 그는 그림 속 오른쪽 전각을 함월산의 골굴암, 왼쪽 전각을 토함산의 석굴암으로 설명하면서 전각의 증거로 제시한다.

하지만 그의 풀이는 그동안 강력한 반론에 직면해왔다. 예를 들어 남천우는 〈골굴석굴도〉라는 제목을 '골굴이라는 석굴'로 풀면서 골굴암만을 그린 것이라고 주장하고, 유홍준은 정선의 손자인 정황鄭榥, 1735~?의 소작일 개연성을 제기한다.[18] 전각의 증거가 불충분하다는 반대론자들의 성화를 못 이겨 내놓은 것이 부실한 자료를 끌어들인 양 불신을 자초한 것이다.

그러나 두 사람의 주장은 꼼꼼하게 따져볼 필요가 있다. 우선 〈골굴석굴도〉라는 제목은 하등 시빗거리가 못 된다.

첫째, 예전 선비들의 글에서는 사암寺庵을 말할 때 '사寺' 자나 '암庵' 자를 생략하는 게 흔한 일이었다. 경주 인근을 여행한 그들의 시문을 보면 불국사는 '불국', 석굴암은 '석굴', 골굴암은 '골굴'로 지칭되곤 했다. 남경희南景羲, 1748~1812의 경우 「우중숙석굴雨中宿石窟」, 「골굴骨窟」, 「석굴石窟」 등의 제목으로 오언 및 칠언율시를 여러 편 남긴 바 있으며, 이채李埰, ?~1684도 1670년의 여행기에 골굴과 석굴을 구분해 싣고 있다.[19] 다름 아닌 『토함산석굴중수상동문』의 첫머리에도 석굴암이 '불국지석굴佛國之石窟'로 표현되어 있다. 불국사에 속한 석굴암이라는 뜻으로, 각각 '사寺' 자와 '암庵' 자를 생략한 것이다. 이로써 〈골굴석굴도〉는 골굴암과 석굴암을 함께 제목으로 보아도 무리가 없다.

둘째, 한자문화권에서는 '뼈 골骨'과 '돌 석石', 그리고 '고기 육肉'과 '흙 토土'는 돌려 쓰는 게 관행이다. 흙이 많은 산은 '토산土山'이 아니라 '육산肉山', 돌이 많은 산은 '석산石山'이 아니라 '골산骨山'으로 칭하는 것이 그것이다. 산악인이 지리산은 '육산肉山'으로, 설악산은 '골산骨山'으로 구분하는 게 좋은 예이다. 이 점에서 볼 때도 '골굴'과 '석굴'을 각각의 고유명사로 보는 게 온당하다. 그러니까 '골굴이라는 석굴'이라는 남천우의 풀이는 정선이 '석굴석굴'이라는 억지스러운 제목을 붙였다는 말이 되고 만다.

따라서 제목을 가지고 골굴암 하나만을 그렸다는 것은 처음부터 성립될 수 없는 주장이다. 그 제목은 도리어 골굴암과 석굴암을 함께 담아냈음을 정확하게 일러줄 뿐이다.

결국 관건은 그림 속 두 동의 목조건축물이 과연 석굴암과 골굴암으로 구분할 수 있느냐의 여부이다.

慶州
骨窟石窟

〈골굴석굴도〉

겸재 정선의 『교남명승첩』은 그림은 총 58면(제1권 38면, 제2권 28면)으로 구성되어 있으며, 제발(題跋) 1면이 붙어 있다. 그중에서 〈골굴석굴도〉는 제1권의 제23면에 해당하는데, 38 센티미터 크기의 지본 작품이다. 제발에는 겸재 정선이 57세이던 1733년(영조 9년) 작으로 나와 있다. 간송미술관 소장.

일단 현지의 지세와는 다르게 두 전각이 가깝게 붙어 있는 것이 문제점으로 지적될 수 있다. 하지만 금강산 일만이천봉을 거리와 위치, 방향과 각도를 재해석해 〈금강전도〉 한 폭에 담아낸 정선의 눈썰미를 의심하지 않는다면 충분히 가능한 일이다.

이와 관련한 당시 논고의 일부를 옮긴다.

화면에서 보면 석굴과 골굴이 너무나 근거리에 있는 것 같은 감을 주고 있으나 이는 작화作畵 시 화면의 배포排布상 불가피했던 것으로 보여진다. 즉 협소한 화면에 광대한 지역을 압축해서 표현해야 되는 고충이 있는 것이다. 이 화첩 중에서도 거의 매 폭마다 그러한 표현을

하고 있지만 말하자면 겸재는 특유의 일종의 거리감을 나타내면서 원격遠隔한 이 산 저 산의 산상山相을 바로 앞에다 붙여 놓는 경우가 적지 않은 것이다.[20]

이런 관점에서 생각하면 그림 속 삼거리는 오늘의 행정구역상으로 경주시 양북면 안동삼거리쯤으로 추정된다. 거기서 왼쪽 길을 쫓아 오르면 석굴암이, 오른쪽 길로 접어들면 기림사로 통하는 중간에 골굴암이 각각 나타난다.

결론적으로 왼쪽 전각은 석굴암 외에 다른 어떤 것도 될 수 없다. 〈골굴석굴도〉가 골굴암만을 그렸다는 풀이는 정선의 화풍을 간과한 단순논리이다.

한편, 일제 때의 골굴암에는 〈골굴석굴도〉에 표현된 전각이 사라진 상태였다. 정선이 화필을 짊어지고 찾은 지 200년 만에 전각들이 모두 붕괴된 것이다. 주불의 경우도 아무런 보호시설이 없었는데, 현재는 철제와 유리 등의 시설로 보호되고 있다.

백보를 양보해 〈골굴석굴도〉가 골굴암만 그린 것이라고 해도 결론은 마찬가지다. 마애불까지 전각을 덮었다면 석굴암에는 더 튼튼한 전각을 갖추고 있었다고 봐야 하기 때문이다. 이는 〈골굴석굴도〉가 설사 정황의 작품으로 판명난다고 해도 변할 수 없는 '진실'이다.

목조의 잔여물이 안 보이는 이유

지금까지 확인한 그대로, 두 차례의 공사에서 출토된 유물 등은 전실 전각의 실재를 증언하고도 남음이 있다. 이는 일본학자들도 인정해온 사실로, 후지타 료사쿠는 『불국사와 석굴암』에서 다음과 같이 밝히고 있다.

굴 내 매몰된 흙 속에서 기와, 못, 걸쇠 등이 발견된 것으로 보아 전면에는 목조의 지붕과 입구가 만들어져 있었던 것으로 추정된다.[21]

그러나 우리 연구자들은 그것들 모두를 전각과 무관한 것으로 몰아간다. 다음과 같은 윤재신의 총평도 그중 하나이다.

> 석불사의 전실이 노천 구조였다는 사실을 보여주는 그림 자료가 새롭게 발견되고, 출토된 와당들은 석불사 돔 천정의 상부를 덮는 데 사용되었던 것으로 추정되며, 출토된 금속 유물들은 목조가옥에 사용되었던 못이 아니라 석상의 조각에 사용되었던 가는 정들이라는 사실이 밝혀졌기 때문에 전실이 목조가옥에 의하여 덮여진 실내 공간이었다는 추론은 설득력이 없다.[22]

그야말로 윤재신은 전실전각의 존재를 말해주는 모든 자료를 외면하고 있는 것이다.

그러나 설령 전각이 없었다는 증거가 열이고, 있었다는 증거가 하나라고 해도 전각은 필히 세워야 한다. 증거라는 것은 도중에 얼마든지 유실될 수 있고, '집'이라는 것은 의복과 마찬가지로 선택의 문제가 아닌 당위의 문제인 탓이다.

거듭되는 말이지만, 전각은 학설의 문제도 아니고 학계의 헤게모니 문제도 아니다. 석굴암의 존폐가 걸린 실질의 문제, 그것도 엄혹한 현실의 문제이다.

그렇다면 구한말 사진에 1891년 조순상이 중창한 전각의 흔적이 안 보이는 것은 어떻게 이해해야 할까. 그 점은 예전 기억을 떠올리면 납득 못할 일도 아니다. 초가집이든 기와집이든 화재나 수재 등으로 무너졌을 때,

상) 일제 때의 골굴암 정경

골굴암에는 모두 12개의 암굴이 있었다. 「영남전도」와 「경주도회좌통지도」에 보이던 전각들이 20세기 들어서는 한 동도 남아 있지 않았다. 우측 상단의 마애불이 주불이다.

하) 현재의 골굴암 주불

통일신라 후기 작품으로 추정되고 있으며, 공식 이름은 '경주골굴암 마애여래좌상'이다. 보물 581호. ⓒ안성용 가장 먼저 처리하는 게 대들보, 기둥, 서까래, 문짝 같은 목재이다. 못이 튀어나와 다칠 우려가 높고, 연료가 부족하던 시절이라 장작을 패서 땔감으로 쓰곤 했기 때문이다.

석굴암이라고 해서 다를 까닭이 없다. 조순상이 중창한 전각이 주저앉자 우선적으로 목재를 철거한 다음, 기왓장이나 석재 등속을 정돈하는 일에 나섰을 것이다. 따라서 전각의 잔여물이 눈에 띄지 않는 것은 하등 이상한 일이 아니며, 구한말 사진 속의 석굴암은 전각의 잔여물이 철거된 뒤의 모습으로 봐야 한다. 어쩌면 앞에서 본 돌계단에 뒹굴던 나무기둥도 끌어내려지던 것인지 모른다.

금강불괴의 대성전

고대로마의 건축가인 마르쿠스 비트루비우스 폴리오Marcus Vitruvius Pollio는 건축물이 갖추어야 할 조건으로 세 가지를 꼽는다. 기능과 구조, 그리고 아름다움이다. 이것을 석굴암에 대입하면 기능은 예불 행위를 자유롭게 행할 수 있는지, 구조는 석실법당의 견고성과 안정성이 담보되는지, 아름다움은 조화와 통일성을 얼마나 실현했는지의 여부가 될 것이다.

그런데 전실전각이 아니면 그 같은 조건들이 충족되기 어렵다. 개방구조는 그 세 가지 조건 모두를 포기하는 결과를 초래하기 때문이다.

김대성은 금강불괴의 대성전을 세우려는 일념 하나로, 치밀한 입지 분석을 통해 공학적으로 가장 안전한 전각을 추구했을 것이다. 그가 만약 노천 구조로 내버려두었다면 석굴암은 지금쯤 문헌 속에서 이름자나 짚어볼 수 있을지 회의를 금할 수 없다.

석굴암이 여럿이라면 한 곳 정도는 지붕을 없애고 바닥 밑으로는 물이 흐르도록 고쳐 짓고 관찰의 시간을 가져볼 수 있을 것이다. 그러나 석굴암은 하늘 아래 오직 하나이다.

우리가 진정으로 고민해야 할 부분은 신라 건축가가 꿈꾼 '원형'으로서의 전각을 탐구하는 일이다. 예컨대 팔작지붕이냐 맞배지붕이냐, 단층이냐 중층이냐 같은 전각의 구조나 형태에 학계의 논의가 모아졌다면 지금쯤 상당한 성과가 축적되었으리라는 점에서 아쉬움을 금할 수 없다.[25]

6

절곡형의
실체

1960년대 공사에서 진입로의 시멘트 옹벽을 철거하고 금시조와 아수라 두 신중상을 펼친 것은 전각 복원에 버금가는 쾌거였다. 그 의의는 단지 두 상의 원 위치를 찾아주고 석실법당의 잘못된 구조를 바로잡은 정도에 그치지 않는다. 김대성의 통일적 세계관을 되살려냈을 뿐 아니라 식민잔재의 청산이라는 대의를 완벽하게 실천했기 때문이다. 감히 말하자면 우리 불행한 근대사의 굽은㎜ 부분을 우리 손으로 곧게㎜ 펼친 상징적 사건으로 보아도 무리가 없다.

금시조와 아수라상의 배치 문제

1960년대 공사에서 두 신중상을 펼친 것을 두고 비판이 수그러들지 않고 있음은 다 아는 일이다. 전각 문제 이상으로 뜨거운 쟁점이 되어왔는데, 그때의 잘못된 조치로 석실법당의 황금비례가 깨졌다는 게 많은 이들의 생각이다. 요컨대 일제 때의 절곡형이 신라인이 추구한 조화로운 공간구성이며, 지금이라도 그렇게 되돌려야 한다는 것이다.

지난 2011년에도 학계의 중진으로부터 뜻밖의 증언이 나와 또 한 번 혼선이 빚어진 적이 있다. 문화재연구소장을 지낸 김정기는 언론과의 인터뷰에서 다음과 같이 밝힌다.

> 원래 본존불 쪽을 바라보며 90도로 꺾여 있던 전실 입구쪽 신장상神
> 將像 2개를 61년 복원하면서 옆의 것들과 일자가 되게 나란히 펼쳐버
> 렸어요. 전실 목조건물 지을 공간을 확보하기 위해서였죠. 문화재위
> 원회에서 변경을 허락한 게 잘못이에요. (…) 내가 죽기 전엔 원상태
> 로 복원됐으면 해요. 관계된 분들이 돌아가셔서, 이걸 알고 있는 사
> 람이 몇 없어요. (…) (일제가) 8부중상을 일부러 구부린 흔적은 없었
> 어요. 펴기 이전의 모습이 원형이라고 믿고 있어요. 석굴암이 유네스
> 코 세계유산인데, 원래 모습을 찾아야죠.[1]

황수영이 전실전각을 짓고자 임의로 두 신중상을 전개했다는 것이다. 공사에 참여한 권위자의 증언이라는 점에서 무게가 남다른데, 사실이라면 일개인의 독단으로 역사유산에 변형을 가한 행위로 지탄받아 마땅하다.

이렇듯 이 문제는 단순히 두 신중상의 위치, 혹은 석실법당의 평면 구성 등의 문제로 끝나지 않는다. 당시 공사의 가장 큰 성과인 전실전각의 존폐 여부, 더 나아가 조각상들의 안전 문제와 직접적으로 맞닿아 있는 핵심 쟁점이다.

과연 전개형은 전각을 세우려는 욕심에 무리하게 강행된 것일까. 이 문제의 진위 여부는 절곡형의 증거들을 재검토해 보면 어렵지 않게 드러날 것이다.

그동안 비판적인 이들이 절곡형의 증거로 소개해온 것은 크게 두 가지

이다. 하나는 구한말 시점에 진입로 양쪽의 돌무더기이고, 다른 하나는 요네다 미요지가 실측한 석실법당의 평면도이다.

돌무더기의 실상

구한말의 모든 사진에는 전실 앞쪽, 곧 중앙의 진입로 양쪽으로 돌담이 비친다(108쪽 도판 참조). 바로 그 돌담을 신라 때의 원구조물로 파악하고, 안쪽 부분이 금시조와 아수라상의 원래 위치라는 데에 많은 이들이 공감하고 있다. 특히 1909년 4월 말에 촬영된 소네 아라스케 부통감 일행의 사진이 처음 공개되었을 때는 절곡형의 결정적인 자료라는 평가가 줄을 이었다.[2] 다음은 이성규의 생각이다.

> 최근에 공개된 1910년 이전의 사진에서 (…) 전실 왼쪽의 들머리
> (입구-필자 주)를 이루는 첫 번째 상(아수라)은 다른 세 신중들과 일렬이
> 아니라 금강역사상을 마주보며 90도 꺾여 있었다는 것이다. 1960
> 년대의 공사로 현재는 신중들이 4구씩 일렬로 서서 마주보고 있다.
> 새로이 발견된 석굴암의 과거 사진에는 현재의 배치처럼 첫째 신장
> 상인 아수라가 놓여야 할 자리가 보이지 않는다. 대신 돌로 '가지런
> 히 쌓은 기단'만이 있을 뿐이다. 이는 곧 아수라가 매몰됐다 하더라
> 도 원래는 서쪽으로 금강역사상을 마주보며 배치됐을 것임을 입증
> 하는 것이다.[3]

많은 이들의 견해를 대변한 것인데, 성급한 결론이 아닐 수 없다. 돌담에 가려진, 사진에 보이지 않는 뒤쪽의 구체적인 실태를 확인하지 않고 거기에 아수라상이 부착되어 있었다고 단정한 탓이다. 더욱이 그 돌담들이

1909년 4월 말의 석굴암 전실 왼쪽 모습

석굴암을 탐방한 소네 아라스케 부통감 일행의 기념사진이다. 전실 좌측 팔부신중 가운데 3상만이 보이고 아수라상은 보이지 않는다. 조선 소년들 뒤로 보이는 돌무더기 안쪽에 아수라상이 있었다는 게 우리 연구자들의 생각이다.

신라시대의 것이라는 확증이 없는 점도 위의 주장을 인정하기 힘든 이유이다.

미리 말하자면 문제의 돌담은 결코 신라시대의 원구조물이 아니다.

우선 부재들부터 크기와 모양과 종류가 제각각인, 최소한의 치석을 거치지 않은 우리 산야 어디에나 뒹구는 자연 암석들이다. 또한 쌓여 있는 양상도 격식이나 원칙 없이 제멋대로인데, 이 땅에서는 도성이나 산성은 물론이고, 일반 민가의 돌담도 그렇게 허술하지는 않다.

당시 돌담의 실상을 더 적나라하게 보여주는 사진이 있다. 2007년 성균관대학교 박물관이 주최한 사진전에서 처음 공개한 것으로,[4] 그 무렵의 오른쪽 돌담을 측면에서 촬영한 것이다. 크고 작은 돌덩이들이 첩첩이 쌓

1910년대의 전실 앞 진입로 오른쪽 돌담
오른쪽 구석과 신중 판석 위쪽의 돌덩이들에 톱니 자국이 선명하다. 예전 것인지 새로 채취한 것인지 불분명하나 채석장에서 옮겨온 것들로, 당시의 위급한 상황을 말해준다. 성균관대학교 박물관 소장.

여 있는 가운데, 긴나라상 판석의 위쪽과 바닥에 채석장에서 막 끌어온 듯한 돌덩이들이 눈길을 끈다. 계속 덧대어 쌓는 바람에 점점 두터워져 중앙부로 밀고 나와 있다. 그로 인해 좌우 돌담이 짝짝이 형국이었다.

정직하게 말해 돌담이 아니라 돌무더기라고 해야 어울릴 정도인데, 그런 것을 놓고 신라시대의 원형구조물이라는 것은 신라인이 돌담 하나 건사할 줄 몰랐다는 말밖에 되지 않는다. 따라서 '가지런히 쌓은 기단' 운운하는 것은 정직한 표현이 될 수 없다.

다음으로 건물의 정면 이미지, 곧 파사드의 측면에 비춰서도 당시의 양쪽 돌담은 원형일 수 없다.

2부 3장 「총독부 공사의 명암」 부분에서 파사드를 건축의 '얼굴'로 비유한 바 있지만, 파사드의 기본조건은 구조화이고 질서화이다. 여러 요소

들이 정연하게 체계적으로 조직되었을 때, 그 앞에 선 이들에게 안정감과 심미적 쾌감을 선사한다는 것이다.

이러한 지적은 불국사의 파사드를 떠올리면 능히 공감이 된다.

불국사의 1차 파사드는 대석단을 기본으로 하고, 자하문을 중심으로 범영루와 좌경루, 청운교와 백운교로 구성된다. 그중에서 대석단만 해도 자연석재와 인공석재, 수직요소와 수평요소의 공교한 배합으로 신묘한 공예품의 경지에 닿아 있다. 원래 구품연지九品蓮池라는 이름의 연못을 둘렀던 것으로 알려져 있는데,[5] 수면에 대석단 및 청운교·백운교와 전각들이 비치는 장면은 선경에 방불했을 것이다.

　　반면 석굴암의 돌무더기는 구조화나 질서화가 하등 이루어지지 않고 무작위로 바윗덩이들을 '퇴적'시켜 놓은 탓에 안정감이나 심미적 쾌감이 아니라 불안감과 위태로움만 불러일으킬 뿐이다.

　　정리하면 불국사에서 천의무봉의 솜씨로 최고의 파사드를 선보인 동일 집단의 석공들이 석굴암에서는 그토록 엉성한 파사드를 추구했으리라고는 믿어지지 않는다.

　　요컨대 당시의 돌무더기는 신라시대 것이 아니며, 원형은 더더욱 아니다. 주실 쪽은 엄두도 못 내고 전실이나 진입로 부분의 원구조물이라도 지키고자 급한 대로 주변의 돌들을 굴려다가 쌓은 결과물이다.

이제 남은 문제는 좌우 돌무더기의 뒤쪽(주실 쪽) 부분이 구체적으로 어떤 상태였는지, 과연 신중상의 판석이 걸려 있을 만했는지를 알아보는 일이다.

마침 그 부분의 실태를 확인시켜주는 사진자료가 전한다. 나카무라 료헤이의 『조선경주지미술』에 실려 있는 2장의 초기 사진이다.

먼저 위쪽 왼편 돌담의 뒤쪽, 곧 아수라상의 원위치라는 부분은 겹겹이 쌓인 자연석들의 울뚝울뚝한 측면이 잘 드러나 있다. 얇은 널판 하나도 감당키 어려운 상태였던 것이다.

금시조상이 걸려 있었다는 오른쪽 돌담의 사정은 더욱 나쁘다. 암석들이 긴나라상의 판석에 바짝 붙어 있고, 아래로 갈수록 판석의 외곽선을 넘어 침범하고 있다. 판석을 시공하자면 돌무더기가 판석의 두께인 30센티에서 50센티미터 이상 뒤로 물러나 있어야 한다. 사진에 나타난 그대로 판석을 걸면 각각 신중상의 절반이 가려지는 상황을 피하지 못한다.

이 문제는 당시의 다른 조각상 판석 사진을 통해서 쉽게 이해될 수 있는데, 1912년 동절기에 촬영된 전실 왼쪽의 아 인왕 판석 사진이 제격이다. 곧 사진 속에서 아 인왕 판석을 앞쪽으로 전진시키는 형국이 되는데, 그럴 때 나가(용)상의 왼쪽 절반이 가려지는 것은 정해진 이치다.

이야말로 양쪽 돌무더기의 뒤쪽 모두 어떠한 판석도 걸려 있지 않았다는 부동의 물증이다. 구한말의 돌무더기를 놓고 신라시대의 원구조물이라거나 그 안쪽 부분이 두 신중상의 원위치라는 주장은 절곡형이 옳다는 선입견에 따른 사실 왜곡뿐이다.

이상에서 보았듯이 구한말 시점의 진입로 양쪽 돌무더기는 결코 절곡형의 근거가 될 수 없다. 그것들은 위험에 처한 석실법당을 지키려는 그때 사람들의 절박한 심정을 담고 있는 신심과 정성의 징표일 따름이다.

그렇다면 총독부 공사에서 두 신중상을 꺾어 세운 이유는 무엇일까. 공사 책임자가 두 상을 절곡시킨 데에는 필경 곡절이 있을 것이다.

금시조상과 아수라상의 부가 경위

저들이 두 신중상을 꺾어 세운 경위는 도면을 통해 재구성할 수 있다.

공사 전까지는 누구도 두 신중상의 존재를 알 길이 없었다. 따라서 초기의 모든 도면에 두 신중상은 자리 자체가 표시되어 있지 않다(324쪽 상단 도판 참조). 당시의 조각상 36상 전부를 담고 있으면서도 전실은 6신중만 좌우에 각 3상씩 표현되어 있을 뿐이다.

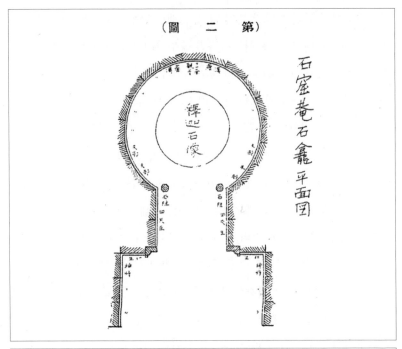

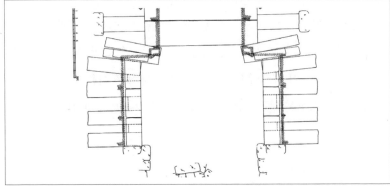

상) 1909년경의 석굴암 불상배치도

세키노 다다시가 1912년 발표한 논문에 첨부된, 석굴암 불상 배치도로서는 가장 이른 것이다. 전실 좌우의 판석이 각각 3개씩으로 나타나 있다. 금시조와 아수라 두 신중상의 존재를 모르는 상태에서 작성된 것임을 알 수 있다.

하) 총독부 1차 공사 전실의 설계 초안 중 하단부 확대 사진

공사 전에 실측한 평면 실측도에 각 판석 조각상의 자리(빗금 부분)를 미리 앉혀 본 일종의 시안이다. 전실 좌우의 빗금이 세 부분으로 구분되어 있다. 반면, 소위 절곡부는 석축만이 표시되어 있을 뿐 금시조와 아수라 두 신중상의 판석은 표시되어 있지 않다.

결국 저들은 당연히 6신중을 전부로 여기고 종래대로 3상씩 마주 보는 것으로 설계를 확정짓는다. 계획을 처음 앉혀본 도면에도 다른 조각상들의 자리는 빗금으로 처리되어 있으나 두 신중 자리는 빗금이 쳐 있지 않고(320쪽 상단 도판 참조), 뒤이은 정식 도면에도 두 신중 자리는 여전히 비어 있다(326쪽 하단 도판 참조).

한편, 앞의 두 도면에는 양쪽 석축옹벽의 소위 절곡부에 가느다란 곡선이 흡사 철망처럼 그려져 있다. 시멘트 석축옹벽을 이전 돌무더기에 최대한 가깝게 개축할 의도였던 것이다.

이와 같이 당시의 공사는 두 신중의 존재를 모르는 상태에서 개시되지만, 공사 후의 도면에는 커다란 변화가 일어난다. 문제의 양쪽 '절곡부'에 다른 신중들 자리와 똑같은 빗금이 칠해진 것이다. 이야말로 두 신중이 뒤늦게 그 자리를 차지하게 된 과정을 일러주는 증거로 손색이 없다.

그렇다면 당시 그것들을 다른 상들과 나란히 세우지 않은 까닭도 해명되어야 한다.

두 신중상은 공사가 일정 부분 진척된 후에 나온 것으로 판단되는데, 두 상의 출현에 저들도 당혹스러웠을 것이다. 세울 자리가 마땅치 않았기 때문이다. 당시 상황에서 두 신중상을 다른 상들과 일렬로 세우자면 갓 신축한 석축옹벽의 내측 일부를 최소한 판석의 폭만큼 도로 헐어내야 한다. 하지만 그것이 토목적으로 곤란했을 수도 있고, 책임자들에게 그렇게까지 무리할 의지는 없었을지 모른다.

짐작에 불과하지만 저들은 그때 좌우 석축옹벽의 '절곡부'에 착안했을 개연성이 높다. 그 면적이 마침 판석 하나는 감당할 만했기 때문이다. 결론적으로 그 부분을 파내고 끼워 맞추는 가장 무난한 편법을 택했으리라는 추정이 가능하다.

정리하면 공사 책임자는 석축옹벽의 끝부분을 직각으로 꺾겠다는 의사

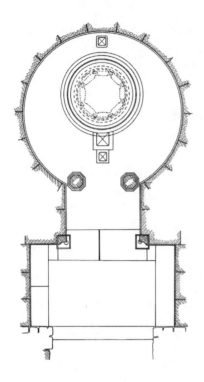

총독부 1차 공사 석실 전체 설계도

전체 판석 조각상 29상의 자리를 빗금으로 처리하
고 있다. 전실공간을 보면, 좌우 석축이 꺾인 안쪽
부분(절곡부)에 빗금이 없다. 금시조와 아수라 두
신중상이 발견되기 전임을 알 수 있다.

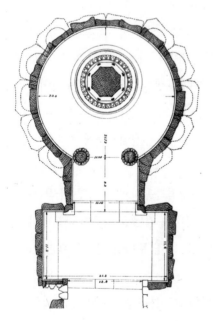

총독부 1차 공사 후의 석실 전체 평면도

'총독부 1차 공사 석실 전체 설계도'와 비교해보면
전실공간에 변화가 보인다. 곧 좌우 석축의 안쪽
부분(절곡부)에도 빗금이 진하다. 금시조와 아수
라 두 신중상의 판석을 표시한 것이다.

도 없었고, 두 신중상을 꺾어 세우겠다는 생각도 없었다. 단지 이전의 돌무더기를 기준 삼아 시멘트 석축옹벽을 구축한 후, 두 신중상이 나오자 달리 선택의 여지가 없는 상황에서 '절곡부'에 추가했을 따름이다.

석축옹벽을 바라보는 두 개의 시선

방금 총독부 1차 공사에서 두 신중상이 석축 옹벽 끝부분에 부착된 경위를 재구성해보았지만, 그것은 안이한 판단이었다.

첫째, 석굴암에서는 동일한 위계의 조각상들은 나란히 대열을 이룬 채 정확히 이분二分해 서로를 마주보도록 배치하는 게 일종의 철칙이다. 하지만 두 신중만은 제 무리를 이탈해 인왕을 바라보면서 수십 년을 보내야 했다.

둘째, 당시 사진을 보면 두 신중상은 울뚝불뚝한 각진 돌덩이들 사이에 억지로 우겨넣은 것이 확연하다. 두 신중은 붓다의 거룩한 권속임에도 불구하고 남의 집에 곁방살이하듯 옹색한 석축옹벽에 갇혀 있었던 것이다.

그만큼 당시의 조치로 말미암아―비록 두 신중상을 발굴하고 보존한 점은 높이 평가하지만―석실법당의 조화로운 구성이 무너지고, 시각적으로도 부자연스러운 상황에 처하게 된다.

결국 얼마 안 가 일본 지식인들의 비판이 쏟아지는데, 그중에서 야나기 무네요시는 다음과 같은 인상기를 남긴다.

> 나는 이것을 보고 그 몰취미한 행위에 크게 놀라지 않을 수 없었
> 다. 무슨 생각으로 터널의 입구로 오인될 수밖에 없는 담(시멘트 석축
> 옹벽-필자 주)을 만들었던 것일까. 나는 이것이 굴원의 수리가 아니라
> 새로운 훼손이라고 생각한다. (…) 조선에서 이들 조각만큼 나를 기

일제강점기 주실에서 바라본 금시조

일제강점기 때 주실에서 바라본 아수라

쁘게 한 것도 없었거니와, 그 돌담만큼 나를 불유쾌하게 한 것도 또한 없었다.[6]

결국 그들은 두 신중상의 위치에 대해 근본적인 의문을 표시하게 된다. 예컨대 오쿠다 테이娛田悌는 두 신중상이 "옛날에는 다른 것과 동양同樣 일렬로 병행되었던 것 같다."라고 하는 등 지금처럼 나란히 펼쳐져 있었을 것으로 추정한다.[7] 그런가 하면 나카무라 료헤이中村亮平는 대놓고 신랄한 평가를 던진다.

이들 이면二面(두 신중-필자 주)을 여기에 부가한 것은 실로 추악醜惡의 극極이며, 대담한 추가라고밖에 말할 수 없다.[8]

당시의 절곡 상태는 이미 일본학자들로부터 철저하게 배척당했던 것이다.

구한말의 상태가 원형이라거나 일제 때의 절곡형이 옳다는 우리 연구자들의 주장은 비정상을 정상이라는 배리의 논리일 뿐이다.

유홍준의 경우를 예로 들면, 그는 일단 총독부가 외형상에 무수한 변조를 가했다면서 위의 야나기 무네요시의 글을 길게 인용한다.[9] 그러나 뒤에 가서는 절곡 상태의 당시 모습이 담긴 1930년대 엽서 밑에다가 "일제시대에 석굴 관광 기념품으로 만든 그림엽서의 사진으로 굴절된 전실의 모습을 잘 보여준다."라는 뜻밖의 설명을 붙인다.[10] 시멘트 옹벽이 꺾여 있으니 절곡형이 옳다는 것이다.

이상에서 정리한 대로, 구한말 시점의 진입로 양쪽의 돌무더기는 절곡형의 근거가 될 수 없다. 아울러 총독부 공사에서 두 신중상을 꺾어놓은 것도 절곡형의 정당성을 추인하는 자료로 인용될 수 없다.

일제강점기 전실 근경

양쪽의 시멘트 석축옹벽은 이전 돌무더기를 기준으로 최대한 비슷하게 살리려 한 의도가 읽혀진다. 이전의 오른쪽 돌무더기가 덧쌓아 중앙부로 밀고나왔듯이 오른쪽 옹벽이 더 튀어나와 있다. 결국 이전 돌담과 마찬가지로 좌우가 짝짝이 형세이다.

구한말의 돌무더기나 총독부의 절곡형은 우리 민족의 불행한 20세기의 한 단면일 뿐이며, 언젠가는 씻어내야 할 상처였다. 그러므로 두 신중상을 펼친 1960년대 공사는 그 상처를 씻어낸 것으로, 시비의 대상이 될 하등의 이유가 없다.

다음 장에서는 1960년대 공사가 그 상처를 씻어낸 사실을 더욱 명료하게 목격하게 될 것이다.

7

전개형의
정당성

앞에서 살펴보았듯이 총독부 공사에서 시공된 석축옹벽의 본질을 냉철하게 인식했다면, 또한 당시 두 신중상이 어떤 상태에 있었는지를 정확히 알았다면 절곡설은 결코 나오지 않았을 것이다. 우리 연구자들이 절곡설의 증빙자료로 삼고 있는 요네다 미요지의 평면실측도도 마찬가지이다. 만약 그것의 태생적인 한계를 직시했다면 역시 절곡설의 근거로 삼는 일은 없었을 것이다.

요네다 미요지의 실측도

누차 밝힌 대로 우리 연구자들은 절곡 상태를 대상으로 작성된 요네다 미요지의 도면을 그 어떤 것보다도 애중한다. 그것에서 석실법당의 무서 우리만큼 치밀한 기하학적 수리관계가 입증되었다는 것이다. 남천우를 위시해 강우방, 유홍준 등 거의 모든 연구자들의 생각인데,[1] 그만큼 그 도면의 권위는 절대적이다.

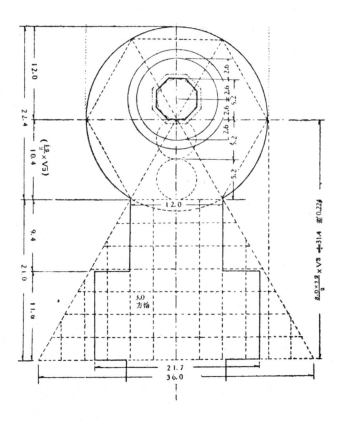

요네다 미요지의 석굴암 평면실측도

요네다 미요지가 일제 때의 석실법당을 텍스트로 실측해 나름대로 해석을 시도한 도면이다. 우리 학계는 이 도면에서 석실법당의 황금분할이 입증되었다는 입장이다. 그러나 이 도면은 절곡형의 비정상성을 반증한다. 일례로, 전실공간에서 모눈종이 식으로 그려나가 주실 입구에 이르러 포기한다. 만약 절곡일 때가 조화로운 공간구성이라면 그것이 주실공간까지 연장되었을 것이다. 그래선지 그는 당시 구조에 대한 가치 판단을 내리지 않는다.

그러나 요네다 도면의 불완전성은 극복된 지 오래이다. 이미 2부 5장 「문화재관리국의 복원공사」에서 전개형으로의 개조가 석실법당의 평면 비례를 새롭게 해석한 데 따른 것임을 간단히 지적하였지만, 그 점은 이후 여러 연구자들의 도면 작업에서 거듭 입증되어왔다. 곧 2부 8장 「원형논쟁과 학문윤리」에 나왔던 문명대의 도면 외에도(194쪽 상단 도판 참조), 신

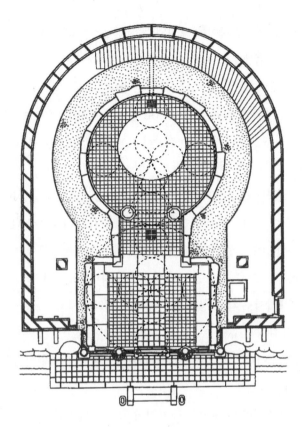

신영훈의 석굴암 평면 해석
본존불 광배의 직경 6당척과 동일한 직경의 동그라미를 상하좌우로 교직시키는 방식으로, 석실법당의 조화로운 평면 구성이 일목요연하게 드러났다.

영훈 등의 작업을 통해 전개형 도면에서 조화로운 비례관계가 다시 한 번 드러난다.[2]

　이 문제는 다른 글에서 살펴본 바 있으므로 요점만 추리기로 한다.[3]

　먼저 석실법당의 기본척도(모듈)가 12당척(≒3.6미터)이라는 것은 많은 이가 공감해온 부분이다.[4] 곧 본존불 좌대 밑변의 지름이 12당척인데, 그

값을 기준으로 석실법당이 설계되었다는 데에는 별다른 이견이 없다.

그런데 전개형에서는 전체 평면의 가로 길이가 24당척(≒7.2미터)이고, 주실공간의 세로 길이도 24당척, 전실공간(비도＋전실)의 세로 길이도 24 당척이다. 그 결과 주실과 전실의 세로 총연장이 48당척(≒15.4미터)에 이르는데, 이 치수는 12당척으로 분할하는 데 어려움이 없다(335쪽 상단 도판 참조).

하지만 절곡형일 경우 주실의 세로 길이는 24당척 그대로이나 전실공간의 세로 길이는 판석의 너비인 4당척(≒1.2미터)이 빠지면서 세로 길이가 20당척(≒6미터)으로 줄어든다. 결국 전체 치수가 어정쩡한 44당척(≒14.2 미터)에 머물러 12당척으로는 분할이 불가능하다.

면적 문제에서도 같은 평가가 가능하다. 전개형에서는 주실 및 전실의 면적이 거의 대등한 값을 보인다(335쪽 하단 도판 참조). 반면, 두 신중상을 꺾으면 도면의 아래쪽 한 단이 잘려 나가 치수와 면적간의 현저한 불균형이 발생한다.

이와 같이 요네다의 도면은 절곡형이 얼마나 왜곡된 것인지를 반증할 뿐이다.

사실 앞의 6장「절곡형의 실체」에서 본 김정기의 증언도 전개형의 정당성을 반증하는 것이나 다름이 없다. 절곡일 때에 전각 건립이 곤란했다는 것은, 곧 그 상태에서는 건축의 기본척도인 모듈 값조차 구할 수 없었다는 말과 다를 바 없으며, 그것은 곧 절곡형일 때의 평면 구성이 비정상이었음을 뜻한다. 건축에서 모듈 값조차 나오지 않은 상태가 정상일 수는 없지 않은가. 전개형이야말로 신라인이 추구한 만다라였던 것이다.

이와 같이 절곡설은 김대성의 불교적 세계관에 배치될 뿐 아니라 일제 때의 왜곡된 법당에 찬탄을 보내는 반역사적인 관점이다. 그러나 기초자료 및 석실법당의 구성 원리에 대한 기본적인 검토조차 생략한 이 부실한

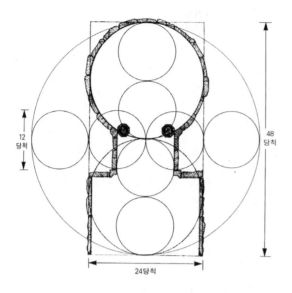

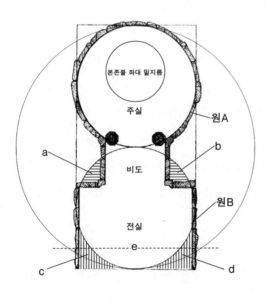

본존불 좌대 밑지름

주실

원A

a

비도

b

원B

전실

e

c

d

상) 필자의 석굴암 평면 해석 1

본존불 대좌의 직경 12당척의 동그라미를 전체 평면도 위에 중첩시킨 것이다. 상하좌우로 교직된 원들이 십자 모양의 대열을 짓고 있다.

하) 필자의 석굴암 평면 해석 2

동그라미 'B'에서 c·d는 테두리 밖으로 밀려나지만, 대신 a·b가 원 'B'안에 수렴됨으로써 동그라미 'B'의 전체 면적은 커다란 차이를 보이지 않는다. 그리하여 '비도 면적+전실 면적≒주실 면적'이라는 등식이 성립된다. 하나는 둥글고, 하나는 '철(凸)'자 모양으로 현격하게 다른 두 공간의 면적이 근접해진다. 한편, 하단부의 점선(e)은 절곡형일 때의 경계선이다. 만약 두 상을 꺾게 되면 그 이하 부분이 잘려나가는 형국이 된다. 전체 법당의 조화가 무너짐은 물론 법당 전체를 불구로 만드는 것이다.

담론은 여전히 우리 학계를 지배하고 있다.

전개형의 고고학상 근거

지난 2012년, 중앙대 건축학부 교수 이희봉은 인도의 불교유적지를 돌아보는 기획물을 『법보신문』에 연재한 적이 있다. 그중에서 석굴암의 건축적 연원을 인도 남부의 '군투팔리 석굴'로 비정하는 글에서 1960년대 공사에 대해 다음과 같이 적고 있다.

> 반세기 전 석굴암 보수가 무엇이 잘못되었는지를 보자. 무엇보다 원형 주실 앞 원래 양쪽 ㄷ자로 구부러졌던 전실을 반듯하게 펴 변형시켜버린 것이다. 식민시대 일본인들이 팔부중 조각 돌 하나를 잘못 복원한 것을 바로잡는다는 명분이었다. 그러나 당시 막연한 추정일 뿐 확실한 근거는 없었다. 펴버린 사실상 이유는 별 근거 없이 석굴 앞에 목조 집을 덧붙여 짓기 위함이었다. 그런데 근래 일본인 복원 이전의 사진(318쪽 도판 참조-필자 주) 증거가 발견되어 석굴암 전실이 군투팔리처럼 원래부터 구부러진 모습이라는 것이 명백해졌다. 문화재 복원상 철칙은 근거가 확실할 때 손대라는 것이다. (…) 지금도 경주유적에는 철학이 없이 고증했다고 하면서 현대판 창작이 복원이란 이름으로 판치고 있다.[5]

법당에 전각을 복원하고 성상의 위치를 찾아준 것이 "철학 없는 현대판 창작"이라는 논리이다.

그러나 전개형으로의 개조는 고고학적으로 확고한 자료를 바탕으로 한 일이었다. 그 점에 대해서는 1970년대에 간명하게 설명한 글이 나와 있

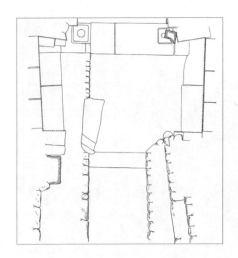

총독부 공사 직전의 평면 실측도 하단

도면 중간에 가로로 평행하는 두 개의 직선이 고맥이 판석이다. 전실의 문턱(혹은 문지방)을 나타낸다. 그것을 기준으로 실내와 실외가 나뉜다.

는데, 다음은 배경수의 『토함산 석굴암에 대한 소고』(1977) 중 일부이다.

> (총독부가 남긴) 「기초평면도」에 의하면 무너진 돌 사이에 전실의 전단(前端-필자 주)을 말하여주는 ①'고맥이 판석'이 놓여져 있다. 이 판석까지의 실측치가 앞에서 제시한 수치와 흡사하다. 이 고맥이 판석의 존재는 석굴암이 파괴되어 있는 ②1913년 이전의 사진에서도 볼 수 있어 중대한 의미를 가진 것이라고 말할 수 있고, 그것으로서 전실의 규모는 확고하게 원형을 찾아낼 수 있다. 이 고맥이 판석까지의 장축선長軸線 전장全長이 48,000당척이 되는 것이다. 이러한 전실의 규모는 현재의 상태와 동일한 크기가 되겠으며, 앞에서의 비교 연구된 미전米田(요네다-필자 주) 씨의 석굴암 평면 해석은 전실의 경우 아무런 의미가 없어진다.[6]

전개형으로의 개조가 정당하다는 사실을 추인하는 동시에 요네다 도면의 태생적인 한계를 명확히 한 것이다.

1910년 전후의 석굴암 전실 초입의 고맥이 판석

바닥에 쌓여 있던 석재와 흙더미를 제거한 후 청소까지 한 상태의 사진이다. 서울대학교 박물관 소장.

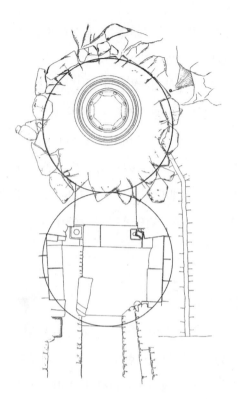

정명호의 석굴암 평면 해석

주실과 똑같은 직경(24당척)의 원이 '철(凸)'
모양의 전실공간에도 겹쳐진다. 그때 그 하
단부가 전실 초입의 고맥이 판석과 정확히
일치한다.

　이 글에서 밑줄 친 ①'고맥이 판석'이란 공사 전에 작성된 실측도 하단,
곧 전실 초입 지점에 가로로 나란히 흐르는 두 줄기 평행선을 가리킨다.

　그리고 그것의 실체는 ②'1913년 이전의 사진'을 보면 확인이 가능하
다. 사진 하단으로 치우친 바닥에서 일부만 노출된 채 좌우로 가로지르고
있는, 중턱이 부러진 거친 장대석이 그것이다. 쉽게 전실의 문지방이라고
표현할 수 있을 터인데, 신라 건축가는 그 선을 경계로 안쪽은 불국정토
이고, 바깥쪽은 사바세계임을 구분한 것이다. 총독부 공사 전의 기초조사
과정에서 그것의 전모가 확인되고, 실측도에 두 줄기 평행선으로 그려놓
은 것이다.

　이 같은 사실은 이후 전 동국대학교 교수 정명호에 의해 거듭 확인된다.

위 실측도의 원본에다 직경 24당척의 원 2개를 세로로 포갠 결과 전실 쪽 원의 밑변이 그 아래의 경계선에 맞닿는 장면이 발생한 것이다.

사정이 이럴진대 학계 주류의 입장에 맹종해 "별 근거 없이" 법당의 지붕을 뜯어내자는 것은 무엇을 위한 철학인지 묻지 않을 수 없다.

덧붙이면 배경수와 정명호 두 사람의 노력은 묻혀버린 상태이다. 소수의 명망가에 의해 학문적 성과가 좌우되는 우리 학계의 독과점 구조를 반영한 대목이 아닐 수 없다. 황수영 역시 전개형이 신라인의 원의에 부합한다는 입장을 곳곳에서 밝혀왔지만,[7] 누구 하나 귀담아 듣지 않았다.

금시조상의 판석은 손댄 적이 없다

지금껏 본 대로 두 신중상을 펼쳤다는 이유로 1960년대 공사는 끊임없이 폄훼되어왔다. 개중에는 그것이 마치 부도덕한 과정을 거친 것처럼 곡해하는 시각도 있다. 당시 우측의 금시조상은 긴나라상과 나란히 세워졌는데, 두 상의 접합 부위가 빌미가 된다(341쪽 상단 도판 참조). 사진 속에 동그라미로 표시된 두 상의 판석이 맞닿은 부분을 윤장섭·윤재신은 다음과 같이 설명한다.

> 전실 향우측 3번째 팔부신중상(긴나라상-필자 주) 판석 동쪽 밑부분 모서리에 있는 이형돌기 부분에 맞추기 위하여 굴곡부에 서 있던 ① 온전한 사각형 판석(금시조상-필자 주)을 그랭질하고 파손하여 억지로 이형돌기 부분에 맞추어 90도 돌려놓은 것은 문화재 보존의 원칙에 벗어나는 일이다.[8]

과연 동그라미 표시 부분만 보면 누구든지 당시 공사의 무모함을 규탄

전실 우측 금시조상과 긴나라상
동그라미로 표시된 긴나라상의 판석 하단부가 돌출되어 있다. 그 부분에 맞추기 위해 금시조상의 대좌 부분을 훼손시켰다는 것이다.

일제강점기 때의 긴나라상
총독부 1차 공사에서 금시조상을 긴나라상과 직각으로 꺾을 때 두 판석이 만나는 접합부에 틈새가 발생했다. 결국 간석(間石)을 대는 미봉책으로 틈새를 가린다. 그렇지만 그때도 긴나라상 판석의 돌출부만큼은 건들지 않았다.

하게 될 것이다. 이전에는 평면 구성상의 비례 문제가 시빗거리였다면 전개형을 취하고자 판석을 손상시켰다는 윤리적 비판이 새롭게 제기된 셈이다.

그러나 사실관계를 정확하게 파악한 뒤에 나온 비판이 아니다.

먼저 긴나라상의 그 부분이 원래대로 매끄럽게 다듬지 않은 채 돌출되어 있는 것은 사실이다. 그래서 총독부의 1차 공사에서는 돌출된 부분을 깎아내지 않고 그대로 살린다.

그러나 ①번 문장에서 말하는 금시조상의 판석은 '온전한' 상태가 아니라 대좌 부분이 유실된 채 발굴된다. 결국 저들은 대좌 부분을 새로 제작해 원 판석, 곧 금시조의 발 부분에 잇대는 방식을 취한다.

1960년대 공사에서도 마찬가지였다. 금시조상을 세울 때 긴나라상의 돌출 부분을 반듯하게 다듬을 법도 한데 건드리지 않는다. 오히려 '이형돌기'의 요철에 정확하게 맞물리도록 금시조상의 대좌를 새로 제작해 시공한다. 이야말로 당시 공사가 얼마나 원형에 충실하게 진행되었는지를 일러주는 생생한 예이다.

다시 확인하면 금시조상 판석에는 총독부 공사든 문화재관리국의 공사든 추호의 변형도 없었다. 굳이 있다면 훼실된 대좌 부분을 각각 새로 치석한 것뿐이다. 결론적으로 위의 ①번 문장은 사실관계를 확인하지 않고 함부로 선학을 비판한 것에 지나지 않는다.

통찰력과 소신의 결과

지금까지의 이야기를 간추리면 '무서우리만치 치밀한' 수리학적 비례 관계는 절곡형이 아니라 전개형에서 발생한다. 전개형의 의의는 단지 작은 법당 하나의 잘못된 구조를 바로잡았다는 정도에 그치지 않는다. 그것

은 수십 년 만에 신라시대의 원형을 회복한 것이다.

그러므로 절곡형이 옳다는 것은 불균형을 균형이라고 하는, 또한 일제 때의 왜곡된 평면 구성을 추인하는 그릇된 인식이다. 절곡형이야말로 신라시대의 원형을 파괴한 것이다. 따라서 전개형의 증거가 없다면서 전각을 매도하는 것도, 전각을 짓기 위한 것이라면서 전개형을 비판하는 것도 결코 온당한 처사가 못 된다.

마지막으로 지적하면 1960년대 공사에서 두 신중상을 전개한 것은 황수영의 가장 큰 공적으로 돌려야 한다. 절곡형의 한계를 직시하고 전개형으로 개조한 것이 그의 통찰력에서 나왔다면, 전각 신축 역시 종교성전의 기능과 존엄 회복을 겨냥한 그의 확고한 소신의 결과라 할 수 있다. 그로부터 본존불을 위시한 성상들은 저마다의 위치에서 광휘를 발하게 되었고, 석실법당은 창건집단이 꿈꾼 불국정토의 적정寂靜한 분위기가 살아났으며, 참배자는 몸을 낮추고 경건한 마음으로 그 불국정토의 일원이 될 수 있었던 것이다.

8

전실 테라스설과
불상 위치 변경설

지금까지 보았듯이 원형논쟁의 중심에는 늘 전실이 자리 잡고 있다. 전각의 타당성 문제, 금시조와 아수라 두 신중상의 위치 문제 등 외에도 전실과 관련해 많은 가설들이 나와 있다. 그중에는 전실공간이 김대성 사후에 중창되었다거나, 혹은 창건 시점에는 그곳이 단지 작은 테라스에 불과했다거나, 더 나아가 8세기 중엽까지 팔부신중의 도상 자체가 성립되지 않았다는 등의 주장들이 있는데, 모두가 전실을 바라보는 연구자들의 시각 차이를 반영한 것들이다.

이번 장에서는 이러한 가설들의 타당성 여부를 검증해보고, 아울러 주실 조각상들의 위치도 잘못되었다는 주장이 있으므로 간단히 살펴보기로 한다.

'국가필성'의 대상은 불국사

팔부신중이 김대성 사후에 조성되었다는 주장의 전통적인 근거는 크게 두 가지가 꼽힌다. 불국사를 짓던 김대성이 사망하자 국가에서 공사를 마무리했다는 『삼국유사』의 기록과, 팔부신중의 조형 수준이 떨어진다는 점이었다.

먼저 『삼국유사』 「효선」 편 〈대성효이세부모〉 조의 일부이다.

> 절에 있는 기록寺中記에서 말하기를, 경덕왕대 대상 김대성이 천보 10
> 년(751)에 불국사를 시창했다. 혜공왕대인 대력9년 갑인(774) 12월
> 2일에 대성이 죽자 국가에서 그것을 완성했다.

이 기록을 놓고 대다수 연구자들이 팔부신중은 김대성 사후에 봉안되었다는 생각을 갖게 된 것이다.

그러나 이 기록에서 말하는 '절'은 엄연히 불국사이다. 다시 말해 국가가 개입해 준공된 것은 불국사이지 석굴암이 아니라는 뜻이다.[1]

더욱이 석굴암이 김대성 당대에 준공되었다는 근거가 다름 아닌 『삼국유사』에 나온다. 위의 인용문 바로 앞에는 '향전鄕傳'이라는, 요즘으로 치면 향토 사료에 있다면서 김대성이 두 사찰을 짓고 신림神琳과 표훈表訓을 주석케 했다고 분명하게 옮겨놓고 있다. 두 사찰 공히 김대성 생전에 본연의 역할을 다한 것이다. 따라서 석굴암은 불국사보다 이른 시점에 완공되어 사찰 기능을 정상적으로 수행하고 있었다고 봐야 한다.

후대 중창설의 또 다른 근거인 팔부신중의 조악성 문제도 관점에 따라 달리 해석할 수 있다. 꼭 조악하다고 볼 수도 없는 문제지만, 설령 조악하다고 하더라도 그 '조악성' 자체가 창건주 김대성에 의해 처음부터 의도된 작풍으로 판단되기 때문이다.

이 문제는 이전 글에서 세밀하게 다룬 바 있거니와,[2] 요컨대 전체 조각상을 놓고 보면 점진적인 변화의 양상이 확연히 드러난다. 쉬운 예로 각 조

각상들의 발, 각반, 소매, 복색, 자세 등에서 순차적인 진화의 흐름이 일관되게 관찰된다. 또 처음에는 직선 위주의 경직된 도상이 얕은 부조로 처리되고 있지만, 갈수록 곡선이 강조되면서 고부조로 처리해 입체감을 얻어간다. 곧 전실에서는 불완전한 모습으로 출발한 후 비도를 거쳐 주실로 넘어가면서 완전한 모습으로 차근차근 변모해가는 것이다.

이와 같은 양상을 우연으로 돌릴 수는 없다. 처음부터 주도면밀한 기획이 서 있지 않고서는 불가능하기 때문이다. 이야말로 우비고뇌憂悲苦惱에 끄달리며 자신의 참모습을 모르던 사바중생이 붓다의 가르침을 등불로 삼아 서서히 자신의 진아를 깨우쳐 나아가는, 깨달음의 세계로의 도정을 형상화한 것일 수 있다.

이렇게 보면 팔부신중의 조악성이라는 것은 결코 폄하의 대상이 될 수 없다. 오히려 신라인의 상상력이 거둔, 동양의 불교조각사를 관통하는 가장 위대한 예술적 성취의 하나로 재평가하는 것이 온당한 일이다.

이 문제와 관련해 특기할 만한 사실이 있다. 대부분의 연구자가 팔부신중의 후대 추가설에 매몰되어 있는 와중에 남천우만이 거의 유일하게 이같은 시각을 전면 부인한 것이다.[5] 전각 자체는 없다는 게 그의 지론이지만, 팔부신중만큼은 김대성 당대의 작품으로 평가한 것이다.

그렇다면 전실 테라스설의 경우는 어떻게 보아야 할까. 그것 역시 같은 관점에서 이야기할 수 있다.

전실 테라스설의 비현실성

일찍이 남천우는 전실공간을 "소정小庭(작은 마당)"이라는 단어로 표현한 적이 있다.[4] 개방구조설을 앞세우는 그의 입장에서 전실공간은 실내가 아닌 실외, 곧 마당일 수밖에 없는 것이다.

그런데 남천우의 '소정'을 '테라스'라는 말로 고쳐 표현한 이는 강우방이다. 창건 당시 전실공간은 사람들이 삼삼오오 모이는 작은 테라스에 불과했다는 것이다.[5] 그런가 하면 윤장섭·윤재신은 "건축화된 전정前庭"이라는 말로 계승하는데,[6] 전실공간을 보호전각이 없는 잘 꾸며진 '앞마당' 정도로 본 점에서는 세 연구자가 똑같다.

그러나 소정도, 테라스도, 또 건축화된 전정도 석굴암이 성전 건축임을 추호라도 생각한다면 결코 나올 수 없는 말들이다. 일반 사찰에서는 조그만 법당만 있으면 예불이 가능하나, 석굴암의 경우 전실공간이 없으면 독경 같은 간단한 의식조차 곤란하기 때문이다.

이 문제에 관한 한 황수영의 개탄이 가장 적절할 것이다.

> 어떤 사람은, 전실은 처음부터 없었고 오늘의 이 공간은 단순한 마당이라고 주장하는 것은 이 종교석굴에 대한 이해가 전혀 없음에 기인하는 것이다. 불상을 안치하면서 그에 대한 예배와 의식의 장소를 마련하지 않았다는 일이 도대체 있을 수 있는 일일까? 도무지 상상조차 아니 되는 여러 가지 발설을 민족 최고의 문화유산에 대하여 함부로 해도 상관없다는 것일까. 석굴의 중요성에 비추어, 새로운 발설에는 신중함과 그에 상응하는 연구가 따라야 할 것이다. (…) 후벽에 따로 떨어져 두광이 장치된 것은 분명 신라의 이 석굴에서만 볼 수 있는 기발한 착상으로, 매우 독특한 기법이라 하겠다. 이 같은 방안은 처음부터 본존불에 대한 예불이 전실의 앞자리에서 이루어지도록 설계한 까닭일 것이다.[7]

감히 단언하건대, 테라스설은 석굴암이 종교성전이 아니라는 말과 동의어이다. 전실 없는 석굴암은 법당도 아니고, 건축도 아니다. 또한 그것은 전실과 주실을 하나의 통일적인 공간으로 기획한 신라 건축가의 사상적 좌표와도 어긋난다. 석굴암을 박제된 관광자원으로 활용한 총독부보다 하등 나을 게 없는 반종교적인 관점이다.[8]

실은 그런 총독부조차도 "굴 안팎은 처음부터 하나의 계획에 의해서 만들어졌음은 의심할 여지가 없고, 전실이 다른 시대에 만들어진 부가물이라고는 생각되지 않는다."[9]라고 지적한 사실을 덧붙여둔다.

이로써 테라스설은 정리되었지만, 또 하나의 숙제가 남아 있다. 8세기까지 동양권에 팔부신중의 도상 자체가 성립되지 않았다는 견해 때문이다.

팔부신중의 도상 성립 시기

앞서 언급한 것처럼 남천우 외에 많은 연구자들은 김대성이 팔부신중을 조성하지 못하고 사망하자 후대에 추가되었다거나 혹은 그의 생전에 조성되었지만 훗날 파손되어 다시 세웠다는 입장이다. 역시 팔부신중의 조형 수준이 떨어진다는 게 그 이유였다.

그런데 그들 중 누구도 팔부신중이 김대성의 설계 원안에 들어 있지 않았다는 생각은 하지 않았다.

그러나 강우방의 판단은 다르다. 한때 금시조와 아수라 두 신중이 김대성의 의중에 없었다면서 두 신중상의 유보설을 제기했던 그가 한발 더 나아가 석굴암이 창건된 8세기 중엽까지 팔부신중의 도상 자체가 성립되지 않았다는 가설을 다시 선보인 것이다. 도상이 없으므로 작품이 있을 수 없고, 작품이 없으므로 현재의 전실공간은 테라스일 수밖에 없다는 일종의 삼단논법이었다.

뿐만 아니다. 그 과정에서 그는 석굴암(751년 창건)보다 앞선 중일 양국의 팔부신중들에 대해 그 연대가 앞당겨졌을 가능성도 제기한다. 특히 일본 나라에 있는 흥복사 팔부중상의 8세기 초 제작설을 인정하기 어렵다는 태도를 취한다.

> 그러한 대세에서 볼 때 일본 흥복사의 팔부중상이 734년에 조성되었다는 설은 너무 이른 감이 없지 않다. 더구나 일본은 팔부중상을 더 이상 조성하지 않았다. (⋯) 둔황 제158굴의 팔부중상 벽화, 석굴암의 팔부중상, 흥복사의 팔부중상 등은 모두 입상立像으로서 8세기 후반의 작으로 추정하면 무리가 없으리라 생각한다.[10]

8세기 후반까지 한반도에서 구경조차 하지 못한 작품이 어떻게 일본에 나타날 수 있겠느냐는 반문反問이다. 그중에서도 흥복사 팔부중상 문제는 일본학계가 조작이라도 한 듯한 어감마저 풍기는데, 문자 그대로 동양미술사 전반에 지각변동을 불러올 만한 충격적인 관점이었다.

그러나 일차적으로 팔부신중과 전각은 전혀 별개의 문제이다. 팔부신중이 없던 시절에도 법당은 세워졌고, 그 안에서 신앙 활동이 행해졌다. 곧 팔부신중이든 인왕이든 조각상의 유무와 상관없이 전각은 건찰建刹 불사의 핵심 요목에 해당한다. 팔부신중이 없다고 해서 김대성이 성전에 지붕을 덮지 않았다는 것은 도저히 상상이 안 된다.

또한 6세기 후반이나 7세기 초반에는 팔부신중이 조성되었다는 게 한중일 학계의 중론이다.[11] 그건 자료를 통해서도 충분히 입증되는 사실이다.

중국의 경우 당나라 혜상惠祥이 찬한 『홍찬법화전弘贊法華傳』에 혜호惠豪가 423년에 제작한 〈영취산도靈鷲山圖〉에 '천룡팔부상天龍八部像'이 그려져 있었다는 기록이 있다. 또 저 유명한 오도자吳道子, 685~758의 문하인 사도思道가 안국사安國寺에 석범팔부釋梵八部를 그렸다는 기사가 당나라 단성식段成式의 『사탑기寺塔記』에 실려 있다.[12]

중국 경양 북석굴사 남벽의 천왕상

우리의 경우는 먼저 의상 대사義湘 大師, 625~702의 「낙산사설화」(672)를 꼽을 수 있다.

> 의상이 재계 후 7일 만에 좌구坐具를 새벽 물 위에 띄웠더니 용천팔부
> 龍天八部의 시종들이 굴속으로 안내해 들어가므로 공중을 향해 참례하
> 니 수정 염주 한 꾸러미를 내준다.[13]

'용천팔부'는 팔부신중의 이칭으로, 작품 조성 여부와 상관없이 이름자가 등장했다는 사실이 중요하다. 다음은 우리 고대의 전설적인 예술가 양지良志와 관련한 기록이다.

> 영묘사 장육삼존상과 천왕상, 또 전탑의 기와와 천왕사 탑 밑의 팔
> 부신장八部神將과 법림사의 주불 삼존과 좌우 금강신 등은 모두 그가

만든 것이다.[14]

문무왕文武王, 661~681 때 창건된 사천왕사의 '팔부신장'을 양지가 조성했다는 내용이다. 이런 기록들만 가지고도 7세기 중후반이면 이 땅에서 회화든 조각이든 팔부신중이 제작된 사실은 누구도 부인하지 못한다.

이와 관련해 수당의 수도였던 장안長安(현재의 시안西安) 인근의 경양慶陽 북석굴사北石窟寺의 마애조각상 하나가 눈길을 끈다.

초당初唐 때(7세기 초)의 사천왕인데, 전체적인 복색이며 조각 수법, 분위기가 석굴암의 금시조와 흡사하다. 중국학계에서는 사천왕으로 분류하고 있으나 변용의 가능성까지 배제할 수는 없다. 신라 예술가가 팔부신중의 도상을 확정하는 과정에서 얼마든지 차용할 수 있기 때문이다.

따라서 유물이 전해오지 않는다고 팔부신중이 하늘에서 뚝 떨어진 양 말할 수는 없다. 석굴암 팔부신중이 김대성 생전의 작품임은 이론의 여지가 없으며, 전실전각의 경우는 더 말할 나위가 없다.

마지막으로 일본 흥복사 팔부중상의 조성 시기도 정확히 해둘 필요가 있다.

흥복사 팔부신중에는 백제인의 피가 흐른다

현재 흥복사 서금당西金堂에 봉안되어 있는 팔부중상은 동양불교조각을 대표하는 걸작으로 명성이 자자하다. 일본 학계에서는 오래전부터 석굴암 팔부신중과의 연관성을 규명하기 위한 노력을 기울여왔는데,[15] 불법의 수호신장으로서는 어울리지 않는 여성적인 얼굴에 우수와 비애가 감도는 눈빛은 훗날의 험상궂은 일본 불상들과는 미감이 다르다.

이 흥복사 팔부중의 734년 제작설은 근거가 확고할 뿐 아니라 연

일본 나라의 흥복사 팔부중상

흥복사 팔부중은 성무천황의 비인 광명황후가 자신의 생모인 귤삼천대(橘三千代) 부인의 극락왕생을 위해 734년 봉안한다. 일본 고대불상조각의 대표작으로, 조각가인 장군만복(將軍萬福)의 조상은 백제의 장군 삼귀(三歸)로 밝혀졌다.

구 성과도 충분하다. 쇼무천황聖武天皇, 701~756의 비인 고묘황후光明皇后, 701~760가 자신의 생모인 다치바나노 미치요橘三千代 부인의 일주기를 맞아 명복을 빌기 위해 발원했으며, 덴뵤天平 6년(734) 정월 11일에 개안공양을 올렸다는 것이다.[16]

더욱 중요한 사실은 그 작가가 한반도 도래인으로 판명된 점이다.

일본학계에서는 일차로 『정창원문서正倉院文書』「조불소작물장造佛所作物帳」에서 '불사장군만복佛師將軍萬福'이라는 구절을 찾아낸다. '장군만복'이라는 불사佛師(조각가)가 흥복사 팔부신중을 조성했다는 것이다. 이때의 '장군'은 관직명이 아니라 성姓을 가리키는 말로, 그가 무가武家의 후손임을 짐작케 한다. 일본학계는 다시 장군만복이 도래인의 후예, 곧 백제인의 혈통이라는 사실을 밝혀낸다. 『일본서기日本書紀』「긴메이천황欽明天皇」 조에 나오는 "백제인장군삼귀百濟人將軍三貴"의 '삼귀三貴'라는 인물을 그의 조상으로 추정한 것이다.[17]

신라 진흥왕이 한강 유역을 점령하는 등 정복전쟁의 강도를 높여갈 때 백제 성왕이 원군을 요청하기 위해 일본에 파견한 삼귀를 장군만복과 연결 짓고 있는데, 이 사실은 우리 학계에서도 상식으로 통하고 있다.[18]

따라서 강우방의 주장대로라면 흥복사 팔부중의 조각가가 백제계 도래인 장군만복이라는 역사적 사실을 부정해야 한다. 희미해지긴 했지만 우리의 핏줄을 우리 스스로 잘라내는 경우가 될지 모를 문제이다.

덧붙이면 1991년 5월 3일 정신문화연구원이 주관한 〈석굴암의 제문제〉라는 세미나 석상에서 전 홍익대학교 교수 김리나는 다음과 같이 개진한 적이 있었다.

일본에는 8세기 초로 추정되는 법륭사法隆寺(호류사) 오중탑의 내부에 있는 소조상塑造像 중에 북벽 열반상에 포함되는 팔부중상은 당唐 조각 양식을 나타내는 비교적 이른 시기의 조각들이다. 또한 나라奈良 흥복사의 734년 경의 건칠상乾漆像 중에서도 팔부중이 포함되어 있다. 3면6비三面六臂(얼굴 셋에 팔이 여섯)의 아수라상이나 사자관을 쓴 건달바 등은 신라의 상과 도상적으로 유사하며 우리나라와 불교문화가 활발했던 8세기 당시 유행했던 팔부중들의 조상 연구에 중요한 자료라고 볼 수 있다.[19]

그때 토론자로 나선 강우방은 김리나의 주장에 별다른 이견을 달지 않았다.

그런데 갑자기 흥복사든 석굴암이든 팔부신중상의 도상 성립 연대를 문제 삼는 것은 납득하기 어렵다. 따라서 이제라도 팔부신중상에 관련된 한중일 삼국의 모든 기록과 연구 성과, 그리고 김리나의 발언은 잘못된 것이며, 또 그것들의 편년이 어떻게 끌어올려졌는지를 입증하는 책임이 그에게 남아 있다고 할 것이다.

주실 조각상들의 위치도 잘못되었다?

지금까지 본 그대로 전실 팔부신중, 그중에서도 금시조와 아수라 두 신중은 항상 시비의 중심에 서 있었다. 반면 나머지 조각상만큼은 제자리를 지키고 있다는 데에 별다른 이견이 없었다.

그런데 2000년대 들어 돌연 주실 조각상들의 자리가 잘못되어 있다는 의외의 주장이 나와 또 한 번 지금의 석굴암에 대한 불신을 부추긴 적이 있다. 주실 입구 쪽의 대범·제석 두 천신과 보현·문수 두 보살의 좌우가 맞바뀌어 있다는 것이다. 전실 조각상들을 대상으로 한 이전의 논란과는 차원이 다른, 석굴암의 원형 문제에 대해 근본적이고 대대적인 검토를 요하는 그야말로 경천동지할 만한 발언이었다.

그 같은 주장의 논자는 간송미술관 최완수 실장이었다. 그에 따르면 불국토의 수호자로서 마땅히 밖을 경계해야 할 존재들이 안쪽으로 돌아서 있고, 시선 역시 안쪽을 바라보는 것은 상식에서 벗어난 일이라는 것이다. 그러면서 그는 구한말에 그렇게 되었다는 입장을 취한다.

①이런 실수는 석굴암의 주실 천장 앞부분이 붕괴되었던 1900년 전후한 시기에 저질러진 것이 아닌가 한다. ②나라가 망해가는 정신없던 때에 천장이 무너지며 그에 연결되었던 앞부분 석벽까지 휩쓸려 쓰러지자 대강 응급 복구한다고 하다가 좌우를 바꿔놓을 수 있기 때문이다. 불교에 관한 식견도 부족하고 옛 모습에 익숙지 않은 사람이라면 능히 저지를 수 있는 실수다. 그런데 일제가 1913년부터 중수를 시작하면서 학술적인 진단을 거치지 않은 채 이런 현상을 고착시켰기 때문에 그 오류를 바로잡지 못하고 오늘에 이른 것이라고 생각된다.[20]

그러나 아무리 '무식쟁이'라고 해도 자신들의 손으로 해체한 판석들을 제대로 관리 못해 뒤바꿔놓는 '실수'를 저질렀다고는 믿기지 않는다. 그것은 유무식有無識을 떠난 문제이다. 총독부 공사 때 사진을 보면 해체한 판석들마다 하얀 글씨가 보이는데, 혼란을 막기 위한 일련번호이다. 우리 조상이라고 해서 그렇게 못할 이유도, 안 할 이유도 없는 것이다. 우리 조상은 그렇게까지 못나지 않았다. 외람된 말이지만 조상에게 누를 끼치는 언사는 자제되어야 한다.

다른 무엇보다 주실 구조상으로도 그가 기대하는 결과는 나오지 않는다. 문제의 4상을 포함해 주실의 판석 15매는 중앙의 본존불을 중심으로

상) 주실 왼쪽 주벽의 조각상

왼쪽부터 대범천, 문수보살이다. 두 상 모두 시선과 자세가 안쪽을 향하고 있다.

하) 주실 오른쪽 주벽의 조각상

오른쪽부터 제석천, 보현보살이다. 안쪽을 향해 돌아서 있으며 시선 역시 주실의 뒤쪽을 바라보고 있다.

조선총독부의 1차 공사 시 판석 재조립 직전 장면
비계목에 쌓인 본존불과 천개석 옆으로 조립 순서를 기다리는 조각상 판석들이 늘어서 있다.

둥그런 원을 짓고 있어 자리를 맞바꿔도 그들은 바깥쪽이 아니라 맞은편의 서로를 바라보게 될 따름이다. 한마디로, 원통형이라는 주실의 특성으로 인해 그들 4상이 밖을 향해 서거나 지켜보는 건 원천적으로 불가능하다.

그리고 ①번 문장의 '1900년 전후한 시기'에 공사가 있었다는 것에 대한 어떠한 증거도 없다. 그러기 위해서는 1891년 조순상의 중수 후에 석굴암이 또 대파되고, 그가 말하는 '1900년 전후한 시기'의 공사로부터 얼마 안 돼 거듭 더 큰 파손이 발생한 사실이 입증되어야 한다. 1909년 4월

말 소네 부통감 일행이 찾았을 때 반파된 상태였기 때문이다. 요컨대 그의 주장대로라면 조순상의 1891년도 중창 직전부터 소네 일행이 찾은 1909년까지의 약 20년 동안 석굴암은 세 번 파손되고, 두 번의 공역이 행해졌다는 말이 되고 만다.

하나 더 지적하면 석굴암은 "대강 응급 복구"해서 될 만큼 만만한 구조물이 아니다.

알다시피 총독부의 1차 보수공사는 1913년에 시작되어 1915년에 종료되고, 인명피해까지 발생한다. 또 문화재관리국의 1960년대 공사도 발의 단계부터 따지면 수년이 소요되고, 전각 신축이 중심이던 본공사만도 1년이 걸린다. 막대한 경비와 인력을 투입한 국가 내지 정부 차원의 공사도 2~3년은 기본이었던 것이다.

다른 한편, ②번 문장의 앞부분 석벽, 곧 주실 초입의 4상까지 쓰러졌다면, 그것은 석굴의 전면적인 붕괴를 뜻한다. 벽체에 해당하는 그 부분만 도괴되고, 그 위에 놓인 돔 천정이 온전할 수는 없다. 법당 전체를 들어내는 대대적인 수준의 공역을 벌이지 않고서 현실적으로 몇몇 판석들만 골라 바꿀 방법은 누구에게도 없다.

말을 맺기로 하자. '1900년 전후한 시기'에 공사가 있었다거나 4상이 바뀌었다는 것은 최완수 개인의 상상일 뿐이다. 문제의 4상을 포함해 현재의 38상 모두 창건 당시의 위치를 굳건히 지키고 있다고 봐야 한다.

9

돔 지붕의
상부 및 외곽 구조

주실공간은 말하자면 석굴암의 심장이다. 천신과 보살, 나한 등을 새긴 판석들을 병풍처럼 두르고, 그 위에 다시 보살 등이 사는 감실을 배치해 그들로 하여금 중앙의 붓다를 찬탄하도록 구상한 성소 중의 성소이다. 그런데 이 불국토를 보위하는 거룩한 소임은 일차적으로 엎어진 사발 모양의 석조 돔 천정이 맡고 있다. 창연한 돌의 하늘 아래서 붓다와 보살, 천신, 나한, 거사는 거룩한 침묵의 시간을 누리고 있는 셈이다.

하지만 토함산의 현실로 돌아가면 이 돌의 하늘에는 치명적인 약점이 있다. 석재 틈새로 빗물의 틈입을 막기 어렵고, 겨울철 몇 달은 냉골이 되는 걸 피할 수 없다는 것이다. 게다가 무거운 돌덩어리를 얽고 엮으면서 접착제를 사용하지 않아 역학적으로 불안할 수밖에 없었다. 신라 건축가의 고심이 적지 않았을 터인데, 그들에게는 이것이 최후의 도전이었던 셈이다.

시멘트 두겁의 수명

오늘의 석굴암은 적어도 겉으로는 정상처럼 보인다. 그러나 속을 들여다보면 지난 20세기의 깊은 상처를 여전히 안고 있다. 총독부의 1차 시멘트 두겁이 그것인데, 습기 등 석실법당의 여러 병폐가 그것에서 비롯되고 있음은 익히 알고 있는 사실이다.

게다가 시멘트의 수명은 흔히 50~60년 정도를 치고 있으며, 물과 모래 등의 배합이 충실하면 1세기를 견딘다고도 한다. 그러므로 1차 시멘트 두겁은 100년이 된 지금 그 수명이 다해가는 것으로 봐야 한다. 꽉 움켜쥐고 있던 손아귀가 느슨해지는 형국일 수 있는 일이다. 따라서 지금 당장은 괜찮을지라도 우리가 원하든 원치 않든 불원간 선제적인 철거작업에 나서야 하는 상황이 도래할지도 모른다.

이때 가장 우려되는 것은 역시 판석 조각상들의 피해이다. 이미 지적한 사항이지만 조탁彫琢 때의 충격에 조각상의 표면에는 일종의 피막皮膜이 형성되어 있어서 잘못 다루었다가는 박피薄皮가 뚝뚝 떨어질 소지가 다분하기 때문이다. 그렇게 보면 수십 년이 걸리더라도 붓끝으로 살살 털어낼 수 있을 때까지 인내심을 갖고 대처해야 할지 모른다.

어느 쪽이든 시멘트 두겁을 철거하자면 그 전에 필히 준비해야 할 것이 있다. 두겁을 대체해서 석실법당을 지켜낼 만한 확고한 방안이다. 그러기 위해서는 먼저 신라인이 석조 본체를 어떻게 지켜냈는지, 곧 주실 돔 지붕의 상부 및 전체 석실법당을 외곽에서 지탱하는 외벽구조의 구체적인 모습을 밝혀내야 한다.

따지고 보면 사실 이 문제는 전실전각보다 훨씬 더 중차대한 사안이다. 전실전각이 앞에서 석실법당을 지키는 파수꾼이라면, 그 부분은 석조 본체 전체를 책임진 본대 격에 해당하기 때문이다. 요컨대 석조 본체의 존립 여부가 오직 그 부분에 달려 있다고 해도 과언이 아니다.

또한 전실전각은 수시로 고쳐 지을 수 있지만, 석조 본체의 상부와 그 외곽 부분은 한번 시공하면 쉽게 손을 대기가 힘든 반영구적이라는 속성이 있다. 그만큼 신중하고, 치밀하게 접근해야 하는 부분이다.

다시 정리하면 석굴암 주실의 상부와 석조 본체의 외곽구조는 앞으로 언제고 있을 석굴암의 정식 중창 문제와 맞물려 있다. 그러므로 향후 시멘트 두겁의 철거를 포함해 전면적인 중창을 위해 관련 정보를 정리해두는 일은 가장 시급한 과제의 하나인 셈이다.

그렇다면 과연 신라 건축가는 자신들이 이룩한 불국정토를 지키기 위해 어떤 건축적 영감을 발휘했을까.

'고분'과 기왓골

1부 8장 「석굴암은 석굴사원이다」에서는 석굴암의 외관이 작은 능과 흡사하다는 임필대의 『강와집』과 『모암집』의 내용을 인용한 바 있다.

이 두 자료의 내용을 뒷받침하는 것이 구한말 사진들이다. 예외 없이 석실법당 전체가 흙더미와 잡초로 뒤덮여 있어 고분 형상과 크게 다르지 않았다.

그런데 이상한 점이 있었다. 붕긋이 솟아오른 봉토 맨 위쪽으로 기왓장들이 언뜻언뜻 비쳐서 『강와집』 등의 기록과 충돌을 일으킨 것이다. 다만, 그때의 사진들은 법당을 정면에서 포착한 것들이라 봉토 위 기왓장들의 정확한 실상은 알기 어려웠다.

그러던 1960년대 공사 와중에 황수영이 찾아낸 사진 한 장은 매우 이채로운 것이었다. 이전 사진들과 달리, 석실 뒤쪽 산기슭에서 멀리 펼쳐진 동해를 바라보며 주실 지붕의 위쪽을 찍은 것으로, 봉토 위에 천연 고깔 모양으로 덮여 있는 기왓골의 모습이 완연했다.

1910년 전후의 주실 지붕 위의 기와층

원래의 모습은 아닌 듯 상당히 허술해 보였는데, 결국 황수영은 양쪽 자료를 배합해 어정쩡한 결론을 내린다.

> 석굴은 둥근 주실의 외벽을 돌아서 큰 화강암을 두 겹으로 튼튼하게 쌓아 올려 외부를 견고하게 한 후 흙을 돌렸고, 다음 천장으로 올라가면서 흙과 진흙을 덮고, 끝으로 둥글게 기와를 얹어 빗물의 침투를 막았다.[1]

외관이 고분 비슷하다는 옛 문헌과는 동떨어진 설명이었다. 더욱이 봉토에 기와 한 겹 씌워놓고 안심할 만큼 신라인의 생각이 얕았을까, 하는 점은 여전히 의문으로 남았다.

그런가 하면 윤재신은 그 사진의 기왓골을 천개석의 균열과 연결 짓는다. 세 조각이 맞물린 틈새로 스며들 누수를 막기 위해 그것들을 얹었다는 것이다.

> 창건 당시 사고로 연화문 개석이 3조각으로 쪼개졌으나 이를 새로
> 만들지 않고 갈라진 조각들을 짜 맞추어 지붕의 정상부를 만들었기
> 때문에 석굴 상부에는 빗물이 내부로 침투하는 것을 방지하기 위한
> 조치가 처음부터 취하여졌을 것으로 생각된다. 적심으로 흙을 약간
> 올려놓은 다음 그 외에 기와를 덮어서 배수가 잘 되게 했을 것으로
> 생각된다.[2]

역시 만족할 만한 설명은 못 된다. 천개석이 멀쩡하다고 해도 면석과 동틀돌 등 돔 천정을 구성하는 모든 건축부재의 접합부 자체가 누수의 통로나 매한가지인 탓이다.

따라서 그 모든 틈새를 완벽하게 차단하지 않고서는 석실 내부의 안정은 기대할 수 없음을 신라 건축가는 누구보다 잘 알고 있었을 것이고, 필경 특단의 비책을 강구해 두었을 것이다.

주실 돔 지붕의 상부구조

1912년 늦가을에 촬영된, 경주동양헌 발행의 사진집 『신라고적석굴암석불』제1집에는 특별한 사진 한 장이 실려 있다. 바로 그 사진에 신라 건축가가 추구한 회심의 비책이 숨어 있었던 것이다. 돔 지붕의 위쪽이 어떻게 처리되었는지, 그 단면斷面이 드러난 것이다.

우선 천개석 부위를 유심히 살펴보면 몇 장의 엎어진 수키와 끝부분이 흙무더기 밑으로 살짝 비친다. 일차적으로 천개석 전체를 직접 기와 한 겹

1910년 전후의 석굴암

으로 덮었던 것으로 짐작되는데, 그 위로 쏟아져 내리는 흙무더기 중간쯤을 가로지르는 또 한 줄의 기왓장들이 완연하다. 일단 두 겹의 기와층이 간격을 두고 덮여 있었던 것이다. 그러나 그것이 끝이 아니다. 그 위에 다시 토석층이 덮여 있고, 마지막에 가서 세 번째 기와층으로 마무리된다. 바로 (363쪽 도판)의 기와골이다. 천개석부터 맨 위까지 기와층과 토석층이 번갈아 가면서 주실 돔 지붕 전체를 수 미터 높이로 감싸고 있었던 것이다.

이렇듯 신라 건축가는 토석층과 기와층을 시루떡처럼 중첩시킨 철벽의 수비막을 창안했다. 봉토 위의 맨 꼭대기 기와층에서 걸러지지 않은 빗물은 두 번째 기와층에서 차단하고, 거기서도 스며든 것은 맨 아래 마지막 기와층에 막혀 주실 내부로는 물 한 방울도 침투할 수 없도록 심혈을 기울인 것이다.[3]

그렇다면 『강와집』이나 『모암집』의 기록은 어떻게 보아야 할까. 거기에는 두 가지 가능성이 점쳐진다.

첫 번째는 원래 중간의 두 번째 기와층까지만 있었고, 그 위에 성토작업 후 잔디를 입혔을 가능성이다. 구한말 원인불명의 충격에 돔 지붕의 앞부분이 붕괴되고, 잔디와 봉토가 쏟아져 내리자 겉의 기와골을 응급조치로 덧씌웠다고 보는 것이다. 기와골의 전체적인 모양이 엉성해 보이는 것도 이러한 추론에 힘을 실어준다.

두 번째는 겉의 기와골에 다시 봉토와 잔디가 덮여 있었을 개연성도 생각할 수 있다. 2부 1장 「구한말의 석굴암」에서 석굴암이 반파된 시점을 세키노 다다시가 경주 땅을 밟은 1902년 이전으로 비정하고, 구한말 사진 속의 석굴암은 그로부터 10년 안팎이 지난 모습으로 추정한 바 있다. 그렇다면 빗줄기에 씻기는 것은 물론 결빙과 해동이 반복되면서 기와층 위에 덮여 있던 토석과 잔디가 유실되고도 남을 만한 기간이다. 겉의 기와골은 그 과정에서 노출된 것으로 볼 여지가 생기는 것이다.

어느 쪽이든 석조 본체 위에 기와층과 토석층을 이중 삼중으로 덮고, 겉에 잔디를 심어 고분과 비슷한 외관을 갖추었다고 판단하면 무리가 없을 것이다.

이와 같이 주실 돔 지붕의 상부는 토석과 기와의 합작으로 되어 있다. 문자 그대로 방수와 방한, 제습, 항온, 내진 등의 완충 등 그야말로 다목적 카드였던 것이다.

석실 본체의 외곽구조

아직 풀어야 할 문제가 더 남아 있다. 지금까지 확인한 주실 돔 지붕 상부의 엄청난 하중을 떠받치는 하부구조, 곧 석실 본체의 외벽(혹은 외곽)에 관한 것이다. 이 부분이 견고하지 않고서는 상부가 아무리 튼튼해도 사상누각이 되리라는 것은 자명한 일 아닌가. 이와 관련한 윤재신의 적절한 설명이 있다.

> 돔 하부의 링ring에서는 바깥 방향으로 벌어지려는 인장력이 작용하고 상부의 링에서는 이에 대응하여 한쪽 방향으로 압축력이 발생된다. 그리고 상부 하중이 커질수록 하부 링의 인장력도 이에 따라서 증가하게 된다. 이러한 힘에 충분히 저항하기 위하여 상부에서는 구조가 정확히 잘 짜여 있어야 하며 하부에서는 두터운 적심석의 측벽을 쌓아 바깥쪽으로 벌어지는 힘에 대항하여야 한다.[4]

결국 외벽을 어떻게 구축하느냐에 따라 석실 본체의 주벽과 돔 지붕의 안위가 좌우되는 것이다.

2부 2장 「총독부의 개축공사」에서 확인했듯이 1910년대 공사 도중에

비도 왼쪽 첫 번째의 남방 증장천
증장천 판석과 그 앞쪽 아 인왕 판석 뒤쪽의 잡석과 흙
등이 쏟아지고 있다. 원래는 비도의 왼쪽 문기둥이 서 있
던 곳이나 탈락해 더 크게 벌여져 있다.

엄청난 양의 적심석이 쏟아져 나온다(358쪽 도판 참조). 당시 그것들을 복원하지 않고 시멘트 두겁을 씌워 후유증을 앓고 있다는 것은 누차 이야기한 그대로이다.

적심석이 어디에 어떻게 사용되었는지는 역시 구한말 사진에서 답을 끌어낼 수 있다. 남방 중장천의 경우를 보면 틀어지고 벌어진 판석들의 틈새로 첩첩히 쌓인 흙과 잡석을 확인할 수 있는데, 병풍처럼 둘러 세운 조각상 판석들 주위에 흙과 잡석을 버무리듯 다져 넣어 석실 본체의 원심력을 방지한 것이다. 그런 연후에 그 모두를 마치 어미닭이 알을 품듯이 넓게 성토하고 잔디를 입혀 최종적으로 고분과 비슷한 외관을 갖기에 이른 것이다.

그렇다면 그런 방식은 석굴암에서 처음 나타난 것일까. 사실 그와 같거나 비슷한 방식의 구조물은 이전에도 있었다. 알다시피 경주 지역에 즐비한 적석목곽분積石木槨墳은 목조 관곽의 위쪽과 사방을 잡석으로 메우고, 두

경주 석빙고

텁게 성토한 뒤 겉에다 잔디를 심었다. 또한, 석빙고石氷庫도 돌로 아치형의
본체를 구성해 내부공간을 확보한 다음, 흙을 덮고 역시 잔디를 올리는 것
으로 마무리했다.[5] 그런 방식들이 석굴암 주실의 상부구조를 결정하는 데
영향을 주었을 것이다.

　신라 건축가는 적석 목곽분이나 석빙고 등 이전의 건축전통에다 창의
를 더해 석실법당의 항구적인 안정을 도모한 것이다. 1891년과 1902년
사이에 발생한 원인 미상의 충격에, 그리고 그 이후 10년가량이 지나도록
석실법당이 전면 도괴를 면한 까닭 중에 상부 및 외벽의 든든한 구조가 중
요한 몫을 감당한 것이다.

10

국외자와
사용자

지금까지 전각 문제, 샘물 위 축조설, 절곡형과 전개형 문제, 전실 테라스설과 팔부신중 문제 등 여러 논점을 다루었지만, 모두가 그곳에서 생활을 하는 실거주자가 아니라 국외자의 눈으로 본 것이었다. 지금까지 피력한 필자의 생각들도 마찬가지인데, 아무리 정확을 기한다고 해도 분명 국외자로서의 한계가 있었을 것이다.

따라서 이번 장에서는 거주자의 입장에서 기왕의 쟁점들을 매듭짓고자 한다. 그곳에서 일 년 열두 달 예불을 올리고 공양을 올리는 이들의 입장에서 보면 논점이 더욱 명확해질 것이다.

종교성전의 절대조건

종교성전은 절대자를 향한 종교의식이 정례적으로 베풀어지는, 또한 신자와 사제가 참회하고 기도하는 구도공간이다. 만약 의식에 지장을 받거나 의식이 불가능하다면, 그런 성전은 지을 이유가 없다. 모름지기 성전

석굴암 본존불

주실 한가운데 연화 대좌 위에 흡사 갈기를 펄펄 휘날리는 수사자처럼 우뚝 앉아 있는 대석상(大石像). 기원 전 간다라와 마투라에서 불상 조각이 출현한 이래 동양문명권에서는 시대와 지역을 뛰어넘어 수백 년 이상 각 시대의 조각가들은 가장 이상적인 붓다상에 도전한다. 석굴암 본존불은 그들 모두의 염원이 신라 조각가의 손길을 빌려 탄생한 걸작이다. 그는 오늘도 석실법당의 고요하고 경건한 고요 속에서 엄숙하고 자비로운 눈길로 억만 중생의 슬픔과 번뇌를 쓰다듬고 있다. ⓒ박정훈 건축가라면 성전 본연의 기능을 안정적으로 수행할 수 있는 최적의 내부 공간을 추구하는 것이 당연한 소임이다.

관광명소로 변해 사람들 왕래가 잦고 전기불빛이 휘황한 오늘날과 달리, 그 옛날의 석굴암은 밤이면 맹수가 들끓고 암흑천지로 변하는 궁벽한 작은 암자에 지나지 않았다. 『삼국유사』의 「김현감호金現感虎」 이야기가 말해주듯 서라벌 도심까지 호랑이 같은 맹수가 창궐할 정도였다. 또 『토함산석굴중수상동문』의 "학의 도리와 무지개다리는 이리와 토끼의 자취로 얼룩졌구나."와 같은 대목을 보면 구한말도 그때와 마찬가지였음을 알 수 있다.

이런 상황에서 전각이 없으면 어떤 일이 벌어질까. 새벽이나 야간 예불 시 승려가 호환虎患 등을 입지 않는다는 보장이 없다. 또한 마음 편히 앉아 반야심경을 외우고 목탁을 두드릴 수도 없으며, 겨울에는 얼음장 같은 돌바닥에 일순도 머무를 수 없다. 마마를 앓는 손주를 위해, 전쟁에 나간 지 아비의 무사귀환을 빌기 위해 이 땅의 이름 없는 할머니와 지어미가 토함산을 찾아도 앉을 곳도 없고, 밤새워 치성을 올리는 일도 쉽지 않을 것이다.

우리가 진작 수행자나 신자의 입장으로 돌아갔다면, 혹은 토함산의 자연환경을 조금만 헤아렸다면 개방구조 등의 허황된 이야기는 나오지 않았을 것이다.

그동안 선두에서 원형논쟁을 이끌어왔다고 할 수 있는 강우방 스스로도 다음과 같이 말한 적이 있다.

석굴암에 들어가 방석 위에 앉아 머리를 들면, 건축과 조각의 장엄이 나를 위압한다. 그 내부의 숭고하고 아름다운 분위기는 나를 숙연하게 하여 머리를 숙이도록 하고 마음 깊숙이 침잠하게 한다. 경주에서 12년 동안 살면서 석굴암을 여러 차례 찾았지만, 그저 오랫동안 묵

넘만 하다 나오곤 했었다. 차마 숙연한 마음의 상태를 거두고 눈망울을 이리저리 굴리며 뭔가 기를 쓰고 밝혀 보려는 생각이 일어나지 않았던 것이다. 이것은 신앙의 대상이지 연구의 대상이 아니다.[1]

하지만 그의 지론대로 오늘의 전실공간이 전각 없이 산바람만 몰아치는 휑한 마당(테라스)이라면, 내부의 숭고하고 아름다운 분위기는커녕 방석 위에 앉아 묵상에 잠기는 일은 기대하기 어렵다. 그 자리에는 신앙의 대상이 아니라 외세에 의해 성전으로서의 영혼을 빼앗긴 박제된 석굴암이 서 있을 뿐이다.

두말할 것 없이 석실법당의 숭고하고 아름다운 분위기를 조성하는 방법은 전각이 유일하다. 전각 외에는 우리를 숙연하게 머리 숙이도록 하거나 마음 깊숙이 침잠하게 만드는 다른 어떠한 수단도 없다.

가령 1960년대 공사에서도 전각을 생략했다면 어떻게 되었을까. 오늘의 우리는 또 다른 자조의 염에 빠져 한탄하고 있을 것이다. 전각을 겨냥한 논란은 석굴암에도, 어느 누구에게도 도움이 되지 않는다.

또 하나의 관점, 사용자 요구

석굴암에서 전실은 수행과 예불을 위한 신행공간으로 사람의 출입이 빈번하다. 부처님오신날 등 중요한 날에 승속僧俗의 사부대중이 모여 의식을 거행하는 곳도 전실이다. 따라서 그곳의 면적은 그러한 목적에 맞게 넉넉히 확보되어야 한다.

거주공간에 대한 이러한 요구를 일반 건축에서는 '사용자 요구user needs'라고 부른다. 생활하는 데 불편을 느끼지 않고, 심리적으로 안정감을 주는 적정한 규모의 공간이, 곧 '사용자 요구'인 셈이다.[2]

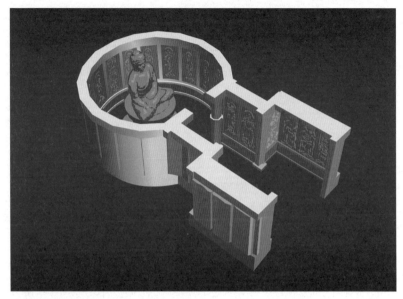

절곡 상태의 석굴암 구조
절곡형에서는 전실공간이 현저하게 옹색해진다. 거주자의 입장에서는 벽에 갇힌 듯한 갑갑함을 피할 수 없다.

　　따라서 건축가라면 안락하고 효율적인 실내공간을 확보하기 위해 부심
하기 마련인데, 그럴 때의 사용자 요구는 '휴먼 스케일human scale', 곧 '인체
척도'를 기준으로 삼는다. 인간의 신체조건을 고려해 건축 공간의 면적과
형태를 결정하는 것이다.

　　신라 건축가 역시 사용자 요구를 최대한 충족시키는 방향으로, 즉 휴
먼 스케일에 따라 전실의 면적과 형태를 결정했을 것이다. 바로 이 '사용자
요구'에 비춰볼 때도 절곡형은 결코 답이 되지 못한다.

　　지금처럼 전개 상태에서의 전실은 가로는 24당척에 세로가 16당척 정
도의 장방형長方形이다. 미터로 환산하면 가로 7.2×세로 4.8미터로, 면적
값은 34.56제곱미터가 나온다.

　　하지만 두 신중을 꺾게 되면 가로는 7.2미터 그대로이나 세로가 3.6미

일제강점기의 전실 왼쪽 모습
거리를 두고 양쪽 시멘트 옹벽까지 포착해 당시 전실공간이 얼마나 옹색한 처지에 있었는지 잘 보여준다. ⓒ고
유섭, 동국대학교 도서관 소장.

터 정도에 머물면서 면적 값이 25.92제곱미터로 줄어든다. 산술적으로는
1/4 정도 좁아진 정도에 불과하지만, 실상은 그 이상이다.

윤장섭·윤재신의 가상 그림이 잘 보여주듯이, 두 상의 판석과 부대附帶
구조물이 에워싸는 형국이 되어 거주자의 입장에서는 훨씬 더 옹색하게
여겨질 수밖에 없다. 양쪽 벽체가 심리적인 압박을 가하게 되어 체감 공간
지수가 대폭 떨어지는 것이다.

이 같은 사정은 고유섭 선생이 남긴, 일제 때의 전실 모습을 담고 있는
사진을 통해 얼마든지 체감할 수 있는 부분이다.

'사용자 요구'의 관점에서 이 문제를 좀 더 정교하게 알아보고자 한다.
절곡일 때의 가용면적 문제를 풀어보자는 것이다.

376쪽 도판은 일제 때의 전실공간을 나타낸 평면도로, 두 신중상을 꺾

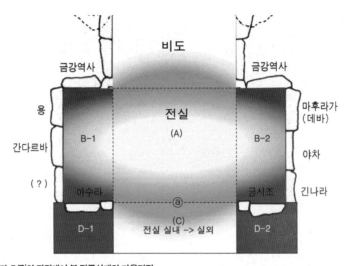

'사용자 요구'의 관점에서 본 절곡상태의 가용면적

절곡 상태에서는 실질적인 가용면적이 전개형에 비해 절반 정도에 불과하다.

어 놓을 경우 가용면적이 어떻게 변하는지를 한눈에 보여준다.

먼저 좌우측의 (B-1) 공간 및 (B-2) 공간은 앞뒤 벽면에 갇히는 형국이 되면서 살아 있으되 '죽은 공간'이나 진배없이 된다. 여기에 아수라와 금시조 두 신중상을 잇는 경계선(ⓐ)이 발생하여 원래 실내 공간이던 (C) 공간이 실외로 밀려난다. 이뿐만이 아니라 역시 실내 공간이던 (D-1) 공간 및 (D-2) 공간은 외벽의 석축 속으로 영영 사라지고 만다. 결국 현재의 전개형일 때에 비해 가용면적이 절반 정도로 줄어든다. 가용면적이 전개형의 절반 이하가 되면서 공간의 효용성이 현저하게 저하되는 결과가 초래되는 것이다.

이렇듯 '사용자 요구'에 반하는 것이 절곡형이며, 이 점 하나만으로도 신라 건축가의 의중에 절곡형은 일순도 존재한 적이 없다고 감히 말할 수 있다.

절곡형에서의 파사드

전실의 평면 구성 문제는 파사드 문제와도 직결된다. 건물의 '얼굴' 격
인 파사드는 단지 건물의 겉모습만을 뜻하지 않는다. 파사드에는 당대의
문화적 상황이 반영되기도 하고, 그 건축물의 정체성이 담기기도 한다. 뿐
아니라 파사드는 간혹 고유한 발언을 할 때도 있다. 파사드 스스로 단일 주
제를 가지며 자신의 표현능력을 갖는다는 것이다.[3]

총독부의 석굴암이 좋은 예이다. 그때의 시멘트 석굴암은 당시의 억압
적인 시대 상황을 극명하게 증언한다. 종교성전이 아니라 저들의 전리품
에 지나지 않았음을 그보다 잘 보여주는 것도 없을 것이다.

그 같은 사정은 지금에 와서도 마찬가지다. 두 상을 그때처럼 도로 꺾
어버리면 일차적으로 판석의 너비 4당척(1.2미터)과 그 부대 구조물이 좌
우 양쪽에서 튀어나와 중앙부 쪽을 침범하게 된다. 당연히 입구 너비가
3미터 이상 좁아지면서 현재의 세로 폭인 7.2미터의 절반을 조금 웃도는
4미터 남짓에 머물게 된다. 양쪽 돌출부에 의해 뜻하지 않은 골목이 발생
하는 것이다.

그때 앞마당에 이른 참배자의 시야는 자연 좌우 돌출부에 가로막히고
만다. 골목을 통해 안쪽을 기웃거려야 하는데, 팔부신중과 인왕, 사천왕으

일본 우스키 마애불의 보호전각
헤이안 시대 후기부터 가마꾸라 시대에 걸쳐 조성된 일본 최대의 마애석불군이다. 1995년 일본의 국보로 지정된다.

로 이어지는 통일적인 공간미를 경험하는 게 일제강점기처럼 원천적으로 불가능하다.

여기에 두 신중상의 뒷부분—참배자가 볼 때는 앞부분—을 어떻게 처리하느냐는 문제도 난감한 일이다. 일제 때처럼 시멘트 옹벽으로 처리하지 않으면 돌벽이든 흙벽이든 구축해야 하나 그때는 적어도 수 미터 이상의 두터운 구조물이 불가피하다. 무덤 속으로 터널을 뚫어놓은 것 같던 일제 때의 살풍경한 파사드가 재현되는 것이다.

정리하자. 절곡형일 때의 파사드는 제2의 총독부 석굴암으로 전락하는 지름길이다. 그러한 살풍경한 파사드가 성전으로서의 자기 주제와 정체성을 갖고 자기 발언을 하리라고 기대하는 것은 무리다.

야차상의 경고

문명국가가 지향하는 보편적 가치 중의 하나가 문화유산의 보호이다. 그래서 각국은 역사유산을 보호함은 물론 그 가치를 공유하고 선양하려는 목적에서 실정법을 마련해놓고 있다. 우리도 〈문화재보호법〉을 제정해 국민을 계도하고 위법한 행위에 대비한 처벌조항을 두고 있다.

전실 야차상의 현재 모습
두 손과 입에 물고 있는 염주꾸러미, 허리의 요대 등 모두가 세선을 잃음은 물론 윤곽도 알아볼 수 없다. 전각이 없던 시절에 가장 큰 피해를 입는다. 전각 철거론의 비이성적인 성격을 단적으로 보여준다. ⓒ 박정훈

가령 제95조 '사적 등에의 일수죄溢水罪'에는 "물을 넘겨 문화재청장이 지정 또는 가假지정한 사적·명승 또는 천연기념물이나 보호구역을 침해한 자는 2년 이상 10년 이하의 징역에 처한다."라고 명기되어 있다.⁴

그런데 석굴암에서 전각을 들어내면 빗물이 밀려들어 조각상이 막심한 피해를 입을 수밖에 없다. 전각 철거는 〈문화재보호법〉에 저촉되는 행위인 셈이다. 이러함에도 불구하고 문화재보호법을 관장하는 문화재청, 국립경주박물관 등 유관기관을 이끈 이들, 또 대한건축학회의 장을 지낸 이들이 앞장서 전각 철거를 역설하는 현실을 어떻게 받아들여야 할까.

현재 전 세계의 석조유적은 공기오염과 산성비로 몸살을 앓고 있으며, 나라마다 대책을 세우느라 부심 중에 있다. 일본 분고 우스키豊後臼杵의 마애불들은 원래는 전각이 없었지만, 지금은 든든한 보호시설을 갖추고 미

래를 기약하고 있다.

총독부의 1차 공사 직후인 1916년, 토함산을 오른 야나기 무네요시는 총독부가 구해냈다고 자부하던 석굴암의 실상을 보고 개탄을 금치 못한다. "굴 밖의 여러 금강신 조상들은 언제인지는 몰라도 뚜껑이 없어져 비바람에 손상을 입고 있다."고 전각을 살리지 않은 총독부를 간접 비판한 것이다.[5]

지금도 석굴암에 가면 그가 개탄한 '비바람에 손상을 입은 금강신 조상들'을 만날 수 있다. 전실공간의 두 인왕과 여덟 신중이다. 구한말 사진자료와 비교해 보면 1960년대 공사 전까지 그들 모두에게 어떤 일이 벌어졌는지 알 수 있는데, 그중에서도 2부 5장 〈문화재관리국의 복원공사〉에서 보았던 야차상은 오늘도 침묵 속에 참배자를 지긋이 응시하고 있다. 뭉그러진 두 손을 앞가슴에 모은 채 천형을 치른 자신의 몸뚱이로 총독부 공사를 고발하고, 전각을 없애자는 이들에게 무언의 경고를 보내고 있는 것이다.

지금쯤 김대성의 잠자리는 참으로 고단할 것이다.

'미의 천체도'
앞에서

20세기 중후반부터 펼쳐진 석굴암 원형논쟁의 실상을 살펴보았다. 비유하자면 그것은 불편한 진실을 찾아 나선 긴 여정이었다. 우리를 감격시킨 동해 아침 햇살 이야기도, 법당 밑으로 샘물을 흐르도록 했다는 위대한 신라 과학의 이야기도 사실이 아니라는 것, 또한 개방구조는 석굴암을 망실의 위기로 몰아넣으리라는 것 등 모두가 실사구시와는 동떨어진 공리공론이었던 것이다. 이렇듯 진실로 믿어 의심치 않았던 이야기들이 진실이 아니라는 상황 앞에서 우리는 혼란과 당혹을 금할 수 없었다.

대관절 어디서부터 잘못된 것일까.

1.

이른바 식민지 근대화론이라는 게 있다. 일제의 지배로 인해 비효율적이고 낙후된 조선이 근대화의 길로 접어들었다는 시각이다. '전근대'와는 확연히 구별되는 '근대'를 저들이 우리한테 선물했다는 것이다.

과연 일제는 '근대'를 우리에게 선물한 은인 내지 시혜자일까.

이러한 물음에 대한 답을 석굴암에서 찾을 수 있다. 총독부가 근대적 토목기술로 재생시킨 시멘트 석굴암은 적어도 겉으로는 '근대'의 개가라고 불러도 무방했다. 하지만 시멘트 석굴암은 1년 365일 악천후에 시달리고, 관광객의 발길에 채이고, 예불조차 자유롭지 못했다. 바로 그 시멘트 석굴암이 저들이 우리한테 선물했다는 '근대'의 실체다. 일제가 베풀었다는 '근대'가 우리 민족의 자아와 정체성을 희생시킨 명목만의 근대임을 시멘트 석굴암은 선명하게 증언하고 있는 것이다.

그러므로 1960년대 공사는 성전의 정체성과 기능을 회복했다는 의미 이상의 의미를 갖는다. 외세에 의해 강요된, 불완전하고 왜곡된 명목만의 '근대'를 지우고, 우리 스스로의 손으로 우리의 역사와 전통의 맥락 위에서 우리 자신의 '근대'를 선보인 거기에 1960년대 공사의 실다운 의미가 있다.

그러나 우리의 일부 연구자들은 원형이라는 모호한 잣대로 일제가 우리한테 강요한 '근대적' 시멘트 석굴암을 합리화하고, 우리의 자존에는 쉽게 아물지 않을 상흔을 남겼다. 오늘의 우리를 조상이 물려준 그 작은 집 하나 건사하지 못하는 못난 후손으로 만든 것이다.

그렇다고 하여 그들이 일제의 조선 지배를 찬양한다고는 생각지 않는다. 도리어 그들이 과도할 정도의 반일적인 태도를 취해왔음은 본문에서 본 그대로이다.

문제는 그들의 반일의식이 객관적 사실에 기초하지 않고 감정적 대응으로 일관했다는 데 있다. 그로 인해 총독부의 야만적인 석굴암 정책을 비호하고, 석굴암에 덧칠된 저들의 신비주의적인 이데올로기를 확산시키는 가치전도의 상황이 빚어졌던 것이다.

2.

원형논쟁이 아니었다면 우리의 석굴암 연구는 어떻게 되었을까. 지금보다 훨씬 깊은 수준에 이르러 석굴암에 관한 우리의 알음알이가 한결 풍부해졌을 것이다. 소모적인 논쟁에 묶여 우리의 석굴암 연구가 정체 내지 퇴행을 거듭해온 것이다.

가장 아쉬운 대목은 역시 새로운 의제의 등장을 가로막은 점이다. 논의가 일부 힘 있는 학자들에 의해 독점되면서 동해 일출 담론, 혹은 거기에 기반한 전각철거론이나 광창시설론, 그리고 샘물 위 축조설 같은 문제가 마치 석굴암 연구의 핵심 테마인 양 부각되고 일종의 석굴암 연구 가이드라인으로 기능했다. 후학들이 새로운 의제 설정에 나서지 못하면서 석굴암 연구의 지평을 넓힐 수 있는 기회가 차단된 것이다.

늦었지만 원형논쟁의 주술에서 벗어나 이제까지와는 다른 각도에서 석굴암을 바라볼 필요가 있는데, 대략 세 가지 정도의 관점을 상정해볼 수 있다.

그중의 하나는 경전經典이라는 관점이다. 석굴암은 흔히 생각하듯 창건주 김대성이 특정 경전에 의거해 지은 것이 아니라 자신의 불교적 깨달음을 문자언어 대신 건축과 조각이라는 조형언어로 서술해놓은 것으로 가정하자는 것이다. 이는 저 원효 성사의 저작물들이 문자의 옷을 빌려 표현된 그의 불교적 깨달음의 경전인 것과 같은 이치이다.

과연 석굴암을 응시하노라면 그 갈피갈피에서 붓다의 가르침이 읽혀진다. 건축 및 조각의 여러 요소가 일관된 원리에 따라 구성되어 있음을 알게 되는데, 말하자면 모든 것이 불교의 기본 이념이나 교학에 따라 철저하게 통제되고 있다. 석굴암을 김대성의 불교적 세계관을 담지하고 있는 한 권의 경전으로 간주해도 좋은 셈이다

다음은 고대 동서양 문명의 결정체라는 관점이다.

알다시피 석굴암은 다른 문명권의 거대 건축물들과는 비교가 안 될 만큼 규모가 초라하다. 하지만 그 '작은 집'에는 우리의 통념을 뛰어넘어 고대 동서양의 종교와 건축과 조각, 그리고 수리학, 토목기술까지 온축되어 있다. 그야말로 그 안에는 온 세계가, 온 우주가 다 들어 있다.

비근한 예가 주실의 돔 지붕이다. 8세기까지 중앙아시아나 중국, 인도 등지에 한 번도 나타난 적이 없는, 서양의 대표적인 건축양식인 돔 지붕이 화강암으로 완미하게 번안된 것이다. 거기에 주실의 원통형 평면 구성은 비잔틴 초기의 지중해 문명권에 산재한 교당들이나 중앙아시아 쿠차의 쿰트라석굴 등에서, 주실의 감실은 아프가니스탄의 바미안석굴 등에서 착안한 것일 수도 있다. 또한, 돔 지붕의 천개석은 용문석굴 연화동의 연화개석에, 주실 입구의 쌍석주는 우리 고구려 쌍영총의 쌍석주는 물론 더 멀리 이집트 알렉산드리아의 지하무덤 엘 슈카파의 돌기둥에까지 핏줄이 닿는다.

동서 문명의 정보고속도로인 실크로드 선상에서 조우한, 동서양의 이질적이고 다채로운 건축양식이 신라인의 창의적 실험을 거쳐 하나로 통합된 것이 경주 석굴암인 셈이다.

이 같은 지적은 조각의 측면에서도 가능하다. 본존불이 인도 부다가야의 대탑 내 성도상에서 온 것임은 더 말할 나위가 없거니와, 십대 나한은 중국 천룡산석굴 등의 나한도 도상, 여러 보살과 천신은 인도와 중국의 작품들이 거둔 성과를 수유받은 것으로 보인다. 그리고 두 인왕은 중국 인왕은 말할 것도 없고, 더 거슬러 올라가면 다시 엘 슈카파의 수호신상에 그 연원이 닿는다. 그러면서도 전체 40상의 용의주도한 구성은 용문석굴 전면의 평면적 구성을 입체적으로 풀어낸 것일 수도 있다.

이밖에도 석굴암의 국제성을 일러주는 자료는 차고 넘치는데, 석굴암은 실크로드를 통한 동서양문명의 총화인 것이다. 가장 국제적이고, 가장 독창적인 그 점에서 한 권의 '문명사'라는 칭호가 석굴암에는 민망하지 않다.

마지막으로 석굴암은 '미의 천체도'이기도 하다. 앞서 이야기한 '경전'이나 '문명사'의 관점도 새롭지만 더 중요한 것은 그 모든 것이 저 인드라망의 보옥들처럼 얽혀 서로를 빛내주는 상즉상입相卽相入의 진경을 이룩한다는 데 있다. 그중에서도 원효의 대표적인 사상인 화쟁사상을 미학원리로 삼아 모든 요소를 하나의 유기체로 묶어 놓고 있다. 그 결과 마치 보이지 않는 끈에 묶인 양 어느 것 하나 소외되거나 배척됨이 없이 전체적인 조화와 균형을 이루고 있다. 문자 그대로 '미의 천체도'를 실현한 것이다.

이 세 가지 관점을 포함해 새로운 의제 개발에 나선다면 머지않아 우리의 석굴암 담론은 한결 더 풍성한 계절을 맞게 되리라는 것을 의심치 않는다.

그 한 예로서 덧붙여 특기할 것이 있다. 그동안 소장연구자들을 중심으로, 이 책의 주요한 논제이기도 한 석굴암과 우리 근대사와의 관계를 추적해온 사실이다. 강희정의 『나라의 정화精華, 조선의 표상表象』(서강대학교출판부, 2012.)은 그러한 작업의 1단계 결실이라고 이를 만한데, 원형논쟁에서 몇 걸음 비켜나 석굴암을 바라보는 인식의 지평을 확장시켜온 것이다.

거듭 말하지만 석굴암은 단순히 우리 민족의 자생적 유산이 아니다. 동서양의 경계를 넘어 지역마다 시대마다 진리와 아름다움을 열망한 모든 이들의 정념과 예지를 차원 높은 절대미의 수준으로 갈무리한 것이다.

3.
　　　　　　　고대 동서양문명의 꽃이자 예술혼의 절정인 석굴암. 석굴암은 신라인의 불교적 세계관의 투영이며, 그들의 미학이념의 구현이며, 그리하여 오늘에 와서는 고전적 조형미의 현재적 부활이다. 그 바탕에는 세간과 출세간을 동시에 아우르는 붓다의 연기법緣起法 및 원효의 화쟁사상이 깔려 있다. 붓다를 숭모하는 고대 아시아 대륙의 많은 현자들이 자신의 불교적 깨달음에 문자의 옷을 입혀 놓았듯이 창건주 김대성이 자신의 깨우침을 조형언어로 구조화시킨 것이 곧 석굴암이다.

역사 연구는 감상적인 일도 아니고 낭만적인 일도 아니다. 상형문자와도 같은 자료더미 속에 감춰진 불편한 진실을 적출하는 한편, 역사 진행의 에너지, 혹은 비전을 제시하는 지난하고도 두려운 작업이다. 거기에는 어떠한 환상도, 한 치의 선입견도 용납되지 않는다. 그것들을 허용하기에는 이 산하에 새겨진 선조들의 삶이 너무 삼엄하다.

그런가 하면 미술사 연구는 옛 분들이 전해준 작품을 과학자의 눈길로 응시하고, 시인의 상상력으로 하나하나 풀어내는 또 다른 도전의 여정이다. 미지의 섬처럼 우리 앞에 던져진 석굴암이라는 심미적 텍스트. 우리는 그것을 읽어내는 일만으로도 힘에 부친다. 부질없는 생각에 사로잡혀 시간과 열정을 소모할 겨를이 없다.

겸허한 응시. 이것이 오늘 우리가 '미의 천체도' 석굴암 앞에서 가다듬어야 할 첫 번째 목록일 것이다.

제1부 햇살 신화

1 동해의 아침 햇살

1 「석굴암 내가 본 것 중 가장 아름다워」, 『조선일보』 2009년 5월 22일 자.

2 윤장섭·윤재신, 『석불사』, 학천, 1998, 66쪽.

3 김성우, 「석굴암 일출제」, 『한국일보』 1999년 5월 21일 자.

2 달을 품어 안은 산

1 『삼국유사』 소재 14수에 필사본 『화랑세기』의 「청조가靑鳥歌」와 「풍랑가」 등 2수를 더하면 16수가 되지만, 『화랑세기』에 대한 부정적 시각이 있으므로 일단 논외로 한다.

2 포항 MBC 다큐멘터리 〈경술국치 백년, 석굴암 백년의 진실〉 2010년 10월 30일 방영.

3 토함산을 『삼국유사』 '탈해왕' 조에는 동악으로 표현하고 있으며, 『불국사고금창기』(1740) 에는 동산과 동령으로 칭하고 있다.(강유문姜裕文 신편, 『불국사고금창기』, 경북불교협회, 1937.)

4 이민홍 역, 『국역우담전집』II, 나주정씨월헌공파종회, 2007, 418쪽.

5 "仍躡嶺入小庵 吾點始覩石窟 則無棟宇之制 而疊石而成窟"(김상현, 「석굴암에 관한 문헌자료 의 검토」, 『석굴암의 제문제』, 한국정신문화연구원, 1991, 98쪽.)

6 손영기, 황수영 역, 「석굴암본존명호고」 '부록', 『석굴암의 신연구』, 동국대신라문화연구 소, 2000, 305~308쪽.

3 햇살 신화의 탄생

1 "日出處天子致書日沒處天子", 唐 魏徵, 『隨書』권81, 「列傳」 제46, '東夷'. 淸 乾隆武英殿 刻本.

2 조선총독부는 이 땅의 신사들을 총괄하기 위해 조선신직회朝鮮神職會를 결성해 그 본부를 경성 조선신궁 내에 둔다. 정무총감이 당연직 총재였다. 朝鮮神職會 편, 『朝鮮內神社調』, 1929, 29~31쪽.

3 조선총독부 편찬, 이충호·홍금자 역, 『조선통치비화』, 형설출판사, 1993, 62쪽.

4 박지향, 『제국주의─신화와 현실』, 서울대학교 출판부, 2000, 73쪽.

5 柳宗悅, 이대원 역, 『한국과 그 예술』, 지식산업사, 1974, 48쪽, 64~65쪽.

6 娛田悌, 이순우 역, 『신라구도경주지新羅舊都慶州誌』, 옥천서점, 1920, 212쪽.('일그러진 근대 역사의 흔적', cafe.daum.net/distorted.에서 인용)

7 中村亮平, 『朝鮮慶州之美術』, 藝草堂, 1929, 58~59쪽.

8 近藤時司, 『史話傳說朝鮮名勝紀行』, 東京 博文館, 1929, 179~180쪽.

9 田中萬宗, 『朝鮮古蹟行脚』, 泰東書林, 1930, 119쪽.

10 柳宗悅, 「石佛寺の彫刻に就いて」, 『朝鮮とその藝術』, 叢文閣, 1922, 235쪽. 한편, 그는 같은 글 214쪽에서 "신라경주의 동쪽, 동해에 면한 산록에는 新羅慶州の東, 東海に面する 山崖にそ"이라는 문장에 '동해東海'라는 단어를 사용한다.

11 『매일신보』 1912년 11월 14일 자.

4 기억의 집단화

1 필자 미상, 이혜영 역, 「석굴암」, 보통학교 『국어독본』권8, 조선총독부, 1924, 113~117쪽.

2 윤희순, 「토함산 해마지」, 『조선미술사연구』, 서울신문사, 1946, 152~158쪽.

3 황수영, 「석불사의 창건과 중수」, 『석굴암수리공사보고서』, 문화재관리국, 1967; 「석굴암의 창건과 연혁」, 『석굴암의 과학적 보존』, 문화재관리국 문화재연구소, 1990.

4 남천우, 「석굴암 원형보존의 위기」, 『신동아』 1969년 6월호, 245~246쪽.

5 유홍준, 『나의 문화유산답사기』 2권, 창비, 1994, 205~206쪽.

6 신라에서 사용한 당의 선명력宣明曆은 동지를 역曆의 시작으로 삼았다. 고려가 들어선 이후 충선왕 원년(1309)에 원元의 수시력授時曆으로 바뀔 때까지 수백 년 이상 동지가 설이었다.

5 인도 부다가야대탑의 주불

1 玄奘, 권덕주 역, 『대당서역기』, 일월서각, 1983, 238쪽.

2 무함마드 깐수(정수일), 『신라·서역교류사』, 단국대학교출판부, 1992, 373쪽(慧超, 『往伍天竺國傳』, '摩揭陁國' 조.)

3 米田美代治, 신영훈 역, 『한국상대건축의 연구』, 동이문화연구원·동산문화사, 1975, 36쪽.(원저는 「慶州石窟庵の造營計劃」, 『朝鮮上代建築の硏究』, 秋田屋, 1944; 원문은 『고고학』 통권103호, 동경고고학회, 1939.)

4 강우방, 「석불사 본존의 도상 소고」, 『미술자료』35호, 국립중앙박물관, 1984, 54~57쪽.

5 "精舍內佛像儼然 結跏趺坐 右足居上 左手斂 右手垂 東面而坐 肅然如在", 玄奘 辯機 저, 季羨林 등 교주校注, 『大唐西域記校注』, 북경 중화서국, 1985, 675쪽.

6 문명대, 『석굴암불상조각의 연구』, 동국대학교 박사 학위 논문, 1987, 159쪽; 김리나, 「중국의 항마촉지인불좌상」, 『한국고대불교조각사연구』, 일조각, 1989, 326~336쪽; 「석굴암불상군의 명칭과 양식에 관하여」, 『정신문화연구』 통권 48호, 1992, 9~11쪽.

7 小野玄妙, 『極東の三代藝術』, 東京 丙吾出版社, 1924, 124~125쪽(강희정, 『나라의 정화 조선

의 표상』, 서강대학교 출판부, 2012, 86~87쪽 참조.)

8 강우방, 「석굴암 석가여래가 바로 그곳에 있는 뜻은」, 『미술과 역사 사이에서』, 열화당, 2000, 207~208쪽.

9 강우방, 앞의 책, 208~209쪽.

10 立花俊道, 釋道守·洪完基 역, 『考證佛陀傳』, 시인사, 1982, 112쪽.

11 법륜 스님, 박수일 엮음, 『인간 붓다 그 위대한 삶과 사상』, 중앙불교교육원출판부, 1990, 281쪽.

12 강우방, 「석굴암 불교조각의 도상해석」, 『법공과 장엄』, 열화당, 2000, 272쪽.

13 玄奘, 권덕주 역, 『대당서역기』, 일월서각, 1983, 239쪽.

14 강우방, 앞의 책, 266쪽.

15 인도학계에서는 13세기 작품 정도로 추정하고 있다(Jeannine Auboyer, 『BUDDHA』, India New Delhi, Roli Books International, 1983, 도판 64번 해설).

16 이주형 책임편집, 「보드가야(1): 불교유적」, 『동아시아 구법승과 인도의 불교유적』, 사회평론, 2009, 224쪽.

6 햇살 신화의 사생아, 광창

1 남천우, 「석굴암에서 망각되어 있는 고도의 신라 과학」, 『진단학보』 32호, 진단학회, 1969, 85쪽.

2 남천우, 「속·석굴암 원형보존의 위기」, 『신동아』 1969년 8월호, 157~159쪽.

3 남천우, 『석불사』, 일조각, 1991, 102쪽.

4 신영훈, 「석굴암 보수는 개악이 아니다」, 『신동아』 1969년 7월호, 173쪽.

5 남천우, 앞의 책, 130쪽.

6 김익수, 「석굴암구조에 관한 시각적 연구」, 경희대학교 석사 학위 논문, 1981; 「석굴암 원형에 관한 견해」, 『석굴암의 과학적 보존』, 문화재관리국, 1990; 「종합토론」, 『석굴암의 신연구』, 동국대신라문화연구소, 2000.

7 강우방, 「석굴암에 응용된 '조화의 문'」, 『원융과 조화』, 열화당, 1990, 268쪽.

8 유홍준, 『나의 문화유산답사기』 2권, 창비, 1994, 223쪽.

9 함인영, 『신라 과학의 비밀』, 삶과 꿈, 1998, 92쪽.

10 윤장섭·윤재신, 『석불사』, 학천, 1998, 99~100쪽; 배진달, 「석불사 석굴구조의 원형과 연원」, 『석굴암의 신연구』, 동국대신라문화연구소, 2000, 159~166쪽.

11 성낙주, 「석굴암을 위한 변명」, 『인물과 사상』 7권, 개마고원, 1998, 176~185쪽.

12 이성규, 「석굴암과 과학」, 『문화유산에 숨겨진 과학의 비밀』, 국립문화재연구소 편, 고래실, 2007, 242쪽.

13 문명대, 『석굴암 불상조각의 연구』, 동국대학교 대학원, 1987, 29~30쪽.

14 신영훈, 『천상이 천하에 내려 깃든 석굴암』, 조선일보사, 2003, 88쪽.

15 신영훈, 앞의 책, 74쪽.

16 윤장섭·윤재신, 앞의 책, 138~139쪽.

17 배진달, 앞의 책, 163~166쪽.

7 석굴암 건축의 꽃, 홍예석

1 남천우,『유물의 재발견』, 정음사, 1987, 136~137쪽.
2 '고재古材출토일람표',『석굴암수리공사보고서』, 문화재관리국, 1967, 90쪽.
3 강우방,「석굴암 석가여래가 바로 그곳에 있는 뜻은」,『미술과 역사 사이에서』, 열화당,
　　2000, 208~209쪽.
4 강우방,「석굴암 건축구조의 재검토」,『월간미술』 1991년 5월호, 71쪽.
5 윤장섭·윤재신,『석불사』, 학천, 1998, 93쪽.
6 성낙주,「홍예석 철거 주장 이제 재고해야」,『법보신문』 2006년 1월 4일 자.
7 윤장섭·윤재신, 앞의 책, 93쪽.
8 최부득,「신적공간神的空間의 현현顯現」,『미학예술학연구』, 한국미학예술학회, 1992, 50쪽.

8 석굴암은 석굴사원이다

1 남천우,『석불사』, 일조각, 1991, 88쪽.
2 남천우,「석굴암 습기문제의 원인」,『한국원자력학회지』 제2편 제1호, 1970년 3월, 44쪽.
3 김상현,「석굴암에 관한 문헌자료의 검토」,『석굴암의 제문제』, 한국정신문화연구원,
　　1991, 98쪽.
4 장충식,「골굴암 마애불의 조사」,『초우황수영박사고희기념미술사학논총』, 통문관,
　　1988, 107쪽.
5 남천우,『유물의 재발견』, 정음사, 1987, 134~135쪽.
6 유홍준,『나의 문화유산답사기』 2권, 창비, 1994, 164쪽, 223쪽.
7 이성규,「석굴암과 과학」,『문화유산에 숨겨진 과학의 비밀』, 국립문화재연구소 편, 고래
　　실, 2007, 249쪽.
8 고유섭,『한국건축미술사초고』, 고고미술동인회, 1964, 62~63쪽.

2부 석굴암의 20세기

1 구한말의 석굴암

1 성낙주,『석굴암 백년의 빛』, 동국대출판부, 2009, 5쪽 참조.
2 『석굴암구조안전진단 조사연구보고서』, 대한건축학회, 1977, 97~98쪽.
3 황수영,「석굴암의 창건과 연혁」,『석굴암의 과학적 보존』, 문화재관리국 문화재연구소,
　　1990, 143쪽.

2 총독부의 개축공사

1 오세탁, 「일제의 문화재정책—그 제도적 측면을 중심으로」, 『일제의 문화재정책 평가 세미나』, 문화재관리국, 1996, 16쪽.

2 關野貞, 『朝鮮藝術之硏究』, 조선총독부, 1910년 8월, 1쪽, 12~13쪽.

3 關野貞는 야츠이 세이이치谷井濟一, 쿠리야마 순이치栗山俊一 등과 1909년 9월 19일부터 12월 21일까지 2차 답사여행 중이었다. 그는 메이지明治 정부의 명을 받아 1902년 7월 5일부터 9월 4일까지 한반도 전역의 역사유적 유물을 1차 조사한 후 그 결과물을 1904년 『한국건축조사보고韓國建築調查報告』(동경제국대학교)라는 이름으로 발표한 바 있다.

4 김정학 역, 「일제하의 역사교육」, 『일제의 문화침탈사』, 민중서관, 1970, 137쪽.

5 『일본서기』권9, '기장족희존 신공황후氣長足姬尊 神功皇后' 조; 성은구 역, 『일본서기』, 정음사, 1987, 205~213쪽 참조.

6 今西龍, 『신라사연구』, 국서간행회, 1933, 후기後記 4쪽(정인성 역, 포항 MBC 다큐멘터리 〈경술국치 백년, 석굴암 백년의 진실〉, 2010년 10월 30일 방영).

7 데라우치 총독은 거금 50원을 암자 측에 기부하면서 보존에 유의해달라는 부탁을 남기기도 했다(『매일신보』 1912년 11월 14일 자).

8 신영훈, 『천상이 천하에 내려 깃든 석굴암』, 조선일보사, 2003, 89쪽.

9 『석굴암수리공사보고서』, 문화재관리국, 1967, 17쪽.

10 지금도 경주 지역에는 감포항에 도착한 일본 배에서 하역한 시멘트 부대를 짊어지고 토함산을 올랐던 옛 어른들의 후일담이 떠돈다. 하루에 보통 두 차례 오르내리면 해가 저물었다고 한다. 일본인 석공의 하루 노임은 2원 10전, 일본인 인부는 1원, 조선인 인부는 45전이었다.

11 필자는 『석굴암 백년의 빛』(동국대학교출판부, 2009) 및 포항 MBC 다큐멘터리 〈경술국치 백년, 석굴암 백년의 진실〉에서 '일본日本'이라는 글자가 '천개석'에 새겨진 것으로 소개했다. 그러나 『석굴암수리공사보고서』(134쪽) 및 『조선일보』 1988년 1월 29일 자에서 천개석이 아닌 '천정석(면석)'이었음을 확인했다. '천정석'을 '천개석'으로 예단한 것은 필자의 잘못이었음을 밝히고 이를 바로잡는다.

12 "桃山御陵を思はせる石窟庵の外形"(高橋健目·石田茂 作, 『滿鮮考古行脚』, 雄山閣, 1927, 29쪽.)

3 총독부 공사의 명암

1 남천우, 『석불사』, 일조각, 1991, 165~167쪽.

2 유홍준, 『나의 문화유산답사기』 2권, 창비, 1994, 179~180쪽.

3 황수영, 『석굴암』, 예경, 1989, 36쪽.

4 황수영, 앞의 책, 36쪽.

5 藤島亥治郎, 이광노 역, 『한의 건축문화韓の建築文化』, 기문당, 1986, 244쪽, 247쪽.

4 박제된 고대유적

1 柳宗悦, 이길진 옮김, 『조선과 그 예술』, 신구문화사, 1994, 139쪽.
2 小野玄妙, 「吐含山の釋迦」, 『極東の三大藝術』, 東京 丙吾出版社, 1924, 117~128쪽; 小川晴暘, 天沼俊一·源豊宗 해설, 『石窟庵よ佛國寺('朝鮮古美術大觀'1)』, 奈良 奈良 飛鳥園, 1927. 후자는 석굴암 82매, 불국사 18매 등 총 100매 분량의 사진집이다. 황수영이 비조원의 협조를 받아 1995년에 『석굴암과 불국사』(불국사)라는 제목으로 영인 출판한다.
3 針替理平, 『慶州新羅古蹟』, 대구 白楊山莊, 1924, 19쪽; 坂崎坦·仲田勝之助, 「吐含山の釋迦」, 『東洋美術の話』, 朝日新聞社, 1929, 57~61쪽.
4 柳宗悦, 이대원 역, 『한국과 그 예술』, 지식산업사, 1974, 70쪽; 石井柏亭, 『繪の旅』(朝鮮支那 편), 일본평론사출판부, 1921, 54~55쪽.
5 대황구 북일중학교 '한글' 교과서, 『신문독본新文讀本』 상권, 1917, 118~119쪽(장서인 연변대학교 교수 최용인).
6 「세계의 경이 1—조선의 석굴암」, 『동아일보』 1923년 6월 7일 자.
7 고유섭, 「조선고적에 빛나는 미술」, 『한국미술문화사논총』, 통문관, 1966, 41쪽(원문은 『신동아』 1934년 11월호).

5 문화재관리국의 복원공사

1 김상기, 「머리말」, 『석굴암수리공사보고서』, 문화재관리국, 1967, Ⅲ.
2 『석굴암수리공사보고서』, 문화재관리국, 1967, 163쪽, 202쪽.
3 中村亮平, 『朝鮮慶州之美術』, 藝草堂, 1929, 48쪽, 59쪽, 65쪽.
4 최순우 글, 정영호 사진 제공, 「화보·석굴암, 민족예술의 정화」, 『사상계』 1964년 8월호.
5 中村亮平, 앞의 책, 58~59쪽.
6 「잡보雜報」, 『미술자료』 제11호, 국립중앙박물관, 1966년 12월, 33~34쪽, 38쪽.

6 원형논쟁의 점화

1 『석굴암수리공사보고서』, 문화재관리국, 1967, 68~69쪽; 윤장섭·윤재신, 『석불사』, 학천, 1998, 42쪽; 서희건, 「석굴암 본존상 잘못 앉았다」, 『조선일보』 1988년 1월 29일 자 참조.
2 김원용, 『한국미술사』, 범문사, 1968, 190쪽.
3 신영훈, 「석굴암 보수는 개악改惡이 아니다」, 『신동아』 1969년 7월호, 167~168쪽.
4 한국과학기술연구소, 『석가탑·다보탑 및 석굴암의 세척과 보존에 관한 연구』, 1971, 35쪽.

7 원형과 개방구조

1 남천우, 『유물의 재발견』, 정음사, 1987, 149쪽.
2 谷崎潤一郎, 김지견 역·조인숙 편, 『음예공간예찬』, 발언, 1996.
3 M. 엘리아데, 박규태 역, 『상징, 신성, 예술』, 서광사, 1991, 192쪽.
4 황수영, 「토함산석굴중수상동문」, 『석굴암』, 열화당, 1989, 104쪽 참조.

8 원형논쟁과 학문윤리

1 『석굴암수리공사보고서』(46~59쪽)에는 1961년 말부터 1964년까지의 기상관측 결과가 「석굴암기상관측부표」라는 명목 아래 소상하게 정리되어 있고, 〈1963년도 기상연표〉, 〈(굴내)관측일별기상월보〉, 〈(굴외)관측일별기상월보〉, 〈석면온도측정〉 등의 도표들도 첨부되어 있다.

2 이진기·송태호, 「원형 석굴암 상부구조의 장마철 결로 및 열전달 현상의 실험적 연구」, 『공기조화·냉동공학논문집』 제11권 제5호, 대한공기조화·냉동공학회, 1999, 590쪽.

3 이성규, 「석굴암과 과학」, 『문화유산에 숨겨진 과학의 비밀』, 국립문화재연구소 편, 고래실, 2007, 234쪽.

4 이성규, 앞의 책, 249쪽.

5 신영훈, 『천상이 천하에 내려 깃든 석굴암』, 조선일보사, 2003, 205~208쪽.

6 남천우, 『석불사』, 일조각, 1991, 198~200쪽.

7 문명대, 『석굴암 불상조각의 연구』, 동국대학교 대학원, 1987, 25~26쪽.

8 문명대, 『토함산석굴』, 한언, 2000, 146쪽.

9 『토함산석굴』 출간 당시에도 "서로 다른 주장을 동시에 펼치고 있는 것"이라는 언론의 지적이 있었다(소현숙, 〈석굴암, 천년의 비밀 벗긴다〉, 『뉴스 피플』(417호), 2000년 5월 11일 자, 대한매일신보사, 66쪽).

10 신영훈, 앞의 책, 51쪽.

11 ②번: 충주 미륵대원의 석실금당은 처음부터 (석조지붕 없이) 목조전각을 덮는 구조였다. 언젠가 전각이 사라져 노천에 드러났을 뿐이다. ③번: 대한제국은 1897년 선포되고 1910년에 경술국치로 종언을 고한다. 따라서 원래부터 없던 주실 지붕의 전각이 전해지고 말 것도 없는 일이지만, 연대도 거꾸로 된 것이다. ④번: 일인들에게 석굴암이 알려진 것은 1907년~1908년경부터이며, 총독부의 공사는 1913년의 1차 공사부터 2차, 3차가 있었다. 1차 때 적심석을 없애고 시멘트로 석실 전체를 뒤덮은 다음 전실전각을 생략한다. 오늘의 모습이 된 것은 1960년대 공사에서이다. 한편, 신영훈은 "1890년대 공사에서 목조지붕(주실 전각-필자 주)을 재현하지 못하고, 겨우 마른기와 깔기를 하였다(82쪽)"라고 하였지만, 1891년 공사의 요체는 전실전각의 재건이었다.

12 신영훈, 「한국의 석실·석굴사원고」, 『한국불교미술사론』, 열화당, 1987, 244~247쪽.

13 「경주 석굴암 석실입구 일본신사 도리이鳥居로 개조」, 『투데이코리아』, 2011년 4월 29일 자; 「석굴암 석실 입구 왜색」, 『경북일보』 2011년 5월 6일 자.

9 오독의 예들

1 정시한, 이민홍 역, 『산중일기』, 『국역우담전집』II, 나주정씨월헌공파종회, 2007, 418쪽; 『影印愚潭全集』, 나주종회, 2007, 336쪽.

2 유홍준, 『나의 문화유산답사기』 2권, 창비, 1994, 170쪽.

3 배진달, 「석불사 석굴구조의 원형과 연원」, 『석굴암의 신연구』, 동국대신라문화연구소, 2000, 155쪽.

4 남천우, 『석불사』, 일조각, 1991, 132~133쪽; 신영훈, 『천상이 천하에 내려 깃든 석굴암』, 조선일보사, 2003, 89~91쪽.

5 신영훈, 앞의 책, 89~91쪽.

6 황수영, 『석굴암』, 열화당, 1989, 34쪽.

7 남천우, 『유물의 재발견』, 정음사, 1987, 137쪽.

8 성낙주, 『석굴암 그 이념과 미학』, 개마고원, 1999, 115~116쪽.

9 김상현, 「석굴암에 관한 문헌자료의 검토」, 『석굴암의 제문제』, 한국정신문화연구원, 1991, 98쪽.

10 정시한, 이민홍 역, 『산중일기』, 『국역우담전집』Ⅱ, 나주정씨월헌공파종회, 2007, 418쪽.("石門外兩邊 皆刻佛像於大巖 各四伍 奇巧天成", 『影印愚潭全集』, 나주종회, 2007, 336쪽.)

11 남천우, 『석불사』, 일조각, 1991, 156~157쪽. 그러나 남천우는 이전 글에서 "18세기경까지는 별다른 이상 없이 잘 보존되어 있었다."라고 언급한 적이 있다(남천우, 「석굴암 습기문제의 원인」, 『한국원자력학회지』 제2권 제1호. 1970년 3월, 41쪽).

12 유홍준, 앞의 책, 170쪽.

13 문명대, 『토함산석굴』, 한언, 2000, 247쪽.

14 박제가, 「수레」, 『북학의』 내편.

10 철거 지상주의

1 유홍준, 『나의 문화유산답사기』 2권, 창비, 1994, 224쪽.

2 MBC 〈무릎팍도사〉, 유홍준 편, 2011년 8월 25일 방영.

3 홍정기·엄두성, 「국보 제24호 석굴암의 보존환경」, 『보존과학 연구』24집, 국립문화재연구소, 2003, 184~185쪽.

4 Bernard Phillipe Groslier, 「석굴암과 예술품 보호 및 보존」, 『석굴암의 과학적 보존』, 문화재관리국 문화재연구소, 1999, 395~436쪽.

5 신영훈, 『천상이 천하에 내려 깃든 석굴암』, 조선일보사, 2003, 86~89쪽.

6 신영훈, 앞의 책, 89쪽.

7 中村亮平, 『조선경주지미술』, 예초당, 1929, 62쪽.

8 강우방, 「석굴암건축구조의 재검토」, 『미의 순례』, 예경, 1993, 150쪽.

9 유홍준, 앞의 책, 168쪽.

10 한봉덕, 『보문사석굴암조성기』, 대한불교보문원, 1972, 152~155쪽.

11 이종호, 『한국의 유산 21가지: 현대과학으로 다시 보는』, 새로운 사람들, 1999. 25쪽.

12 EBS 교육방송 〈최완수의 우리미술 바로보기〉, '아, 석굴암' 편, 2002년 4월 18일 방영.

13 남천우, 『석불사』, 일조각, 1991, 118쪽.

14 성낙주, 『석굴암 그 이념과 미학』, 개마고원, 1999, 33~58쪽, 131~138쪽.

15 강우방, 「신음하는 석굴암을 그냥 둘 건가」, 『조선일보』 1999년 6월 1일 자.

16 『석굴암수리공사보고서』, 문화재관리국, 1967, 32쪽.

17 자연지리정보연구회 편, 『자연지리학사전』, 한울아카데미, 1996, 200쪽.

18 김재원·윤무병, 『감은사지발굴조사보고서』, 을유문화사, 1961.

11 희생양 메커니즘

1 이성규, 「석굴암과 과학」, 『문화유산에 숨겨진 과학의 비밀』, 국립문화재연구소 편, 고래실, 2007, 248쪽.
2 성낙주, 「석굴암을 위한 변명」, 『인물과 사상』7권, 개마고원, 1998, 137~189쪽.
3 남천우, 『석불사』, 일조각, 1991, 181쪽.
4 유홍준, 『나의 문화유산답사기』 2권, 창비, 1994, 208쪽, 213~214쪽, 222쪽.
5 『조선고적도보』5권, 조선총독부, 1917, 14쪽 '해설' 편; 『佛國寺ヨ石窟庵』, 경도 문성당, 1938. 도판26 '石窟の正面'의 해설.
6 『석굴암석굴의 현황과 보존대책(안)』, 문교부, 1961, 12쪽.
7 노형석, 「불국사가 통일신라 건축물? 박정희 정권 '상상력의 산물'」, 『한겨레』 2012년 12월 30일 자.
8 황수영, 「석굴암 보존방안에 대한 회고와 전망」, 『석굴암연구회지』(창간호), 석굴암연구회, 1991. 6쪽.
9 『석굴암수리공사보고서』, 문화재관리국, 1967, 108쪽.
10 "고대 그리스에서 사회에 재앙이 덮쳤을 때, 그것은 그 원흉으로 몰아 처형함으로써 민심을 수습하고 안정을 되찾기 위해서 도시가 스스로의 경비로서 준비해두고 있던 인간 희생물"(르레 지라르, 『폭력과 성스러움』, 민음사, 1993, 21쪽.)
11 강우방, 「석굴암건축구조의 재검토」, 『미의 순례』, 예경, 1993, 150쪽.
12 「황호택 기자가 만난 사람」, 유홍준 편, 『신동아』 2005년 2월호.
13 유홍준, 『나의 문화유산답사기』 1권, 창비, 1993, 160~165쪽.
14 황수영, 「문무대왕릉과 만파식적설화」, 『한국일보』 1981년 11월 12일 자; 「신라종 양식과 만파식적」, 『한국일보』 1982년 3월 27일 자; 「신라범종과 만파식적설화」, 『범종』 5, 한국범종연구회, 1982, 5쪽; 「신라종의 용뉴龍鈕」, 『범종』 9, 한국범종연구회, 1986, 4쪽; 「신라의 신종神鐘」, 통도사성보박물관, 1994, 44쪽 참조.
15 유홍준, 『나의 문화유산답사기』 2권, 창비, 1994, 221쪽.
16 황수영, 「석굴암 보존방안에 대한 회고와 전망」, 『석굴암연구회지』 창간호, 석굴암연구회, 1991, 7쪽, 9쪽.
17 「석굴암 본존불 대좌가 흔들리고 있다」, 『중앙일보』 2013년 11월 8일 자.
18 정양환, 「균열 논란 석굴암 본존불, 안녕하십니까.」, 『동아일보』 2014년 3월 24일 자.

3부 석굴암, 역사의 법정에 서다

1 과학이 과학을 배반하다

1 남천우, 「석굴암 원형보존의 위기」, 『신동아』 1969년 6월호, 242쪽.

2 유홍준, 『나의 문화유산답사기』 2권, 창비, 1994, 202쪽.

3 이성규, 「석굴암과 과학」, 『문화유산에 숨겨진 과학의 비밀』, 국립문화재연구소 편, 고래
실, 2007, 248~249쪽.

4 이진기·송태호, 「원형 석굴암 상부구조의 장마철 결로 및 열전달 현상의 실험적 연구」, 『공
기조화·냉동공학논문집』 제11권 제5호, 대한공기조화·냉동공학회, 1999, 588~598쪽.

2 물 위에는 집을 짓지 않는다

1 손영기·황수영 역, 「석굴암본존명호고」 '부록', 『석굴암의 신연구』, 동국대신라문화연구
소, 2000, 305~308쪽.

2 이태녕, 「문화재 속에 숨겨진 과학」, 『문화유산에 숨겨진 과학의 비밀』, 국립문화재연구소
편, 고래실, 2007, 21~22쪽.

3 "菴下有井則所謂藥水也其味淸洌 自窟內石佛臺座下湧出窟外 名遙乃井", 『경주읍지』 권
13, 「고적」 편, '석굴암' 조, 진진당, 1933.

4 大阪六村, 『慶州の傳說』, 경주동양헌사진관, 1932, 75쪽.

5 유홍준, 『나의 문화유산답사기』 2권, 창비, 1994, 203쪽.

6 MBC 〈무릎팍도사〉, 2011년 8월 25일 방영.

7 윤장섭·윤재신, 『석불사』, 학천, 1998, 90쪽.

8 신영훈, 『천상이 천하에 내려 깃든 석굴암』, 조선일보사, 2003, 90쪽.

9 장충식, 「토함산 석굴의 점정과 그 배경」, 『석굴암의 신연구』, 동국대신라문화연구소,
2000, 97쪽, 105~106쪽.

10 「석굴암 본존은 왜 샘물 위에 조성했나」; 「석굴암의 건축과 본존은 왜 샘물 위에 앉았는
가」; 「만병과 석굴암」; 「다시 새로이 만나는 석굴암」 등, 〈일향한국미술사연구원〉 사이트
http://www.kangwoobang.or.kr/

11 『석굴암수리공사보고서』, 문화재관리국, 1967, 40~41쪽.

12 "절대 그런 건 없습니다. 제가 62년도부터 방학 때면 거길 갔습니다. 방학 동안에 거기서
그냥 먹고 자고 늘 선생님 밑에서 작업도 하고 조사서도 만들고 조사를 했단 말이죠. 그
때 보면 본존이 앉아 계시죠? 그 밑에 큰 암반이 있구 해가지고. 그런데 거기서부터 어떻
게 모세관현상, 올라오는 물이 있다, 습기 있다, 이건 절대 안 그렇습니다. 현장을 본 사람
이 그렇게 판단이 안 돼요. 그건 현장을 못 본 사람들 이야기에요. 우리는 3년 동안 현장
을 보고 현장에 있었으니까요.", 포항 MBC 다큐멘터리 〈경술국치 백년, 석굴암 백년의
진실〉 2010년 10월 30일 방영.

13 윤장섭·윤재신, 앞의 책, 24~27쪽에서 재인용.

14 이재호, 『천년고도를 걷는 즐거움』, 한겨레, 2005. 119~120쪽; 함인영, 『신라 과학의 비
밀』, 삶과 꿈, 1998, 93쪽.

15 문명대, 『불국사와 석굴암』, 김영사, 2007, 62쪽.

16 양창규, 『한국과학유산 베스트10』, 삼성출판사, 2002, 146~165쪽.

3 종교성전의 절대조건-전각의 당위성

1 이 도표는 문화재관리국의 1963년도 측량 자료를 취합한 것이다(성낙주, 「석굴암을 위한 변명」, 147쪽).

2 『석굴암수리공사보고서』, 문화재관리국, 1967, 159~184쪽.

3 『석굴암수리공사보고서』, 문화재관리국, 1967, 25쪽, 47~48쪽.

4 『석굴암수리공사보고서』, 문화재관리국, 1967, 23쪽. 원문의 한자어를 쉽게 다듬은 것이다.

5 한국과학기술연구소, 『다보탑의 과학적 보존에 관한 연구』, 1970, 47쪽.

6 홍정기·엄두성, 「국보 제24호 석굴암의 보존환경」, 『보존과학 연구』24, 국립문화재연구소, 2003, 176쪽. 온도와 습도를 함께 다룬 'TABKE 2. 석굴암 주변 기상 측정자료'에서 습도 부분을 제외한 것임.

7 『석굴암수리공사보고서』, 문화재관리국, 1967, 159~184쪽.

8 윤장섭·윤재신, 『석불사』, 학천, 1998, 108쪽.

9 김주삼, 『문화재의 보존과 복원』, 책세상, 2001, 39~66쪽.

10 한봉덕, 『보문사석굴암조성기』, 대한불교보문원, 1972.

11 남천우, 『석불사』, 일조각, 1991, 151쪽.

12 유홍준, 『나의 문화유산답사기』 2권, 창비, 1994, 214~215쪽.

13 이태녕, 「문화재 속에 숨겨진 과학」, 『문화유산에 숨겨진 과학의 비밀』, 국립문화재연구소 편, 고래실, 2007, 23쪽.

14 이성규, 「석굴암과 과학」, 『문화유산에 숨겨진 과학의 비밀』, 국립문화재연구소 편, 고래실, 2007, 248쪽.

15 김원룡, 『석굴암의 과학적 보존을 위한 국내 전문가회의록』, 문화재관리국 문화재연구소, 1991, 19~20쪽.

16 남천우, 앞의 책, 149쪽.

17 홍정기·엄두성, 「국보 제24호 석굴암의 보존환경」, 『보존과학연구』24호, 국립문화재연구소, 176~177쪽, 181쪽, Fig. 5. '석굴암 석굴 및 주변 월평균 습도'.

18 신형준, 「눈싸움 하듯 미술작품 살펴야」, 『조선일보』, 1997년 8월 18일 자.

4 곡해된 자료들

1 경술국치 이전, 경주에 진출한 일본인 다나카 가메쿠마田中龜熊가 설립한 경주동양헌사진관은 경주 지역의 고적을 전문적으로 취급했다. 조선총독부와 일본학자들과의 긴밀한 관계 속에 신라 유적에 관한 엽서 등 사진자료를 대량 유통시켰으며, 석굴암 사진도 가장 많이 남긴다. 1912년 늦가을에 촬영한 사진 34매로 꾸민 사진집 『신라고적석굴암석불』(제1집)과 곧바로 겨울에 촬영한 26매짜리 사진집 『신라고적석굴암석불』(제2집)은 석굴암의 초기 사진으로 가장 중요하다.

2 이성규, 「석굴암과 과학」, 『문화유산에 숨겨진 과학의 비밀』, 국립문화재연구소 편, 고래실, 2007, 243쪽.

3 강순형 엮음, 『석굴암관계자료목록집』(자료편), 동악미술관(현 신라역사과학관), 1988.

4 이민홍 역, 『국역우담전집』II, 나주정씨월헌공파종회, 2007, 418쪽(원문은 『影印愚潭全集』, 나주종회, 2007, 336쪽).

5 남천우, 『석불사』, 일조각, 1991, 156쪽; 유홍준, 『나의 문화유산답사기』2권, 창비, 170쪽; 배진달, 「석불사 석굴구조의 원형과 연원」, 『석굴암의 신연구』, 동국대신라문화연구소, 2000, 155쪽.

6 남천우, 앞의 책, 156쪽.

7 김상현, 「석굴암에 관한 문헌자료의 검토」, 『석굴암의 제문제』, 한국정신문화연구원, 1991, 107쪽("其中大石佛像儼然如生 坐臺石整齊奇巧 窟上蓋石及諸石圓正無一傾邪 佛像列立如生 奇怪不可名狀",『影印愚潭全集』, 나주종회, 2007, 336쪽).

8 "始創石佛寺 以不假土木 全以鍊石 織造石龕", 『불국사·화엄사사적』(고고미술자료 제7집), 고고미술동인회, 1965, 58쪽.

9 신영훈, 「석굴암 보수는 개악이 아니다」, 『신동아』 1969년 7월호, 172쪽.

10 "吾點始睹石窟 則無棟宇之制 而疊石而成窟"(김상현, 「석굴암에 관한 문헌자료의 검토」, 『석굴암의 제문제』, 한국정신문화연구원, 1991, 107쪽.)

11 "이에 의하면 석굴암 앞에 오늘날과 같은 목조가구는 없었고 굴은 노출된 상태라고 생각한다."(강희정, 『나라의 정화精華, 조선의 표상表象』, 서강대학교출판부, 2012, 139쪽.)

12 남천우 박사와 유홍준 교수는 '이 지도는 그동안의 석굴암 전실 유무를 둘러싼 의문을 해결해 줄 수 있는 자료라는 점에서 큰 의의가 있다'고 말했다(『법보신문』 372호, 1996년 5월 22일 자). 윤장섭·윤재신과 배진달도 같은 입장이다(윤장섭·윤재신, 『석불사』, 학천, 1998, 12~13쪽; 배진달, 「석불사 석굴구조의 원형과 연원」, 『석굴암의 신연구』, 동국대신라문화연구소, 2000, 155~156쪽).

13 H. J. Plenderleith, 「석굴암의 과학적 보존에 관한 보고서」, 『석굴암의 과학적 보존』(자료편), 문화재관리국 문화재연구소, 1990, 303~307쪽.

14 남천우, 「석굴암 원형보존의 위기」, 『신동아』 1969년 6월호, 239쪽; 유홍준, 『나의 문화유산답사기』 2권, 창비, 1994, 214~216쪽.

15 배진달, 「석불사 석굴구조의 원형과 연원」, 『석굴암의 신연구』, 동국대신라문화연구소, 2000, 166쪽.

5 전각 실재의 증거들

1 小野玄妙, 『極東の三大藝術』, 東京 丙吾出版社, 1924, 126~128쪽.

2 황수영, 『석굴암』, 열화당, 1989, 104~105쪽.

3 남천우, 「속·석굴암 원형보존의 위기」, 『신동아』 1969년 8월호, 160~161쪽.

4 유홍준, 『나의문화유산답사기』 2권, 창비, 1994, 170쪽.

5 윤장섭·윤재신, 『석불사』, 학천, 1998, 149~151쪽.

6 藤田亮策 '해설', 『조선고적도보』5권, 조선총독부, 1917, 15쪽; 中村亮平, 『朝鮮慶州之美術』, 藝艸堂, 1929, 61쪽 참조.

7 윤재신, 「석불사의 건축원형」, 『석굴암의 신연구』, 동국대신라문화연구소, 2000, 129쪽.

8 배진달, 「석불사 석굴구조의 원형과 연원」, 『석굴암의 신연구』, 동국대신라문화연구소, 2000, 157쪽.

9 『석굴암수리공사보고서』, 문화재관리국, 1967, 76~95쪽.

10 유홍준, 앞의 책, 216~217쪽.

11 『석굴암수리공사보고서』, 문화재관리국, 1967, 본문도판 제46도, 105쪽.

12 진홍섭, 「석굴암에서 발견된 유물」, 『고고미술』 2권 8호, 고고미술동인회, 1961, 141쪽.

13 고유섭, 「조선고적에 빛나는 미술」, 『한국미술문화사논총』, 통문관, 1966, 37쪽(원문은 『신동아』 1934년 11월호).

14 조선총독부, 藤田亮策 해제, 『佛國寺よ石窟庵』(朝鮮寶物古蹟圖錄1), 경도 문성당, 1938, 도판25 '석굴의 구조 2'(조원영 역, 『불국사와 석굴암』, 민족문화, 2003, 122쪽 참조).

15 남천우, 앞의 책, 103~104쪽.

16 윤장섭·윤재신, 앞의 책, 66쪽.

17 김익수, 「석굴암 원형에 관한 한 견해」, 『논문집』14집, 영남대학교, 1981 참조.

18 남천우, 『유물의 재발견』, 정음사, 1987, 123쪽; 유홍준, 앞의 책, 217~218쪽.

19 『경주고적시문록』, 고고미술동인회, 1962, 39쪽, 55쪽(김상현, 「석굴암에 관한 문헌자료의 검토」, 『석굴암의 제문제』, 정신문화연구원, 1991, 93~105쪽 참조).

20 전영우, 「겸재화 교남승남첩의 경주 골굴석굴도도」, 『고고미술』 1964년 2월호, 493쪽.

21 조선총독부 편, 藤田亮策 해제, 『佛國寺よ石窟庵』(朝鮮寶物古蹟圖錄1), 경도 문성당, 1938, 도판 25 '석굴의 구조 2' 해설(조선총독부 편, 조원영 역, 『불국사와 석굴암』, 2004, 민족문화, 122쪽).

22 윤재신, 「석불사의 건축원형」, 『석굴암의 신연구』, 동국대신라문화연구소, 2000, 130쪽.

23 윤장섭 등은 개방구조가 옳다는 전제 하에 군이 전각을 세우자면 전각을 90도 옆으로 돌려 측면을 정면으로 삼자는 입장이다(윤장섭·윤재신, 『석불사』, 학천, 2003, 151쪽). 건축에서 파사드의 의의를 무시한, 경복궁 근정전을 옆구리가 앞으로 오도록 돌려 앉히자는 식의 논리이다.

6 절곡형의 실체

1 〈민족정체성 찾기 50년 ③〉, 「전 문화재연구소장 김정기」, 『중앙일보』 2011년 6월 7일 자.

2 2001년 당시 사운연구소 이종학 소장이 공개한 것이다(『한겨레』 2001년 11월 23일 자). 다음해인 2002년 2월 2일 KBS 〈역사스페셜〉에서 그것을 중심으로 〈발견, 100년 전의 사진, 석굴암 원형을 찾았다〉를 방영한다.

3 이성규, 「석굴암과 과학」, 『문화유산에 숨겨진 과학의 비밀』, 국립문화재연구소 편, 고래실, 2007, 247쪽.

4 성균관대학교 박물관에서 2007년에 개최한 사진전 〈경주 신라 유적의 어제와 오늘—석굴암 불국사 남산〉에서 처음 공개한 사진이다. 당시 많은 이들은 절곡설의 정당성을 확인시켜주는 새로운 물증으로 평가한다. 그때의 『조선일보』 기사를 인용한다. '강우방 일향한국미술사연구원장(전 경주박물관장)은 "지난 2001년 서지학자 고 이종학 씨가 '조선미술대관(1910년 간행)에 실렸던 석굴암 본존불 왼쪽편의 팔부신중 사진을 공개했지만, 당시는

사진 상태 때문에 입구에 있는 팔부신중이 90도 각도로 꺾였다고 100% 장담할 수 없었다.”며 “이번 사진은 석굴암의 원형 상태를 찾는 결정적 자료를 제공했다.”고 말했다. 유홍준 문화재청장도 “팔부신중의 위치가 잘못됐다는 것은 이제 명확해졌다.”며 “그러나 지금 당장은 석굴암에 손을 댈 수는 없고 언젠가 보수할 때 고쳐야 할 것”이라고 했다(신형준, 『조선일보』 2007년 9월 18일 자).'

5 『불국사복원공사보고서』, 문화재관리국, 1967, 30쪽, 285쪽.

6 柳宗悅, 이길진 역, 「석불사의 조각에 대하여」, 『조선과 그 예술』, 신구문화사, 1994, 122쪽.

7 娛田悌, 『新羅舊都慶州誌』, 옥천서점, 1920(『석굴암수리공사보고서』, 문화재관리국, 1967, 112쪽에서 재인용).

8 中村亮平, 『朝鮮慶州之美術』, 藝艸堂, 1929, 55쪽.

9 유홍준, 『나의 문화유산답사기』 2권, 창비, 1994, 180쪽.

10 유홍준, 앞의 책, 187쪽.

7 전개형의 정당성

1 남천우, 「석굴암에서 망각되어 있는 고도의 신라 과학」, 『진단학보』32, 진단학회, 1969, 77~84쪽; 강우방, 「석굴암의 새로운 해석1」, 『선미술』 1987년 여름호, 선미술사, 45~46쪽; 유홍준, 『나의 문화유산답사기』 2권, 창비, 1994, 198~200쪽.

2 송민구도 전개형을 대상으로 조화로운 비례관계를 도면으로 입증한 바 있다(송민구, 『한국 옛 건축의 조형의미』, 기문당, 1987, 138쪽). 전개형에 대한 도면작업은 진철문의 「석굴암 무엇이 문제인가2」, 『아트뉴스』 1990년 6월호, 78~83쪽 참조.

3 성낙주, 「석굴암을 위한 변명」, 『인물과 사상』7권, 개마고원, 1998, 160~169쪽; 『석굴암 그 이념과 미학』, 개마고원, 1999.

4 米田美代治, 「慶州石窟庵の造營計劃」, 『朝鮮上代建築の硏究』, 秋田屋, 1944(김익수, 「석굴암 원형에 관한 한 견해」, 『논문집』 14집, 영남대학교, 1981; 강우방, 「인도의 비례이론과 석굴암 비례체계에의 적용 시론」, 『미술자료』 52호, 국립중앙박물관, 1993; 신영훈, 「석굴암의 건축적인 조영계획」, 『고고미술』 72호, 1966 참조. 이 문제에 관한 학계 전반의 동향은 박찬흥, 「석굴암에 대한 연구사 검토」, 『석굴암의 신연구』, 동국대신라문화연구소, 2000, 225~229쪽에 잘 요약되어 있다).

5 이희봉, 〈인도불교유적답사기 ⑩〉, 「군투팔리 석굴과 석굴암」, 『법보신문』 2012년 4월 18일 자.

6 배경수, 『토함산 석굴암에 대한 소고』, 동아대학교 교육대학원 석사논문, 1977, 53쪽.

7 황수영, 『한국의 불교미술』, 동화출판사, 1974, 183쪽 참조.

8 윤장섭·윤재신, 『석불사』, 학천, 1998, 106~107쪽.

8 전실 테라스설과 불상 위치 변경설

1 최병헌, 「'석굴암에 관한 문헌자료의 검토'에 대한 논평」, 『석굴암의 제문제』, 정신문화연구원, 1991, 108쪽.

2 성낙주, 『석굴암 그 이념과 미학』, 개마고원, 1999, 83~100쪽.

3 남천우, 『유물의 재발견』, 정음사, 1987, 155~157쪽.

4 남천우, 『석불사』, 일조각, 1991, 157쪽.

5 강우방, 「석굴암 건축구조의 재검토」, 『월간미술』, 1991년 5월호, 74쪽

6 윤장섭·윤재신, 『석불사』, 학천, 1998, 138쪽.

7 황수영, 『석굴암』, 열화당, 1989, 35쪽.

8 성낙주, 〈석굴암바로알기 8회〉, 「전실 테라스설」, 『법보신문』, 2004년 7월 7일 자.

9 조선총독부, 조원영 역, 『불국사와 석굴암』, 민족문화, 2004, 136쪽 도판 28 '팔부신중1' 해설.

10 강우방, 「석굴암 불교조각의 도상해석」, 『법공과 장엄』, 열화당, 2000, 214쪽.

11 박형국, 「경주석굴암 제불상에 관한 불교도상학적 고찰」, 『석굴암의 신연구』, 동국대신라 문화연구소, 2000, 47쪽.

12 단성식段成式, 『사탑기寺塔記』, 인민미술출판사, 1964, 5쪽(장혜원, 『석굴암 팔부중상 연구』, 동국대학교 석사 학위 논문, 2005, 51~53쪽 참조).

13 『삼국유사』, 「탑상塔像」편, '낙산이대성 관음·정취, 조신洛山二大聖 觀音·正趣, 調信' 조.

14 『삼국유사』, 「의해義解」편 '양지석장良志使錫' 조.

15 田中重久, 「興福寺西金堂よ慶州石窟庵の彫像」, 『日本に遺る印度係文物の硏究』, 東光堂, 1943, 97~116쪽.

16 『흥복사유기興福寺流記―산개유기山皆流記』(연도 미상)를 비롯해 『칠대사일기七大寺日記』(1106), 『칠대사순례사기七大寺巡禮私記』(1140), 『제사연기집諸寺緣起集』(제호사본醍醐寺本: 1207), 『건구어순례기建久御巡禮記』(1305 추정) 등에서 연기와 연대를 똑같이 밝히고 있다(藤田經世, 『校刊美術史料』(寺院篇: 上卷), 中央公論美術出版, 1972. 23~24쪽; 小林 剛, 『日本彫刻史硏究』, 養德社, 1972. 98~134쪽 참조).

17 "백제가 하부 간솔 장군 '삼귀'와 상부 나솔 물부오 등을 보내 구원병을 청했다百濟遣下部杆率將軍三貴 上部奈率物部烏等 乞救兵."(『일본서기』, 「흠명천황欽明天皇」, '15년(554) 2월」 조.)

18 水野敬三郎, 『奈良 六大寺大觀』7권(興福寺1), 岩波書店, 1969, 94쪽; 毛利久, 「奈良 時代の興福寺よ造像」, 『奈良 の寺』(興福寺), 岩波書店, 1979, 8~9쪽(김영애, 『통일신라조각과 나라 조각의 비교연구』, 동국대학교 박사 학위 논문, 2000, 196쪽 참조).

19 김리나, 「불상의 양식과 명칭에 관한 논의」, 『석굴암의 제문제』(1991.5.3. 한국정신문화원 인문과학 연구부 주관 학술세미나.)

20 최완수, 〈우리문화 바로보기〉 21회, 「석굴암 호위보살상, 좌우 바뀐 채 100년간 방치됐다」, 『신동아』, 2001년 3월호(「수호守護대중과 전법傳法대중」, 『한국불상의 원류를 찾아서』 3권, 대원사, 2007, 67~69쪽).

9 돔 지붕의 상부 및 외곽 구조

1 황수영, 『석굴암』, 열화당, 1989, 33쪽.

2 윤재신, 「석불사의 건축원형」, 『석굴암의 신연구』, 동국대신라문화연구소, 2000, 128쪽.

3 성낙주, 「'3중 기와공법', 방수 고려한 선인의 지혜」; 권오영, 「석굴암 방수구조 규명 실마

리」,『법보신문』 2005년 1월 12일 자.

4 윤재신,「석불사의 건축원형」,『석굴암의 신연구』, 동국대신라문화연구소, 2000, 132쪽.

5 현재 경주 반월성에 위치한 석빙고의 연대에 대해서는 조선 영조시대에 축조된 것이라는 설이 유력하다. 한편,『삼국유사』와『삼국사기』에는 3대 유리왕과 지증왕 때에 얼음을 저장하도록 했다는 기록을 근거로 신라 때 축조된 것이라는 견해도 만만치 않다.

10 국외자와 사용자

1 강우방,「석굴암 금강역사상의 생명력」,『미의 순례』, 예경, 1993, 388쪽.

2 오영근 역,『인체척도에 의한 실내공간계획』, 국제, 2001, 18~19쪽.

3 롭 크리에, 이용재 역,『건축의 요소들』, 집문사, 1989, 103쪽, 107쪽.

4 [시행 2012. 7. 27.] [법률 제11228호, 2012. 1. 26., 일부 개정]

5 柳宗悅, 이대원 역,『韓國과 그 藝術』, 知識産業社』, 1974, 68쪽.

|사진 출처 |

43쪽   야나기 무네요시, 이길진 역,『조선과 그 예술』, 신구문화사, 1994.

45쪽   安田一,『半島旅行の印象』, 東京 細川活版所, 1939, 67쪽.

53쪽   윤장섭·윤재신,『석불사』, 학천, 1998, 그림 5 참고.

61쪽   요네다 미요지, 신영훈 역,『한국상대건축의 연구』, 동산문화사, 1976, 도판 제18. 초고는『고고학』통권103, 동경고고학회, 1939.

71쪽   (상) 남천우,『유물의 재발견』, 일조각, 1987, 133쪽.

         (하) 남천우,『석불사』, 일조각, 1991, 119쪽.

72쪽   『일본지리대계』12권 '조선편', 개조사, 1930, 135쪽.

76쪽   『신라고적석굴암석불』제2집, 경주동양헌사진관.

79쪽   신영훈,『석굴암의 제문제』, 정신문화연구원, 1991, 45쪽 참고.

85쪽   『석굴암수리공사보고서』, 문화재관리국, 1967, 도면도판 제2도의 주실 부분.

88쪽   『불국사와 석굴암』, 조선총독부, 경도 문성당, 1938.

96쪽   남천우,『석불사』, 일조각, 1991, 속표지.

108쪽   『조선미술대관』, 경성 조선고서간행회, 1910, 제2부 조주彫鑄, 제2 유석類石, 제1도.

109쪽   『조선고적도보』4권, 1916, 도판 1556.

110쪽   세키노 다다시,『한국건축조사보고』, 동경제국대학교, 1904, 제4도.

111쪽   『조선고적도보』5권, 조선총독부, 1917, 도판 1836.

112쪽   『신라고적석굴암석불』제2집, 경주동양헌사진관.

119쪽   『불국사와 석굴암』, 조선총독부, 경도 문성당, 1938, 도판 75.

123쪽   (하)『석굴암수리공사보고서』, 문화재관리국, 1967, 사진도판 제28도.

125쪽   『석굴암수리공사보고서』, 문화재관리국, 1967, 사진도판 제27도.

127쪽   『조선고적도보』5권, 조선총독부, 1917, 도판 1830.

129쪽   (좌)『석굴암수리공사보고서』, 문화재관리국, 1967, 사진도판 제100도.

133쪽   (상)『신라고적석굴암석불』제2집, 경주동양헌사진관.

135쪽   (상)『조선고적도보』5권, 조선총독부, 1917, 도판 1845.

         (하)『조선고적도보』5권, 조선총독부, 1917, 도판 1844.

136쪽   (상)『불국사와 석굴암』, 조선총독부, 경도 문성당, 1938, 도판 30.

(하) 『불국사와 석굴암』, 조선총독부, 경도 문성당, 1938, 도판 29.

142쪽 『주간 세계유산』96호, 일본 고단샤, 2002, 10쪽, 17쪽, 9쪽.

146쪽 (상) 『신라구도경주고적안내』, 경주고적보존회, 1927.

148쪽 오가와 세이요, 『석굴암과 불국사』, 비조원, 1927, 도판 30.

149쪽 안드레아스 에카르트, 『A HISTORY OF KOREEAN ART』, LONDON EDWARD
GOLDSTON, 1929, 도판 81. 독일어판 원제는 『Geschichte der Koreanischen Kunst』.

151쪽 『신라구도경주고적도회新羅舊都慶州古蹟圖彙』, 경주고적보존회, 1927, 도판 18.

155쪽 (좌) 『신라고적석굴암석불』제1집, 경주동양헌사진관.

(우) 『석굴암수리공사보고서』, 문화재관리국, 1967, 앞 그림 중 왼쪽.

157쪽 『석굴암수리공사보고서』, 문화재관리국, 1967, 사진도판 제2도.

158쪽 『석굴암수리공사보고서』, 문화재관리국, 1967, 사진도판 제36도.

159쪽 『석굴암수리공사보고서』, 문화재관리국, 1967, 사진도판 제67도.

160쪽 (상) 『석굴암수리공사보고서』, 문화재관리국, 1967, 사진도판 제8도.

(하) 『석굴암수리공사보고서』, 문화재관리국, 1967, 사진도판 제9도.

162쪽 황수영, 『석굴암』(문고본), 열화당, 1989, 39쪽.

163쪽 『석굴암수리공사보고서』, 문화재관리국, 1967, 사진도판 제6도.

164쪽 『석굴암수리공사보고서』, 문화재관리국, 1967, 사진도판 제33도.

166쪽 (좌) 『신라고적석굴암석불』제2집. 경주동양헌사진관.

170쪽 『조선일보』 1988년 1월 29일자 참고.

181쪽 (상) 『조선고적도보』4권, 조선총독부, 1916, 도판 1421.

(하) 『조선고적도보』4권, 조선총독부, 1916, 도판 1419.

191쪽 신영훈, 『천상이 천하에 내려 깃든 석굴암』, 조선일보사, 2003, 207쪽.

194쪽 (상) 문명대, 『토함산석굴』, 한언, 2000, 229쪽.

(하) 문명대, 『토함산석굴』, 한언, 2000, 146쪽.

200쪽 신영훈, 『천상이 천하에 내려 깃든 석굴암』, 조선일보사, 2003, 90쪽.

201쪽 (상) 남천우, 『석불사』, 일조각, 1991, 133쪽.

(하) 『분황사』, 동국대신라문화연구소, 1999, 11쪽.

203쪽 (상) 남천우, 『석불사』, 일조각, 1991, 133쪽 참고.

(하) 신영훈, 『천상이 천하에 내려 깃든 석굴암』, 조선일보사, 2003, 87쪽 참고.

215쪽 『석굴암수리공사보고서』, 문화재관리국, 1967, 사진도판 제29번.

219쪽 한봉덕, 『보문사석굴암조성기』, 대한불교보문원, 1972.

225쪽 (하) 『신라고적석굴암석불』(제2집), 경주동양헌사진관.

231쪽 (좌) 오가와 세이요, 『석굴암과 불국사』, 비조원, 1927, 도판 58.

234쪽 (상) 오가와 세이요, 『석굴암과 불국사』, 비조원, 1927, 도판 83.

276쪽 남천우, 『석불사』, 1991, 170쪽.

284쪽 (상) 세키노 다다시, 『한국건축조사보고』, 동경제국대학교, 1904, 39쪽.

(하) 『불국사와 석굴암』, 조선총독부, 경도 문성당, 1938, 도판7.

295쪽 『석굴암수리공사보고서』, 문화재관리국, 1967, 사진도판 제97도.

299쪽 『조선고적도보』5권, 조선총독부, 1917, 도판 1899 및 1900.

301쪽 (상)『조선고적도보』5권, 1917, 도판 1884.

　　　　(하) 안상경,『조선 못 특별전』, 짚풀생활사박물관, 2001, 8쪽, 20쪽, 28쪽.

318쪽 『조선미술대관』, 경성 조선고서간행회, 1910, 제2부 조주影鑄. 제2 유석類石, 제2도.

320쪽 나카무라 료헤이,『조선경주지미술』, 예초당, 1929, 도판45.

321쪽 나카무라 료헤이,『조선경주지미술』, 예초당, 1929, 도판 46.

322쪽 『신라고적석굴암석불』제2집, 경주동양헌사진관.

324쪽 (상)『건축잡지』제305호, 일본건축학회, 1912.

　　　　(하)『석굴암수리공사보고서』, 문화재관리국, 1967, 도면도판 2도 하단부 확대.

326쪽 (상)『석굴암수리공사보고서』, 문화재관리국, 1967, 도면도판 3도.

　　　　(하)『조선고적도보』5권, 조선총독부, 1917, 도판 1831.

328쪽 (상) 오가와 세이요,『석굴암과 불국사』, 비조원, 1927, 도판 4.

　　　　(하)『불국사와 석굴암』, 조선총독부, 경도 문성당, 1938, 도판 27.

332쪽 요네다 미요지,『朝鮮上代建築の研究』, 秋田屋, 1944, 8쪽.

333쪽 『석굴암수리공사보고서』, 문화재관리국, 1967, 도면도판 제1도.

339쪽 정명호,「석불사에 관한 몇 가지 관견管見」,『초우황수영박사고희기념미술사학논총』, 1988.

341쪽 (상) 윤장섭·윤재신,『석불사』, 1998, 108쪽.

　　　　(하) 오가와 세이요,『석굴암과 불국사』, 비조원, 1927. 도판 74번.

343쪽 (상)『조선고적도보』5권, 조선총독부, 1917, 도판번호 1845.

351쪽 慶陽北石窟寺文管所 외,『慶陽北石窟寺』, 북경 문물출판사, 1985, 도판 51.

357쪽 (상)『불국사와 석굴암』, 조선총독부, 경도 문성당, 1938, 도판 40-상.

　　　　(하)『불국사와 석굴암』, 조선총독부, 경도 문성당, 1938, 도판 40-하.

358쪽 『불국사와 석굴암』, 조선총독부·경도 문성당, 1938, 도판 23-하.

363쪽 『석굴암수리공사보고서』, 문화재관리국, 1967, 사진도판 제25도.

365쪽 『신라고적석굴암석불』제1집, 1912.

368쪽 『신라고적석굴암석불』제2집, 경주동양헌사진관.

374쪽 윤장섭·윤재신,『석불사』, 학천, 1998, 67쪽 참고.

석굴암,
법정에
서다

2014년 6월 24일 초판 1쇄 발행

지은이 성낙주
펴낸이 박상근(至弘) · 주간 류지호 · 편집 양동민, 이기선, 이길호, 천은희
디자인 김효정 · 제작 김명환 · 홍보마케팅 김대현, 박종욱, 한동우 · 관리 윤애경

펴낸 곳 불광출판 110-140 서울시 종로구 우정국로 45-13, 3층
　　　 대표전화 02) 420-3200 편집부 02) 420-3300 팩시밀리 02) 420-3400
　　　 출판등록 제1-183호(1979. 10. 10.)

ISBN 978-89-7479-062-2 03610

이 도서의 국립중앙도서관 출판시도서목록(CIP)은
서지정보유통지원시스템 홈페이지(http://seoji.nl.go.kr)와
국가자료공동목록시스템(http://www.nl.go.kr/kolisnet)에서 이용하실 수 있습니다.
(CIP제어번호: CIP2014018126)